Dieter Hupe

Guter Jagdhund, treuer Freund

Neue Wege zur Auswahl und Ausbildung

Landwirtschaft**verlag** GmbH
Münster-Hiltrup

Zum Titelbild: Dieter Hupe mit der Deutsch Kurzhaar-Hündin „Estelle vom Degenberg"

Zum Autor: Dieter Hupe (Jahrgang 1946), aktiver Jäger und Hundeführer in einem münsterländischen Niederwildrevier. Verbandsrichter des JGHV, Obmann für das Prüfungswesen in einem Jagdgebrauchshundverein, Organisator und Lehrgangsleiter von Führerlehrgängen für Jäger und Jagdhunde auf Hegeringebene. Initiator des Seminars „Hunde-Führerschein" für Familien- und Begleithunde im Rahmen der Öffentlichkeitsarbeit des Landesjagdverbandes von NRW. Autor zahlreicher Fachbeiträge über Auswahl und Ausbildung von Jagdgebrauchshunden.

Bildnachweis: Dieter Hupe, Rheine
Rolf Kröger, Kuhstedt
Bernadette Lütke Hockenbeck, Münster (Titelbild)
Rheinisch Westfälischer Jäger, Münster

Landwirtschaftsverlag GmbH, 48084 Münster

3. Auflage
© Landwirtschaftsverlag GmbH, Münster-Hiltrup, 2003

Gesamtherstellung: LV Druck im Landwirtschaftsverlag GmbH

Gedruckt auf chlorfrei gebleichtem Papier

Printed in Germany

ISBN 3-7843-2960-8

Inhalt

Vorwort

Ach du lieber Himmel, schon wieder ein neues Buch über die Abrichtung von Jagdhunden! Das könnte der eine oder andere Rüdemann denken, wenn er erfährt, daß nun auch Dieter Hupe zur Feder gegriffen hat, um seine ganz eigenen Ausbildungsmethoden in Buchform zu verewigen.

Sicher, die Zeiten ändern sich rasch, und mit ihnen auch Ansichten und Praktiken im Umgang mit dem vierläufigen Jagdhelfer. Was gestern völlig „normal" war, kann schon morgen als überholt gelten. So war beispielsweise die lederne Hundepeitsche einst fester Bestandteil der Ausrüstung von Hundeführern der Generationen vor uns. In unseren Tagen hingegen ist ein solches „Hilfsmittel" schon gar nicht mehr zu beschaffen. Von der einstmals recht gängigen Praxis des Strafschusses oder anderen heute als Roheiten empfundenen „Maßnahmen" ganz abgesehen.

Man muß halt neue, zeitgemäße Wege gehen. Wege, die den Jagdhund trotz (oder wegen?) dieser Neuerungen zu einem zuverlässigen Jagdgefährten, zu einem vierläufigen „Freund und Helfer im Jagdbetrieb" machen. Und zwar ohne ihm mangels Einfühlungsvermögen und der Einfachheit halber den eigenen Willen lediglich aufzuzwingen.

Das geht nicht? Doch, Dieter Hupe hat es in der Praxis vielfach bewiesen und beschreibt seine Methoden anschaulich und nachvollziehbar – für Fortgeschrittene wie Anfänger gleichermaßen ver-

ständlich. Er weiß, daß ein Hund keine Maschine ist und handelt danach. Die Grundeinstellung des Autors kommt in einer Kapitelüberschrift wie „Gehorchen macht Spaß" zum Ausdruck. Entscheidend ist doch letztlich der Erfolg und nach der „Hupe-Methode" ausgebildete Hunde sind mindestens so gehorsam wie solche, die im alten Sinn „Parforce" abgeführt wurden. Nur eben mit dem Unterschied, daß sie durch „hundgerechte Überzeugungsarbeit" des Führers gelernt haben, Kommandos freudig auszuführen und nicht mit eingeklemmter Rute.

Einen relativ neuen Aspekt bietet das Einarbeiten zum absolut sicheren Apporteur. Hier verfährt Hupe nach einer

Methode, die so einfach wie wirksam ist. Überzeugen Sie sich auf den Seiten von 73 bis 80 selbst. Die geschilderten Verfahren machen aus einem Abrichter oder gar Dresseur einen Ausbilder des Hundes im besten Sinn.

Alles in allem ein umfassendes und empfehlenswertes Werk, das auf bewährten Traditionen „alter Meister" aufbauend neue Wege aufzeigt. Es werden Praktiken beschrieben, die dem Empfinden unserer Zeit und den aktuellen Erkenntnissen der Verhaltensforschung entsprechen. Dabei behält der Autor stets das Ziel im Auge, den Hund zu einem zuverlässigen Jagdhelfer auszubilden, mit dem Jagen Freude macht, weil die „Chemie" zwischen Führer und Hund stimmt.

Rolf Kröger
WILD und HUND-Redakteur
Singhofen, im November 1998

Wünsche

Wer eine reine Dressuranleitung für Jagdhunde sucht, sollte das Buch zur Seite legen. Auf den folgenden Seiten geht es nämlich oft um Einfühlungsvermögen und nur selten um „technische Anweisungen".

Was unterscheidet dieses Buch von anderen Werken mit ähnlichem Inhalt?

- Vielleicht schon das erste Kapitel! Möglicherweise gewinnen Sie bereits dort die Erkenntnis, daß ein Jagdhund für Sie (noch) nicht in Frage kommt – einmal lesen kann viele Enttäuschungen verhindern!
- Oder einzelne Ausbildungsschritte – „hundgerecht" vorgestellt. Erziehungsversuche an unseren vierbeinigen Freunden nur mit freundlichen Worten sind zum Scheitern verurteilt. So verhalten sich weder Wölfe noch Hunde untereinander. Aber warum sollten Sie als Führer im „Ernstfall" strafen? Bäume, Mauern und ggf. ein Helfer können das mindestens genau so gut. Auch ein einfacher Apportierbock kann ein hervorragender Lehrmeister sein – auf das „Wie" kommt es an!

Neugierig geworden? Erfreulich!
Denn neugierig sind auch unsere Vierbeiner und für viele Anregungen empfänglich. Darauf beruht ihre Leistungsfähigkeit, die uns erst erfolgreiches Jagen ermöglicht.

Dieses Buch liefert keine „Gebrauchsanweisung für Jagdhunde", es stellt Ansprüche: Das Leistungsvermögen unserer Jagdhelfer kann nur in vollem Umfang genutzt werden, wenn Führer und Hund einander freundschaftlich verbunden sind. Diese Verbundenheit muß im Umgang miteinander deutlich werden, dann wirken auch die Ausbildungsempfehlungen. Sie haben sich zig-fach in der Praxis bewährt und gelten grundsätzlich für alle Rassen, vom Teckel bis zum Vorstehhund.

Das Werk soll Sie vom Welpenkauf bis zum ersten gemeinsamen Jagdtag begleiten – vielleicht sogar darüber hinaus. Zweckmäßige Ausbildungsverfahren sind passend zur Entwicklung des Hundes beschrieben. Die ersten Prüfungsanforderungen werden anschließend am Beispiel der zahlreichen Vorstehhunde erläutert.

Ich wünsche Ihnen Spaß beim Lesen, Glück bei den Prüfungen und Waidmannsheil bei der Jagd – am liebsten mit Hund.

Dieter Hupe
Rheine, im November 1998

Für die solide Einarbeitung von Jagdhunden braucht man Zugang zum Revier und Jagdgelegenheit.

Grundsatzfrage:
Jagdhund oder nicht?

Fast jeder Jäger kennt den klassischen Satz „Jagd ohne Hund ist Schund". Viele Grünröcke handeln entsprechend und sind mit Vierbeiner unterwegs – nicht nur auf der Pirsch im eigenen Revier. Aber wieviele Waidmänner haben sich Gedanken darüber gemacht, was man einem hochpassionierten Jagdhund antut, der den Großteil des Jahres im Zwinger (oder irgendeinem Stall) verbringen muß – um bei seinen wenigen jagdlichen „Ausflügen" doch bitteschön uneingeschränkt Spitzenleistungen zu zeigen? Oftmals ist nicht der Hundebesitzer der wahre Hundefreund und -kenner, sondern derjenige, der auf einen Hund (zunächst) verzichtet. Das sollte immer dann geschehen, wenn die Bedingungen für die Hundehaltung noch nicht optimal sind oder einfach kein Betätigungsfeld für einen Jagdhund vorhanden ist.

Ohne Jagdgelegenheit kein Jagdhund

Damit sind wir bei der entscheidenden Frage, die Sie sich vor der Anschaffung eines vierbeinigen Jagdkameraden stellen (und wahrheitsgemäß beantworten) müssen: Wann und wo habe ich Gelegenheit, mit meinem Hund zu jagen? Natürlich braucht man dazu nicht zwingend ein eigenes Revier, wohl aber regelmäßige Jagdeinladungen oder z. B. die Zusage eines Jagdfreundes, in seinen Wiesen und Wäldern den eigenen Hund ausbilden und einsetzen zu dürfen.

Auch die vielerorts angebotenen Führerlehrgänge für Jagdhund und Jäger lösen das angesprochene Problem nicht wirklich: Zum Lehrgang trifft man sich ein- oder zweimal in der Woche, um Neues einzuüben. Anschließend muß diese Lektion „zu Hause" vertieft und gefestigt werden, denn erst durch häufiges Üben gewinnt der junge Hund die nötige Sicherheit in seiner Arbeit. Dazu ist zwingend die regelmäßige Gelegenheit zum Reviergang erforderlich, sonst kann diese Ausbildungsmethode nur Stückwerk sein – schon für die solide Ausbildung von Jagdhunden braucht man nun einmal Jagdgelegenheit!

Ein klares Wort schließlich zu einer verständlichen, aber dennoch unzutreffenden Wunschvorstellung:

Nicht derjenige wird regelmäßig von allen Seiten zur Jagd eingeladen, der einen Hund hat, sondern (vielleicht) derjenige, der einen guten Hund richtig führen kann.

Es nützt also nichts, sich einen Hund anzuschaffen und zu hoffen, daß nunmehr ein unendlich großes jagdliches Betätigunsfeld eröffnet sei – auch dieser Jagdhelfer muß ausgebildet und eingearbeitet werden. Dies gilt gleichermaßen für den Jagdhund, der „fertig" mit Prüfungszeugnis gekauft wird – der neue Besitzer muß mit dem Vierbeiner arbeiten, um dessen Leistungsvermögen wirklich nutzen zu können. Den dafür erforderlichen Zugang zu den Revieren muß der Führer sich vorher sichern, vielleicht kann er sich später bei Treibjagd und Nachsuche revanchieren.

Wenn Sie sich an dieser Stelle eingestehen müssen, daß die Gelegenheit zum regelmäßigen Reviergang zunächst noch Illusion ist, sollten Sie auf die kurzfristige Anschaffung eines Jagdhundwelpen verzichten. Das fällt Ihnen als echtem Hundefreund sicherlich leichter, wenn Sie folgendes bedenken: Bei der Zucht unserer Hunde ist seit Generationen großer Wert auf Eigenschaften gelegt worden, die optimales Jagen ermöglichen – dazu zählen Kraft, Ausdauer, Härte, Passion und vieles mehr. Diese Eigenschaften unserer Vierbeiner sind Herausforderungen an den Menschen. Nur bei artgerechter Haltung und Beschäftigung kann Ihr Hund sich wohlfühlen, im Klartext: Ein Jagdhund muß jagen können! Hat er bei voller körperlicher Leistungsfähigkeit dazu keine oder nur unzureichende Gelegenheit, ist Frust mit allen möglichen Auswüchsen programmiert. Dann erinnert sich auch der „Modehund" Irish Setter an seine Passion und stellt beim Spaziergang ganz nebenbei ein Maisfeld „auf den Kopf". Ohnmächtige Wut beim Menschen, hohes Risiko für den Hund – das muß man sich und seinem Vierbeiner nicht antun.

Welche Rasse?

Wenn auf Grund der verfügbaren Jagdgelegenheiten fast schon klar ist, daß ein Jagdhund ins Haus kommt, bleibt natürlich noch die Frage nach der Rasse. Bei der Beantwortung kommt es entscheidend darauf an, das jagdliche Einsatzfeld für den zukünftigen Begleiter möglichst genau zu erfassen: Bei Stöberjagden im reinen Waldrevier kann ein stumm jagender Vorstehhund nicht die Leistung eines spurlauten Deutschen Wachtel oder einer Bracke erbringen, für die Nachsuche auf Schalenwild im schweren Gelände und auch bei hoher Schneelage ist ein Teckel deutlich weniger geeignet als ein Schweißhund der klassischen Rassen.

Damit wird auch deutlich: Einen Jagdhund sollten Sie nicht aussuchen unter dem Gesichtspunkt „den mag ich gern leiden" oder „so einer hat neulich bei einer anderen Jagd ganz toll gearbeitet" – wichtig ist, welche jagdlichen Aufgaben Ihr Hund einmal für Sie in Ihrem Revier lösen soll.

Danach wird sich auch richten, ob Sie
- einen Vorstehhund als vielseitig talentierten Jagdhelfer für Ihre Niederwildjagd auswählen
- oder einen Apportierhund (Retriever), wenn Sie fast ausschließlich auf Wasserwild jagen und hier den Spezialisten in seinem Element sehen wollen.
- Für die Stöberjagd auf Schalenwild im Waldrevier empfehlen sich der Deutsche Wachtelhund ebenso wie verschiedene Brackenarten, die hier ein aktuelles Aufgabenfeld gefunden haben.
- Der Saujäger wird auf seine Terrier nicht verzichten wollen, um die Schwarzwildrotten zu sprengen und vor die Schützen zu bringen,
- gleichermaßen haben Terrier und Teckel ihren Einsatzbereich unter der Erde bei der Jagd auf „Reineke Voß".
- Nicht jeder Hirsch und nicht jedes Reh liegt am Anschuß – zum Glück gibt es passionierte Schweißhunde, die einen Teil der Schützenfehler wieder ausbügeln können, wenn sie sorgfältig ausgebildet sind und ausreichend in Übung gehalten werden.

Wie komme ich zu „meinem" Hund?

An diesen Beispielen wird deutlich, wie vielseitig die Anforderungen der jagdli-

Der Saujäger wird auf seine Terrier nicht verzichten wollen.

chen Praxis sind – gleichermaßen vielfältig sind die Talente unserer Jagdhunde. Die Kunst liegt darin, das eine mit dem anderen richtig zu kombinieren und dann noch einen Vierbeiner zu finden, der von seiner „Hundepersönlichkeit" her zum betreffenden Jäger paßt. Wie Sie das herausfinden können? Achten Sie doch bei den Jagden, an denen Sie (noch ohne Hund, aber mit sehnsüchtigen Blicken) teilnehmen, auf die Hunde, die durch überzeugende Arbeit bestechen und deren Führer nicht durch ständige lautstarke Anweisungen auf sich aufmerksam machen müssen. Sicherlich kommen Sie in einer Pause über einige lobende Worte zu den gezeigten Leistungen mit dem Besitzer schnell ins Gespräch und erfahren mehr über die Rasse, einen zu empfehlenden Züchter, die Ausbildung und bestandene Prüfungen. Vielleicht haben Sie sogar das Glück, eine Zuchthündin in der Jagdpraxis zu erleben und es ergibt sich die Chance, über einen Welpen aus einem zukünftigen Wurf zu sprechen. Schließlich kommt die Hälfte der guten jagdlichen Anlagen späterer Welpen von der Hundemutter…

Sollte sich diese Gelelgenheit für Sie nicht ergeben, aber eine wohlbegründete Vorstellung vorhanden sein, welche Jagdhundrasse für Sie in Frage kommt: Warum laden Sie nicht einen Züchter mit seiner Hündin (und vielleicht auch noch den Deckrüden mit dazugehörigem Jäger) zur Jagd in Ihr Revier ein? Von den Qualitäten unserer Jagdhunde können wir uns letztlich nur bei der Jagd ein wirklich zutreffendes Bild machen, dies gilt insbesondere für Wesensfestigkeit, Härte und Wildschärfe. Erzählungen, Prüfungsergebnisse und Siegertitel einer Zuchtschau können diesen Eindruck nur abrunden, nicht ersetzen. Wenn Sie sich ein Auto kaufen wollen (das Sie vielleicht fünf Jahre fahren), bestehen Sie zu Recht auf einer Probefahrt – warum sollten Sie bei der Anschaffung eines Jagdhundes, mit dem Sie zehn Jahre ein Gespann bilden wollen, auf die „Probejagd" verzichten?

Langes Leben, Dreck und Kosten

Sie haben bis hierher durchgehalten und auch schon die passende Hunderasse für Ihre jagdlichen Verhältnisse gefunden – dann schaffen Sie auch noch die folgenden „Kleinigkeiten": Hunde haben eine (nach Rassen unterschiedliche) mittlere Lebenserwartung von 10–15 Jahren. In dieser Zeit wird Ihr Vierbeiner Ihnen viel Freude bereiten und zu jagdlichen Erfolgen verhelfen, aber er wird Sie auch fordern. Wollen Sie sich diesen Herausforderungen stellen – jagdlich, körperlich, zeitlich und auch finanziell?

Hunde verursachen Kosten – nachhaltige, hier eine Auswahl:
- Nach dem Welpenpreis für den Züchter möchte meist schnell der Tierarzt Geld für die fälligen Schutzimpfungen und Wurmkuren sehen.
- Auch das Futter für Ihren neuen Familiengenossen will bezahlt sein und ein paar Utensilien (Halsband, Leine, Hundepfeife, Futter- und Wassernapf) braucht man von Anfang an.

Bei der Jagd auf „Reineke Voß" unentbehrlich: Terrier und Teckel.

- Wo soll der Hund seinen Platz haben? Eine Decke und ein Korb im Haus sind relativ kostengünstig, ein eventuell noch zu bauender Zwinger mit Auslauf kann fühlbare finanzielle Folgen haben.
- Aber es gibt für Sie als Jäger auch eine Gelegenheit zu sparen: Die nötige Haftpflichtversicherung für Ihren Hund ist regelmäßig in Ihrer Jagdhaftpflichtversicherung eingeschlossen – endlich einmal keine Mehrkosten!

Teurer wird es möglicherweise noch einmal, wenn es demnächst in Urlaub gehen soll: Werden Sie mit oder ohne Hund verreisen (Ihr Vierbeiner bevorzugt die Variante „mit")? Soll er zu Hause bleiben, müssen Sie für Betreuung in seiner gewohnten Umgebung sorgen oder ihn anderweitig (Jagdfreund oder Hundehotel) unterbringen. Wollen Sie auch in den Ferien nicht auf Ihr vierbeiniges Familienmitglied verzichten, reduziert sich die Anzahl der möglichen Urlaubsziele bei gleichzeitigem Anstieg der Urlaubskosten – aber es macht einen Riesenspaß!

Seinen Spaß hat Ihr Hund auch, wenn es im Revier durch dick und dünn geht, als Arbeitstier nimmt er auf Dreck und Pfützen keine Rücksicht. Über die Folgen sollte man sich im Klaren sein: Hunde machen nicht nur Dreck, den man sehen kann, sie „duften" auch artspezifisch. Natürlich ist es kein Problem, auch ein Haus mit Hund sauber zu halten – mit etwas Überlegung, Bereitschaft zur Mehrarbeit und zu gewissen Kompromissen läßt es sich wunderbar unter einem Dach leben.

Die Familie muß „mitziehen"

Diese Kompromißbereitschaft wird allerdings bei allen Mitgliedern der Familie vorausgesetzt, in der Ihr Welpe seine neue Heimat finden soll. Schließlich ist es für den Hund nur normal, Kontakt zu allen Angehörigen seines neuen „Rudels" zu suchen und zu halten – Angst vor Hunden, Ekel vor „Hundegerüchen", Allergie gegen Hundehaare oder schlicht „Kein Bock auf Vierbeiner" mit daraus resultierenden lästigen Verpflichtungen sind schlechte Voraussetzungen für eine harmonische Partnerschaft.

Oftmals allerdings ist Unkenntnis der Nährboden für Abneigung, in diesem Fall kann Information und persönliche Erfahrung für Besserung sorgen. Persönliche positive Kontakte Ihrer Familie mit erwachsenen Hunden der von Ihnen ausgesuchten Rasse (nicht nur mit Welpen, die ohnehin alle „niedlich" finden) werden sicherlich helfen, eine eventuelle Scheu zu überwinden. Möglicherweise ergibt sich aus diesen Begegnungen aber auch die Festigung der Ansicht „Der Hund oder ich!" Es ist für alle Beteiligten besser, diese Klarheit vor dem Hundekauf herbeizuführen – Überraschungen gibt es später ohnehin noch genug!

Sie haben mich bis hierher begleitet? Sie glauben immer noch, daß Sie genügend Zeit, Geld, Tierliebe, Konsequenz und Überzeugungskraft gegenüber Ihrer Umwelt aufbringen werden, wenn Ihr Vierbeiner das von Ihnen fordert? Sie haben ein Betätigungsfeld für Ihren Jagdhund gesichert? Herzlichen Glück-

wunsch dem Hund, den Sie auswählen, um ihn zu einem wirklich brauchbaren Jagdhelfer zu machen – Sie werden viel Freude miteinander haben!

Für Hunde ist es normal, Kontakt zu allen Angehörigen des „menschlichen Rudels" zu suchen und zu halten.

Darauf sollten Sie achten:

- Zugang zu Revieren/Jagdgelegenheit sicherstellen.
- Die Hunderasse muß zu den Revierverhältnissen und den praktizierten Jagdarten passen.
- Jagdhunde (ggf. über die Elterntiere) in der Jagdpraxis auswählen.
- Der Hund ist in zehn Jahren (hoffentlich) noch „voll fit" – und Sie?

- Kosten für Welpen, Tierarzt, Ausrüstung, Zwinger, Futter berücksichtigen.
- Betreuung des Hundes bei Urlaub und Krankheit regeln.
- Kompromißbereitschaft für „Dreck und Duft" entwickeln.
- „Der Hund oder ich" – Akzeptanz der Familie gewährleisten.

Wo gibt es Welpen?

Keine Frage – beim berühmten Zwinger „o. P." (ohne Papiere) oder gar den berüchtigten Hinterhof-Hundevermehrungsanstalten bekommt man auch Jagdhunde für „'ne kleine Mark". Doch wer beim Welpenkauf an dieser Stelle sparen will, denkt nicht weit genug. Oftmals handelt man sich einen hundelebenlangen Ärger ein, im schlimmsten Fall steht ein paar Monate nach dem Kauf die ganze Familie heulend um ein todkrankes Hundebaby, das man trotz aller (teuren!) Bemühungen des Tierarztes nur noch erlösen kann. Dieser Ärger läßt sich vermeiden.

Die Entscheidung für die Anschaffung eines Jagdhundes ist gefallen, ein passendes jagdliches (!) Betätigungsfeld für die nächsten Jahre ist gesichert und die gesamte Familie freut sich auf das neue „Mitglied". Die Grundsatzfrage „Welpe oder älterer Hund" haben Sie zugunsten des Welpen beantwortet. Das ist erfreulich, denn der enge Kontakt zwischen Mensch und Tier in dieser frühen Phase des Hundelebens ist eine

Seinen Welpen und dessen Umfeld sollte man ohne Zeitdruck kennenlernen. Kontakte zu Züchtern vermitteln die Zuchtvereine.

Riesenchance für ein dauerhaft gutes Verstehen und eine erfolgreiche Zusammenarbeit als Gespann in Wald und Feld.

Um Mißverständnissen vorzubeugen: Natürlich kann man auch bei einem „fertigen" Hund mit Prüfungen und Zeugnissen einen guten Griff tun – aber die Möglichkeit, in der besonders sensiblen Prägungsphase zwischen der 8. und 16. Lebenswoche Einfluß auf den Welpen zu nehmen, ist bei dieser Lösung für den späteren Besitzer nicht mehr gegeben. Wenn es also möglich ist, sollte Ihr Vierbeiner im Alter von ca. zwei Monaten seine neue Heimat kennenlernen.

Im günstigsten Fall haben Sie sich von den Qualitäten der Eltern ihres zukünftigen Welpen bereits im Jagdbetrieb überzeugen können. Dann wissen Sie auch, daß diese Rasse mit ihren Merkmalen für Ihre jagdlichen Verhältnisse die richtigen Voraussetzungen mitbringt. Außerdem ergab sich wahrscheinlich die Gelegenheit, die unterschiedlichen „Charaktere" verschiedener Hunde kennenzulernen und sich selbst darüber klar zu werden, ob man mit dem weit und selbstbewußt suchenden „Kopfhund" besser zurechtkommen wird oder mit einem Jagdhelfer, der sich in ruhiger Gangart mehr um den „Nahbereich" kümmert.

Wo gibt es Welpen?

Auf jeden Fall kennen Sie bereits einen Züchter der von Ihnen favorisierten Rasse und erfahren so auch den nächsten geplanten Wurftermin. Ansonsten hilft ein Blick in den Anzeigenteil der Jagdzeitschriften, wo Züchter, Zuchtvereine und Welpenvermittlungsstellen für Jagdgebrauchshunde ihre Dienste anbieten.

Es empfiehlt sich, die Verbindung zu ihnen möglichst frühzeitig herzustellen: Manche Würfe werden nur „auf Bestellung" gezogen (das bedeutet mindestens zwei bis drei Monate Wartezeit) und in jedem Fall hat der Interessent so die Gelegenheit, verschiedene Züchter, Zwingeranlagen und Elterntiere ohne Zeitdruck kennenzulernen und zu bewerten. Auch die Mutterhündin präsentiert sich vor oder ganz am Anfang einer Trächtigkeit anders als am 60. Tag

nach der Paarung – wichtig zu wissen, wenn man von ihrem Verhalten auf das Wesen und die Leistungsfähigkeit der Welpen schließen will.

Dabei kommt der Hündin für die Qualität des Wurfes ohnehin eine besondere Bedeutung zu: Die Erbanlagen der Junghunde kommen je zur Hälfte von ihr und dem Deckrüden, aber die Steuerung des Welpenverhaltens in den ersten Lebenswochen ist regelmäßig ihr allein vorbehalten – eine überaus ängstliche Hündin (mit der vielleicht besser nie gezüchtet worden wäre…) kann damit auch den Nachkommen eines sehr selbstbewußten Rüden in dieser Phase das Gefühl vermitteln, daß bei allem Unbekannten zunächst große Vorsicht geboten ist.

Mit den Auswirkungen in der Jagdpraxis müssen Sie als künftiger Welpenbesitzer fertig werden, vielleicht bei der ersten Begegnung Ihres Hundes mit der krankgeschossenen flatternden Ente im schwierigen Schilfwasser. Zweifellos können mögliche Defizite dieser Art durch eine sorgfältige Ausbildung in Teilen kompensiert werden, aber warum sollten Sie Probleme bewältigen müssen, wenn diese durch entsprechende Auswahl hätten vermieden werden können?

Dies Beispiel mag verdeutlichen, welch hohe Verantwortung die Züchter von Jagdgebrauchshunden übernehmen: Ihnen obliegt Aufzucht, Ausbildung und Prüfung einer möglichen Zuchthündin ebenso wie deren Bewertung im praktischen Jagdbetrieb. Sie sollen ohne Rücksicht auf eventuell entgehenden finanziellen Gewinn „selbstlos im

An der „Tankstelle": Quasi mit der Muttermilch nehmen die Welpen Informationen auf, die ihr späteres Verhalten wesentlich beeinflussen.

Sinne der Hundesache" auf den Zuchteinsatz verzichten, wenn „Bella" in kundiger Hand zwar gut genug für die Jagd, aber nicht gut genug als Muttertier erscheint. Für ihre Zucht sollen sie schließlich nur leistungsstarke, wesensfeste und typgerechte Hunde auswählen – hier sind Idealisten von hoher fachlicher Kompetenz gefordert!

„Sperlingshund" als Qualitätsmerkmal

Solche Idealisten sollten auf jeden Fall in den vom Jagdgebrauchshundverband (JGHV) anerkannten Zuchtverbänden zu finden sein. Sie sind dem gemeinsamen Ziel verpflichtet, den uneingeschränkt brauchbaren Jagdhund für die unterschiedlichen Anforderungen der einzelnen Reviere zur Verfügung zu stellen. Und beim Welpenkäufer auch darauf hinzuwirken, daß der Hund ein entsprechendes jagdliches Aufgabengebiet erhält!

Deshalb möchten sie auch gern den zukünftigen Besitzer ihrer Welpen persönlich kennenlernen – man will schließlich wissen, in wessen Hände man seine Hunde gibt. Im Gegenzug sollten auch Sie einen Besuch bei Ihrem Züchter und seinen Alt- und Junghunden fest einplanen.

Allergrößte Vorsicht ist geboten, wenn nach ausschließlich brieflichem oder telefonischem Kontakt der Züchter plötzlich mitteilt, er sei „sowieso gerade in der Gegend" und könne dann doch einen Welpen „schnell vorbeibringen".

Qualitätsmerkmal für Ahnentafeln der Jagdhunde aus anerkannten Zuchten: Der „Sperlingshund" des JGHV.

Die eingetragenen JGHV-Zwinger haben vor Besuchern nichts zu verbergen und freuen sich über deren Interesse! Allerdings können Besucher bei einer Besichtigungstour im ungünstigsten Fall auch Krankheitserreger von einem Zwinger zum nächsten transportieren: Sicher haben Sie Verständnis dafür, wenn der Züchter Ihnen in begründeten Fällen den gänzlich ungehinderten Zugang zu seinem Hundenachwuchs verwehrt und Sie zunächst noch „auf Distanz" hält.

Das Qualitätsmerkmal dieser Züchter ist der „Sperlingshund" des JGHV, eingedruckt in jede Ahnentafel unabhängig von der Rasse. Auf diesen „Sperlingshund" sollten Sie achten, wenn es um die Papiere Ihres Welpen geht. Dort erfahren Sie Einzelheiten über Eltern, Großeltern und Urgroßeltern Ihres Vierbeiners, außerdem einiges über die Prüfungslaufbahn und Leistungszeichen dieser Vorfahren, die im praktischen Jagdbetrieb erworben wurden. Das Symbol des JGHV signalisiert Ihnen aber auch fachliche Kompetenz und Zuver-

lässigkeit bei Züchter und Zuchtverband. Sogenannte „Papiere" für Jagdhundewelpen kann sich auch irgendein „Hundevermehrer" mit Hilfe moderner Technik problemlos herstellen. Für die Jagdhundeprüfungen des JGHV werden allerdings grundsätzlich nur Hunde zugelassen, deren Ahnentafeln den „Sperlingshund" aufweisen. Auch aus diesem Grund lohnt sich Aufmerksamkeit beim Welpenkauf – wer möchte schon die „VGP-Laufbahn" seines Vorstehhundjünglings jäh dadurch beendet sehen, daß dieser trotz bunter „Papiere" in Ermangelung des JGHV-Zertifikats nicht einmal zur VJP zugelassen wird…

Jagdhundezucht: Viel Arbeit und wenig Geld?

Nach diesem Ausflug in die Hunde-Zukunft zurück zu gegenwärtigen Aufgabenstellungen des Züchters: Nachdem er Zuchthündin und Deckrüden nach den oben genannten Kriterien ausgewählt und den beabsichtigten Wurf beim zuständigen Zuchtverband angemeldet hat, kann es zum Deckakt und gut zwei Monate später zur Geburt der Welpen kommen. In der Wurfkiste finden sie ihre erste Heimat, aber nach wenigen Wochen müssen sie ihre Kreise größer ziehen können, um die Umwelt zu erkunden und sich unter Anleitung in ihr zurechtzufinden. Der Züchter wird (auch mit Hilfe der Hündin) diesen Erkundungsdrang fördern – nicht nur in Haus und Hof, sondern auch im Revier.

Außerdem sollen die Hundekinder nicht auf Dauer unter sich bleiben, sondern lernen, mit Menschen zusammenzuleben. „Menschengewöhnung" mit Hilfe der Züchterfamilie fordert Zwei- und Vierbeiner, ist aber eine unverzichtbare Voraussetzung für eine Entwicklung, an deren Ende einmal Jagdhund und Jäger als erfolgreiches Gespann stehen sollen. Fehlt den Welpen diese positive Erfahrung im Umgang mit Menschen, fehlt ihnen ein wichtiges Element für das Zusammenleben im „menschlichen Rudel" – die schönste Zwingeranlage kann das nicht ersetzen! Neben seiner Sorge um die „psychische Gesundheit" beim Hundenachwuchs kümmert sich der Züchter natürlich auch um das körperliche Wohlbefinden seiner Zöglinge. Zwar liegt in der guten körperlichen Verfassung der Mutter eine wesentliche Hilfe bei diesen Bemühungen, aber etwa in der achten Lebenswoche kann der Tierarzt mit einer Wurmkur und der Erstimpfung gegen Staupe, ansteckende Leberent-

zündung, Leptospirose (Stuttgarter Hundeseuche) und Parvovirose (Katzenseuche) wirkungsvolle Unterstützung leisten (diese Impfungen sollten in der 12. Lebenswoche wiederholt und um die Tollwutschutzimpfung ergänzt werden; über die Auffrischungen alle ein bis zwei Jahre informiert Sie Ihr Tierarzt).

Wenn mit Mutterhündin, Deckrüde und Welpen der hier beschriebene Aufwand betrieben wurde, hat der verantwortungsbewußte Züchter erhebliche Geldmittel investiert. Sie sollten sich als potentieller Käufer nicht mit weniger zufriedengeben, aber auch einen angemessenen Welpenpreis akzeptieren.

Dieser muß verständlicherweise über den Forderungen der unseligen „Hundevermehrungsanstalten" liegen, in denen auch Welpen von Jagdhunderassen produziert werden – diesen „Fabrikanten" sollte man ohnehin jede Unterstützung verweigern. Er liegt vielleicht auch etwas höher als bei einem der „Hobbyzüchter mit jagdlich geführten Elterntieren" – das Merkmal „Sperlingshund" verspricht einfach Qualität und rechtfertigt in der Regel die höhere Forderung (damit ist ein nüchterner Preisvergleich zwischen verschiedenen Züchtern natürlich nicht ausgeschlossen, auch hier hilft frühzeitige Information)!

Geld zurück nach guten Prüfungen!

Viele Welpenverkäufer bieten auch von sich aus einen Kompromiß bei der Preisgestaltung an: Zwar ist zunächst der vergleichsweise höhere Preis zu entrichten, bei jagdlicher Ausbildung und Vorstellung des späteren Junghundes auf JGHV-Prüfungen wird aber ein Teilbetrag an den Käufer zurückerstattet. Diese Regelung kommt beiden Seiten zugute – der frischbgebackene Hundeführer nimmt die Preisermäßigung dankend an, der Züchter hat auf diesem Weg wenigstens teilweise die Gewähr für einen artgemäßen Einsatz seiner Jagdhunde und erhält Informationen über die „Vererberqualitäten" seiner Elterntiere. Wenn der von Ihnen ausgewählte Züchter dieses Thema von sich aus nicht anschneidet, liegt es vielleicht an seiner großen Freude darüber, wie gut Sie mit seinen Welpen zurechtkommen. In diesem Fall brauchen Sie keine Scheu zu haben, den Vorschlag selbst zu präsentieren: Gute Prüfungsergebnisse sind auch eine gute Reklame für einen Zwingernamen!

Darauf sollten Sie achten:

- Ein Jagdhund braucht Jagdgelegenheit – der zukünftige Jagdhelfer muß nach den eigenen jagdlichen Möglichkeiten ausgewählt werden.
- Wenn möglich, lieber den Welpen als den „fertigen" Hund kaufen und die Chancen der Prägungsphase nutzen.
- „Kopfhund" oder „leichtführig" – Mensch und Hund sollten auch im Charakter zueinander passen.

- Kontakte zu Züchtern können z. B. über die Zuchtvereine hergestellt werden.
- Kein Welpenkauf unter Zeitdruck – frühzeitige Information sichert eine gute Auswahl.
- Der „Sperlingshund" als Gütesiegel – Qualität hat ihren (berechtigten) Preis.

Züchterbesuch
und Welpenauswahl

Ein guter Züchter wird es begrüßen, wenn Sie seinen Zwinger nicht nur einmal besuchen, um Ihren Welpen bei ihm abzuholen: Etwa ab der sechsten Lebenswoche ist die „Welpenpersönlichkeit" so weit ausgeprägt, daß man festlegen kann, welcher Hund zu welchem Menschen paßt. Die verbleibenden Wochen bis zum Zeitpunkt der Abgabe können Sie im günstigsten Fall zum Kennenlernen des Wurfes, zur Auswahl Ihres Welpen und zum gezielten spielerischen Beschäftigen mit ihm nutzen.

„Angsthase" als Jagdhund – nein danke!

Wenn es um Ihren ersten Hund geht und Sie sich bei dieser Auswahl unsicher fühlen, nehmen Sie doch einfach einen Jagdfreund mit, der „Hundeverstand" hat. Durch die Beratung von beiden Seiten (Züchter und Freund) wird sich

Eine abwechslungsreich gestaltete Zwingeranlage bietet gute Entfaltungsmöglichkeiten für die Welpen.

Da lacht das Herz des Hundefreundes: Die Welpen sind unbefangen und selbstsicher genug, um einen Fremden neugierig mit Nase und Zähnen zu untersuchen.

ballen kann für Welpen ein herrlicher Abenteuerspielplatz und behagliche Ruhestätte zugleich sein. Erdhügel laden zum Klettern und Buddeln ein; die Reste eines Kaninchenbalgs zeigen nur, wie toll ein halbes Dutzend kleiner Hunde seine Kräfte beim Zerren und Reißen messen kann. Entscheidend ist das Wohlbefinden der Welpen und deren Möglichkeit, die Umwelt mit ihren vielfältigen Reizen in der Gemeinschaft kennenzulernen.

Welche Reaktion der Welpen können Sie als Fremder beim ersten Besuch erwarten? Der Züchter hat seinem Nachwuchs bis zu Ihrem Eintreffen schon häufig Gelegenheit gegeben, Menschen kennen- und schätzen zu lernen – auch innerhalb der Familie. Die junge Schar wird Sie als Unbekannten also vielleicht am Anfang kurz verbellen, aber dann mehr oder weniger neugierig mit Nase und Zähnen zu untersuchen beginnen. Hier zeigen sich schnell erste Unterschiede im Wesen und Sie können die Chance nutzen, den Welpen zu finden, mit dem Sie am besten „klarkommen". Allerdings ist damit nicht ausgeschlossen, daß sich auch ein eher zurückhaltendes Hundekind (in der Meute bisher unter „ferner liefen" einzuordnen) nach intensiver Betreuung durch den neuen Besitzer noch zu einem selbstsicheren Vierbeiner mit großem Tatendrang entwickelt – vor Überraschungen ist man im Umgang mit Tieren nicht sicher.

Sollten Sie dagegen auf Welpen stoßen, die bei Ihrem Anblick schleunigst in einer „sicheren" Ecke verschwinden und sich auch nach angemessener Wartezeit

sicherlich die passende Kombination Mensch – Hund finden lassen. Dabei versteht es sich von selbst, daß die Welpen nicht nur in guter körperlicher Verfassung vorgestellt werden. Eine abwechslungsreich gestaltete Zwingeranlage weist auf gute Entwicklungsmöglichkeiten der Hundepsyche hin (anders als z. B. ein abseits gelegener ehemaliger Schafstall).

Bitte denken Sie bei Ihrer Bewertung der Anlage auch daran, daß Hunde möglicherweise ein anderes „Schönheitsideal" haben als Menschen: Ein „unordentlicher" Haufen von Stroh-

nicht aus dieser hervortrauen, ist Vorsicht geboten! Das gleiche gilt bei Hunden, die auf ungewohnte Geräusche (z. B. einen umgestoßenen Eimer) nachhaltig verschreckt reagieren. Für einen späteren Jagdeinsatz brauchen Sie schließlich einen Vierbeiner mit einem robusten Nervenkostüm, der zwar nicht blindlings in jede Gefahr hineinrennen, sich aber auch in kritischen Situationen mutig behaupten soll. Beim Anblick Ihrer Jagdfreunde schließlich erwarten Sie ebenfalls freundlich-selbstbewußtes Auftreten und nicht panische Fluchtreaktion zwischen Ihre Knie!

Körperliche Merkmale und Zuchttauglichkeit

Unangenehme Überraschungen bei bestimmten körperlichen Merkmalen können beim Welpenkauf durch sorgfältige Prüfung vermieden werden: Das Milchgebiß Ihres Hundes sollte vollständig sein und eine korrekte Zahnstellung zeigen, das sogenannte „Scherengebiß". Ob eine „Zange" von Ihrem Zuchtverein noch toleriert wird, müssen Sie vorher beim Zuchtwart erfragen; „Vorbeißer" und „Rückbeißer" (Fehlstellungen des Unterkiefers) sind in der Regel für die Zucht nicht zugelassen und verursachen möglicherweise auf Gund dieser Deformationen später noch andere Probleme im Hundeleben. Mit klaren glänzenden Augen sollte Ihr zukünftiger Jagdhelfer seine Umwelt betrachten, nicht beeinträchtigt durch Entropium (Augenlider nach innen gerollt, Gefahr der Reizung und Entzündung) oder Ektropium (Augenlider

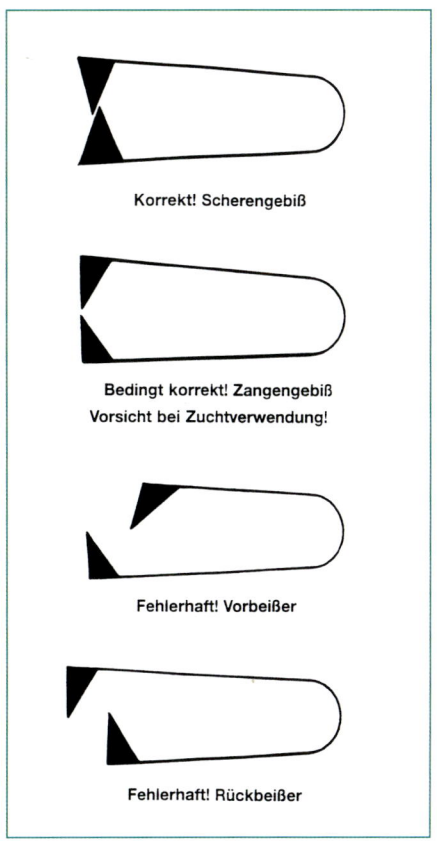

Schematische Darstellung des Hundegebisses.

nach außen gerollt, kein Schutz der „offenen" Augen vor Verletzungen). Wenn Sie sich für einen Rüden entschieden haben, fühlt dieser sich nur mit zwei normal entwickelten Hoden im Hodensack richtig wohl – und Sie brauchen bei späteren Prüfungen oder einer Zuchtschau nicht das Manko „zuchtuntauglich" zu fürchten.
Mancher Jäger weist übrigens beim Welpenkauf den Gedanken an eine spätere Hundezucht noch weit von sich.

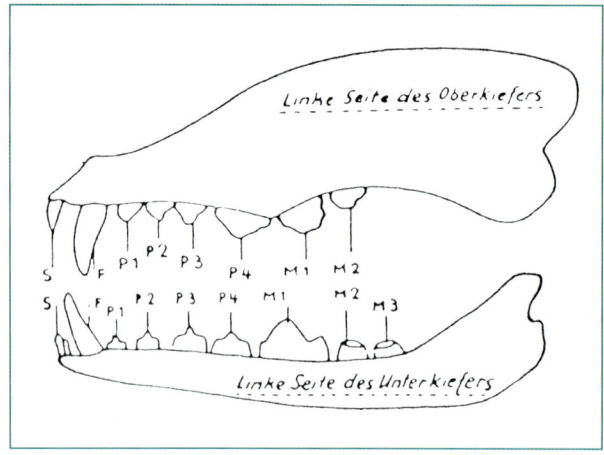

Gebiß des erwachsenen Hundes.

der neuen Heimat nicht automatisch zum „Hundeklo" wird, weder in der Mitte (bei „Anka") noch am Rand mit den überhängenden Büschen (bei „Ben") – hier ist wieder der Mensch als Lehrmeister gefordert.

Fordernd wird es auch, wenn Ihre Hündin erstmals nach ca. sechs Monaten und dann zweimal jährlich „heiß" wird und Sie durch entsprechende Vorsichtsmaßnahmen für Empfängnisverhütung sorgen müssen. Eine ähnliche Aufgabenstellung erwartet Sie aber als Rüdenbesitzer mit einer läufigen Hündin in der Nachbarschaft, die Belastungen sind hier annähernd gleich verteilt. Auch die zuweilen erwähnte größere Anhänglichkeit von Hündinnen kann man nicht durchweg feststellen. Ein kapitaler Deutsch-Langhaar-Rüde kann Sie genausogut in sein Hundeherz schließen – kein Grund also, ihn bei der Auswahl nicht zu berücksichtigen.

Wenn der erworbene Vierbeiner nach erfolgreicher Prüfungslaufbahn mit „voller Punktzahl" und bester Bewährung im Jagdbetrieb dann aber wegen eines körperlichen Mangels nicht zur Zucht eingesetzt werden darf, könnte man sich (als Mensch) vor Ärger „irgendwo hinbeißen" – deshalb sollte man die Option „Zuchthund" zumindest nicht von vornherein ausschließen.

Rüde oder Hündin?

Ob Sie Rüde oder Hündin auswählen, liegt an Ihnen. In Bezug auf die jagdliche Leistungsfähigkeit gibt es keine nennenswerten Qualitätsunterschiede. Rüden erreichen meist größere Körpermaße als Hündinnen und zeigen auch mehr Imponiergehabe, damit muß man als Mensch umzugehen lernen. Beide Hundegeschlechter müssen (und können) dagegen lernen, daß der Rasen

Die Papiere müssen stimmen!

Ihre Kaufentscheidung zugunsten eines bestimmten Welpen ist gefallen, jetzt müssen vor der Abreise in die neue Hundeheimat noch einige Formalitäten erledigt werden: Mit dem Welpen (und gegen Entrichtung des vereinbarten Preises) erhalten Sie im Regelfall die Ahnentafel Ihres Hundes mit dessen

Die Reste von Kaninchenbalg oder Handtuch zeigen nur, wie toll kleine Hunde ihre Kräfte beim Zerren und Reißen messen können – auch diese Spielmöglichkeit ist ein wichtiger Beitrag zur artgerechten Entwicklung der Welpen.

„technischen Daten" und seiner Tätowiernummer. Diese Nummer (regelmäßig im Behang z. B. durch den Zuchtwart eintätowiert) ist das dauerhafte Identifizierungsmerkmal Ihres Vierbeiners – vergewissern Sie sich durch einen raschen Blick, daß die Nummer am Tier mit den Ziffern der Ahnentafel übereinstimmt. Falls bestimmte Zuchtvereine Sonderregelungen für die Ausstellung der Ahnentafel haben (z. B. Klub für Bayerische Gebirgsschweißhunde 1912: Ausgabe erst nach bestandener Vorprüfung, zunächst erhält man eine Registrierkarte), hat Ihr Züchter Sie bestimmt rechtzeitig auf diese Bestimmung hingewiesen. Unabhängig davon, welches Dokument Sie erhalten, sollten Sie als neuer Eigentümer eingetragen sein oder schnellstens eingetragen werden.

Neben dem Impfpaß mit dem Eintrag der ersten Schutzimpfungen bekommen Sie vielleicht auch noch einen Impfplan für die Folgemonate, einen Futterplan und eine kleine Menge des bisher verwendeten Welpenfutters mit auf den Weg. Am besten fahren Sie, wenn sich der Züchter als Gesprächspartner für alle Rückfragen zur Verfügung stellt und schon jetzt anbietet, Ihren Hund später auch einmal bei sich in Pension zu nehmen. Dies kann bei Krankheit oder Urlaub eine große Hilfe sein, einen solchen Service sollte man deshalb auch nicht „für nix" erwarten.

Gute Fahrt!

Nach zahlreichen Erklärungen und guten Ratschlägen stehen Sie nun am Auto, um die Rückfahrt anzutreten.

Natürlich haben Sie für diese Tour einen Fahrer engagiert, damit Sie sich selbst um den Welpen kümmern können.

Wenn Ihr Hund beim Züchter schon positive Auto-Erfahrungen machen konnte, wird das Einsteigen und der Start kein Problem sein, ansonsten helfen Sie mit Geduld, guten Worten und eventuell einem Leckerbissen nach. Wohin mit dem Hund im Auto? Ich habe alle Welpen immer auf einer Decke zwischen meinen Füßen vor dem Beifahrersitz mit Körperkontakt transportiert und damit beste Erfahrungen gemacht – auch unter Berücksichtigung von Sicherheitsaspekten für Mensch und Tier.

Falls Sie den Welpen mit Ihrer Familie abgeholt haben, gönnen Sie ihm bei aller verständlichen Freude über den neuen Hausgenossen im Auto zunächst Ruhe. Der Kleine braucht sie, um sich in einer für ihn ungewohnten Umgebung zurechtzufinden und sich wohlzufühlen. Dann kann Ihr Fahrer den Motor starten und losfahren. Gleichzeitig vermitteln Sie Ihrem Welpen durch gezielte Zuwendung die für Ihr späteres unkompliziertes Zusammenleben wichtige Erfahrung: Autofahren ist eine tolle Sache!

Für diese Tour in die gemeinsame Zukunft – gute Fahrt!

Darauf sollten Sie achten:

- Besuche beim Züchter – eine unverzichtbare Informationsquelle.
- „Angsthase", nein danke – aus verängstigten Welpen werden selten selbstbewußte und leistungsstarke Jagdhunde.
- Bei der Welpenauswahl auch auf Merkmale für eine spätere Zuchttauglichkeit achten (z. B. Zähne, Augen).
- Tätowiernummer, Ahnentafel, Impfpaß etc.: Auch die Papiere müssen stimmen.
- Holen Sie Ihren Welpen persönlich ab und lassen Sie die erste gemeinsame Autofahrt zu einem Genuß für beide Seiten werden!

Der Welpe kommt ins Haus

Große Ereignisse werfen ihre Schatten voraus – das neue Familienmitglied ist da! Schon in den ersten Tagen wird der Grundstein für ein hundelebenlanges Miteinander gelegt. Dabei kommt es fast unausweichlich zu den „klassischen" Problemen – die möglichen „klassischen" Fehler gilt es zu vermeiden!

Auf der Rückfahrt vom Züchter hat der Welpe sich in Ruhe an seinen neuen Führer, dessen Stimme und Geruch gewöhnen können – man kennt sich bereits oberflächlich. Im neuen Zuhause angekommen, sollte diese Methode beibehalten werden: Geben Sie Ihrem Hund ausreichend Gelegenheit, ohne Zeitdruck seine neue Umgebung und die dazugehörigen Menschen kennenzulernen. Beginnen Sie damit zweckmäßigerweise im Bereich der von Ihnen gewählten „Hundetoilette", höchstwahrscheinlich wird Ihr Vierbeiner sich nach der Fahrt erst einmal erleichtern wollen.

Auf dem weiteren Erkundungsgang durch das neue Heim sollten natürlich alle Familienmitglieder dabeisein – aber ohne den Welpen mit allzu großer

Seine neue Umgebung und sein neues „Rudel" kennenlernen, fressen und schlafen – das ist alles, was Ihr neues Familienmitglied am Anfang will. Richten Sie sich danach?

Herzlichkeit zu erdrücken. Wenn Ihr Hund die Chance hat, in Ruhe Sympathien für sein neues Rudel zu entwickeln, wird er seine Zuneigung mit Sicherheit in Kürze auch zeigen.

Er wird nach diesem ersten Rundgang auch deutlich machen, welche Stelle im Haus sein Lieblingsplatz werden könnte und sich dort für eine Schlafpause zusammenrollen. Wenn Sie es einrichten können, sollten Sie Ihrem Welpen diese Wahl tatsächlich überlassen und seinen Korb mit einer Decke und vielleicht einem „Kuschelkissen" an diesem Platz aufstellen.

Ohne Meutebindung kein Wohlbefinden

Damit wird auch deutlich, wohin ein einzelner Welpe in den ersten Monaten seines Lebens gehört: In das Haus zu seinen Menschen, nicht allein in einen Zwinger! Zusätzlich muß der junge Hund natürlich auch die weitere Umge-

Erdrücken Sie Ihren Welpen nicht mit allzu großer Herzlichkeit, dann wird er seine Sympathie mit Sicherheit bald von sich aus zeigen.

bung kennenlernen, muß spielen und toben können. Eine positive Grundstimmung zwischen Mensch und Tier (Voraussetzung für spätere Anhänglichkeit und Führigkeit) entsteht nur, wenn Sie in dieser entscheidenden Phase des Hundelebens viel Zeit gemeinsam mit Ihrem angehenden Jagdhund verbringen. Am schönsten findet Ihr Welpe es, wenn Sie ihm die Trennung von Mutter und Geschwistern dadurch versüßen, daß Sie während einiger Urlaubswochen viele Möglichkeiten zur gegenseitigen Kontaktpflege schaffen.

Wie wird mein Hund stubenrein?

Diese Kontakte sollten nicht auf die Tagesstunden beschränkt sein: Während der Zeit beim Züchter war es für den Welpen normal, auch die Nacht in Ge-

Die Trennung von Mutter und Geschwistern wird für den Welpen durch Kontaktpflege mit dem Führer versüßt.

meinschaft mit anderen Lebewesen zu verbringen – nachdem Sie ihn aus dieser Gemeinschaft herausgeholt haben, sollten Sie ihn nachts nicht allein in einen Zwinger oder einen geschlossenen Raum stecken!

Nehmen Sie statt dessen Ihren Welpen mit in Ihr Schlafzimmer und richten Sie ihm ein Lager bei Ihrem Bett ein (das setzt voraus, daß Ihr Hund frei ist von Ungeziefer)! Sorgen Sie durch eine Kiste mit entsprechend hohen Seitenwänden oder ähnlichen Vorrichtungen dafür, daß er dieses Lager nicht verlassen kann. Ihr Vierbeiner wird es Ihnen doppelt danken: Er fühlt Ihre Nähe, wird Ihre Nachtruhe nicht durch „Heulen und Zähneklappern" stören und sich (um seinen Platz sauberzuhalten) melden, wenn er „muß".

Dann nehmen Sie Ihren Welpen schnell auf den Arm, bringen ihn nach draußen und anschließend genauso schnell wieder zu seinem Lager, um die Nachtruhe fortzusetzen. Am nächsten Morgen gibt es keine „Bescherung" der letzten Nacht wegzuräumen und Ihr Hund lernt von Anfang an, sich zu melden, bevor er sich löst oder näßt.

Diese Signale wird er Ihnen auch während des Tages nach dem Fressen, nach dem Schlafen oder nach dem Spielen geben. Sie werden schnell bestimmte Regelmäßigkeiten erkennen und in diesen Momenten besonders aufmerksam sein, damit Sie ihn beim ersten Anzeichen (Schnüffeln, unruhiges Suchen, Winseln) aufnehmen und zu der von Ihnen gewählten „Hundetoilette" bringen können. Diesen Platz, vielleicht im Hof oder Garten, wählen Sie am besten so, daß er am Anfang auch für Sie schnell vom Haus aus zu erreichen ist. Steht dieser Platz im Freien nicht zur Verfügung (wo wird Ihr Hund dann später seinen Auslauf und Spielplatz haben?) kann eventuell eine Kiste mit Rasenstücken auf dem Balkon eine (vorübergehende) Ersatzlösung sein.

Bringen Sie Ihren Hund bei den ersten Anzeichen von Unruhe zu der von Ihnen gewählten „Hundetoilette".

Entscheidend für eine schnelle Stubenreinheit Ihres Welpen ist gerade in der Anfangszeit häufiger Kontakt, aufmerksames Beobachten, Abstimmen des Tagesablaufs zwischen Mensch und Tier (Aktivitäts-/Ruhephasen) und konsequente Geduld beim Führer. Falls doch mal etwas „passiert": Keine nachträgliche Strafaktion, statt dessen den Welpen aus dem Raum bringen, saubermachen, desinfizieren und für die Zukunft noch aufmerksamer sein – es wird die Ausnahme bleiben!

„Sitz" und „Platz" – kein Problem!

Je früher Sie die Zeit des Zusammenlebens mit Ihrem Welpen auch für andere Ausbildungsschritte nutzen, umso leichter geht es: Jedesmal, wenn Ihr Hund sich in Ihrer Nähe setzt, verdeutlichen Sie ihm mit dem Wort „Sitz" und entsprechendem Lob, welches Kommando Sie später für diese Tätigkeit vorgesehen haben; mit „Platz" verfahren Sie genauso. Schon nach kurzer Zeit werden Sie Ihren Welpen (am Anfang mit leichter Nachhilfe) mit gesprochenem Kommando, ergänzt durch Sichtzeichen, zur gewünschten Ausführung bringen – der Rest des dauerhaften Erfolges ist konsequentes Wiederholen unter allen möglichen Bedingungen.

Wenn der Welpe gleich von Anfang an „dabei" sein darf, lernt er Grundübungen wie „Sitz" und „Platz" ohne Probleme.

Gehorsam – eine tolle Sache!

Den gleichen Ausbildungsweg beschreiten Sie, um Ihren Welpen zu sich kommen zu lassen: Wenn dieser gerade nicht mit interessanten Dingen beschäftigt ist, laufen Sie von ihm weg, locken ihn mit „Hier" und animieren ihn zusätzlich durch Klatschen der Hände an die Unterschenkel. Hat er Sie nach wilder Verfolgung eingeholt, wird er mit Lob und Leckerbissen belohnt – schließlich muß es etwas ganz Tolles sein, zum Führer zu kommen!

Der natürliche Hang des Junghundes, Verbindung zum Führer zu halten (dort ist die Sicherheit der Meute), wird auch durch das „Versteckspiel" gefördert: Wenn Sie mit Ihrem Vierbeiner (am besten im unbekannten Gelände) unterwegs sind und dieser sich gerade mit einer interessanten Witterung beschäftigt, verstecken Sie sich schnell an geeigneter Stelle. Ein Blick auf Ihren Hund wird Ihnen zeigen, daß dieser plötzlich Ihr Verschwinden realisiert und mit höchster Dringlichkeit wieder zu Ihnen möchte. Falls nötig, können Sie mit dem Kommando „Hier" und/oder einem Pfiff eine Orientierungshilfe geben. Auf keinen Fall dürfen Sie vergessen, das Wiedersehen für Ihren Hund zu einem tollen Erlebnis zu machen – zeigen Sie ihm, daß Sie sich genauso riesig freuen wie er!

Diese Übungen sollten Sie wie selbstverständlich in den Tagesablauf Ihres Hundes integrieren. Gehorsam ist schließlich nicht auf bestimmte Trainingsstunden beschränkt, sondern wird immer und überall gefordert. Wegen der Unfallgefahr meiden Sie dabei natürlich die Nähe von Straßen. Zusätzlich soll schon der Welpe lernen, daß Gehorchen auch Freude bereitet, weil anschließend Lob, Leckerbissen, Futter oder Kuscheln mit dem Führer warten.

Der Hund lebt nicht von Brot allein

Die Anzahl der Mahlzeiten wird von anfangs drei bis vier (gem. Fütterungsplan des Züchters) auf später eine (im Alter von ca. 12 Monaten) reduziert. Bei allen Fragen bezüglich der optimalen Zusammensetzung des Hundefutters kann auch Ihr Tierarzt mit gutem Rat helfen. Dabei wird er Lebensalter und körperliche Belastung Ihres Hundes berücksichtigen.

Den Platz für die Einnahme der Hundemahlzeiten bestimmen Sie. Futter- und Wassernapf können auf jedem leicht zu reinigenden Boden innerhalb des Hauses stehen, aber natürlich auch im Zwinger (so wird auch ein späterer Umzug

„nach draußen" angenehm vorbereitet). Sein Futter muß der Hund ohne Störungen einnehmen können. Wenn er sich anschließend zu einem „Verdauungsschlaf" zurückziehen möchte – respektieren Sie diesen Wunsch, er entspricht dem natürlichen Tagesablauf auch bei Wölfen und Wildhunden.

Dort ist es ebenfalls normal, verfügbares Futter sofort und schnell zu verzehren – also stellen Sie Ihrem neuen Familienmitglied die gefüllte Futterschale nicht beliebig lange hin. Etwa eine Viertelstunde reicht regelmäßig völlig aus, eventuelle Reste werden dann entfernt und stehen den Mäusen im Garten nicht mehr als Nahrungsquelle zur Verfügung. Lediglich die Wasserschale muß ständig mit frischem Trinkwasser gefüllt sein, damit der Durst gelöscht werden kann.

Wenn Ihr Vierbeiner sich mit glänzendem Fell, leicht zu ertastenden Rippen und schmalen (nicht eingefallenen!) Flanken präsentiert, können auch Sie sich über eine offensichtlich richtige Ernährung freuen.

Darauf sollten Sie achten:

- Der Welpe gehört ins Haus – intensive Kontaktpflege als Voraussetzung für Führigkeit.
- Der Hund zeigt, wenn er „muß" – menschliche Aufmerksamkeit hilft ihm, schneller stubenrein zu werden.
- „Sitz" und „Platz" – die Unterordnungsübungen werden „nebenbei" erledigt.
- Führerbindung muß gefördert werden – das „Versteckspiel" hilft.
- Das richtige Hundefutter – auch der Tierarzt weiß Rat.
- Zweckmäßige Fütterungsverfahren – kein Dauerangebot für Hund, Maus und Ratte.

Die Reizangel – ein vielseitiges Hilfsmittel, um Scheu
vor Unbekanntem zu überwinden,…

Halsung, Leine, Welpenspiele

Am besten lernt ein Hund, der sich bei seinem Menschen wohl fühlt und in „kleinen Portionen" über den Tag verteilt mit neuen Aufgaben konfrontiert wird. Dabei kann unerwünschtes Hundeverhalten durch angemessene Strafreize unterdrückt werden, so verfahren auch Wölfe mit ihrem heranwachsendem Nachwuchs. Freudige Mitarbeit dagegen (die wir bei der Jagd wollen und brauchen) ergibt sich nur aus positiven Verknüpfungen. Diese Erfolgserlebnisse während der Ausbildung müssen Sie Ihrem Hund vermitteln – dazu können Sie auf nützliche Hilfsmittel zurückgreifen.

Bei der Gewöhnung an Halsung und Leine nutzen Sie am besten die Gunst bestimmter Zeitpunkte: Legen Sie Ihrem Welpen das Halsband (für ihn zunächst ein Fremdkörper) um, wenn ein deutlich angenehmeres Ereignis folgt – z. B. kurz vor dem Füttern. Nach einigen Tagen befestigen Sie an der Halsung eine einfache Leine, am Anfang tut es auch ein Strick mit Karabinerhaken. Diese darf der Welpe zunächst getrost hinter sich herschleifen.

Die ersten Versuche der „Leinenführigkeit" unternehmen Sie am Ende eines ausgedehnten Spaziergangs, wenn seine Müdigkeit Ihr Helfer wird. Führen Sie Ihren Hund mit dem freundlichen Kommando „Bei Fuß" neben sich so an einer Mauer/Hecke/Zaun entlang, daß er vom Hindernis auf der einen und dem Führer auf der anderen Seite geleitet wird. Schnell wird er automatisch Ihre Richtung und Ihr Tempo beibehalten. Ein freundliches Wort und ein Leckerbissen aus Ihrer Hand läßt ihn diese Einschränkung seiner persönlichen Bewegungsfreiheit eher ertragen – wenn anschließend noch ein gemeinsames Spiel folgt, ist die Freude umso größer.

Das Halsband – der erste Schritt in die Abhängigkeit

Wo Sie die erste Halsung kaufen (Landhandel/Heimtierbedarf/Jagdausrüster), ist für Ihren Hund bedeutungslos. Interessant wird es bei der Frage, welches Modell Sie wählen – für unsere Zwecke tut es das gute alte Lederhalsband am besten.

Angesichts der Tatsache, daß der junge Hund in den ersten Monaten schnell wächst, werden Sie in dieser Zeit auch mehrere Halsungen mit zunehmender Größe benötigen. Eine gut passende Ausrüstung ist jedenfalls einem „auf Vorrat" angeschafften „Schlabberding" vorzuziehen. Die Halsung sollte mit Dorn und Schnalle auf eine bestimmte Länge fixiert werden können und so eingestellt sein, daß sie (ohne einzuschnüren) am Hundehals anliegt.

Ist das Halsband zu locker, besteht die Gefahr, daß Ihr Welpe es bei einem Ausflug im Gelände abstreift und verliert. Im ungünstigsten Fall bleibt er damit im Gebüsch hängen – keine gute Voraussetzung, um diese Ausbildungshilfe schätzen zu lernen. Aber auch für den Ausbilder bietet eine zu weite Halsung peinliche Überraschungen: Wenn es bei einzelnen Abrichteschritten für den Hund vorübergehend unangenehm werden sollte, staunt man nicht schlecht, mit welch eleganter Kopfbewegung sich der Vierbeiner aus diesem „Zwangsinstrument" herauswindet. Zurück bleibt ein Mensch mit Hundeleine und leerem Halsband – und mittelgroßer Ratlosigkeit.

Die Lösung dieses Problems liegt auch nicht in der Verwendung sogenannter Würgehalsungen, die es in allen möglichen Materialien gibt. Sie bieten lediglich den Vorteil, daß der Hund sich bei der Einstellung „Zug" nicht mehr selbständig verabschieden kann. Dafür benötigt jede Führereinwirkung über Leine und Halsband mehrere Zentime-

...bei ersten Apportierübungen zu helfen...

ter Zugweg, bevor sie am Vierbeiner wirklich „ankommt". Unser Ziel gerade in dieser Phase der Ausbildung ist es aber, den Welpen für die kleinen Signale des Führers (auch bei Übermittlung per Leine) zu sensibilisieren, ein „eingebauter Verzögerer" bringt schnell auch Verzögerungen im Hundegehorsam mit sich und läuft unserer Absicht zuwider.

Im späteren Hundeleben mögen Würgehalsungen praktisch sein: Nicht zum Würgen, aber weil sie sich beim Anleinen und Schnallen gleichermaßen mit einer einfachen Handbewegung über den Hundekopf streifen lassen. Bis dahin hat Ihr Hund aber auch längst gelernt, auf jedes Zeichen seines Führers zu achten, läuft sicher „frei bei Fuß" und versteht Leine und Halsung als Signalmittel des Menschen – nicht als Hilfsmittel der körperlichen Gewalt ansonsten unterlegener Zweibeiner.

Stachelhalsband – nein danke!

Ein klares Wort auch zu den verschiedenartigen Stachelhalsbändern: Ein

Hund mit gutem Kontakt zu seinem Menschen benötigt derartige Zwangsmittel mit all ihren Risiken und Nebenwirkungen nicht. Er muß nur frühzeitig und konsequent daran gewöhnt worden sein, schon beim ersten Führersignal gehorsam zu sein. Einen praxiserprobten Weg dorthin will dieses Buch aufzeigen. Es mag Einzelfälle geben, in denen auch ein Stachelhalsband vorübergehend sinnvoll eingesetzt werden kann. Aber warum wollen Sie die kritischen Blicke Ihrer Mitmenschen auf sich ziehen, wenn es viel elegantere Verfahren gibt?

Vielseitige Hilfsmittel: Die Hundeleinen

Die Halsung Ihres Hundes wird ergänzt durch eine Hundeleine. Ob Sie am Anfang eine einfache Führerleine (Leder oder Nylon) wählen oder zu einer leichten Kette mit Handschlaufe greifen, ist im wesentlichen eine Frage des persönlichen Geschmacks. Allerdings bietet die Kette mehr Widerstand gegen Hundezähne, falls Sie ihren Junghund vorübergehend irgendwo anbinden müssen – der Rest einer durchgebissenen Lederleine vor einer Metzgerei ist möglicherweise ein trauriges Ende eines schnellen Spaziergangs ins Dorf.

Als Jäger kommt man früher oder später nicht an der Umhängeleine vorbei: Sie ermöglicht das Führen des angeleinten Hundes und läßt doch die Hände für diverse jagdliche Aktivitäten frei. Auch dieses einfache Hilfsmittel gibt es mittlerweile in einer Fülle von Variationen aus verschiedenen Materialien, in verschiedenen Farben, mit Metallbeschlägen oder ohne diese und teilweise auch mit aufgesetztem Täschchen für die Hundepfeife. Wichtig sind nur zwei Kriterien: Stabilität und Länge.

Stärke und Breite der Leine sollten Sie nach Größe und Gewicht Ihres Hundes auswählen – ein schmales Exemplar mag für einen Teckel völlig richtig sein, bei einem Vorstehhund der 30 kg-Klasse ist mit Sicherheit eine breitere Leine (1,5–2 cm) angemessen. Die richtige Länge hat eine umgehängte Leine dann, wenn der „bei Fuß" laufende Hund einerseits genügend Bewegungsfreiheit hat und sich andererseits nicht ständig mit seinem Vorderlauf in einem zu langen „Fangriemen" verheddert. Hier hilft nur die Anprobe im Geschäft, wo gegebenenfalls auch die Leine gekürzt und durch Umsetzen der Beschläge passend gemacht werden kann. Aus der Jagdpraxis ergeben sich zuweilen ganz individuelle Lösungen des

...und Vorstehanlagen zu fördern.

Leinenproblems: Ein Lederriemen mit Karabinerhaken an Rucksack oder Jagdtasche ermöglicht es auch, den vierbeinigen Jagdhelfer anzuleinen – und der Jägersmann erspart sich eine vielleicht störende Leine um seinen Oberkörper.

Verzichten sollten Sie auf die flexiblen Abroll-Leinen verschiedener Hersteller, die sogenannten „Hunde-YoYo's". Bei diesen Geräten bestimmt der Hund, ob er sich zwei oder vier Meter Bewegungsfreiheit nimmt. Entsprechend „flexibel" ist auch seine Position auf Ihr Kommando „Bei Fuß" – regelmäßig nämlich nicht dort an Ihrer Seite, wo Sie ihn haben möchten.

Schließlich vermittelt die Annahme, man könne die Länge der Leine, z. B. beim Ablegen und Anbinden des Hundes im Ort, durch Tastendruck begrenzen, nur eine trügerische Sicherheit: Bei einer auch nur leicht defekten Sperre (die Sie noch gar nicht bemerkt haben) gibt der Sprung eines kräftigen Retriever-Rüden möglicherweise genügend Leine frei, um zu Nachbars „Hexe" auf die andere Straßenseite zu gelangen – wenn zwischendurch nicht plötzlich ein Lastwagen käme…

(Ihre Berechtigung haben die flexiblen Leinen allerdings bei den Menschen, die sich außerstande sehen, ihren Hunden Gehorsam zu vermitteln. Wer ernsthaft prüfen muß, ob er seinen Vierbeiner 12 Jahre nur an der Führerleine bewegen oder einfach völlig frei umherlaufen lassen soll, mag ihn dann besser mit „Yo-Yo"-Hilfe kontrollieren.)

Für viele Zwecke ist die Feldleine aus Nylon (10–20 m) zu verwenden. Sie ist Kontrollmittel bei Ablege-Übungen, Hilfe bei den ersten Futterschleppen und vielleicht auch „Notbremse" bei Vorsteh-Versuchen im Feld. Gleiche Dienste können entsprechend lange und stabile Leinen leisten (z. B. Schweißriemen, Pferdeleinen). Entscheidend ist die Möglichekeit, über eine größere Distanz noch auf seinen Vierbeiner einwirken zu können. Aber Vorsicht: Je nach Material können diese Leinen bei einem kräftigen Anrucken des Hundes und zu zaghaftem Griff beim Menschen auch häßliche Brandspuren in den Händen hinterlassen. Hier helfen möglicherweise Handschuhe auch bei Sonnenschein.

Kommunikation per Pfiff

Für manchen Hundeführer scheint sie ein Stück Lebensqualität zu sein: Man geht nicht mehr ohne umgehängte Hundepfeife, auch wenn der dazugehörige Hund behaglich in seiner Hütte liegt. Dessen ungeachtet wird man bei der Arbeit auch mit dem jungen Vierbeiner gern auf die Pfeife zurückgreifen. Das liegt nicht daran, daß der Hund bei Pfeifsignalen besser gehorcht (Gehorsam muß zuvor vermittelt worden sein). Die „Flötentöne" sind bei größerer Entfernung, Wind und anderen Umweltgeräuschen einfach besser zu hören.

Das gebräuchlichste Modell ist die Doppelpfeife mit Einrichtungen für Trillerpfiff („Halt/Down") auf der einen und glattem Pfiff („Komm") auf der anderen Seite. Wählen Sie für das Bändchen, mit dessen Hilfe Sie sich die Pfeife um den Hals hängen, nicht jagdgrün. Greifen Sie zu einer Signalfarbe, um die Flöte schnell wiederzufinden, wenn Sie sie einmal irgendwo in einen Busch gehängt oder abgelegt haben.

Wild und Reizangel

Je früher Ihr zukünftiger Jagdhelfer zu Hause und im Revier mit Wild in Berührung kommt, umso besser. Also erhält er zur genaueren Untersuchung und zum Spielen nicht Quietschtiere und Tennisbälle, sondern z. B. Krähen-schwingen (wo erlaubt) und Rehläufe. Ein Kaninchenbalg ist für mehrere Welpen immer ein herrliches Mittel zum Reißen und Kräftemessen – wenn Ihr Welpe alleine ist, reißen Sie doch mit ihm um die Wette (aber lassen Sie ihn auch ab und zu gewinnen).

Wild und Wildteile oder auch einfach nur ein alter Lappen können mit Hilfe der Reizangel für junge Hunde unge-heuer interessant präsentiert werden: Ein Besenstiel mit entsprechend langem Bindfaden läßt die angebundene „Beu-te" plötzlich zucken, kriechen, flitzen und animiert wohl jeden Hund zum Verfolgen und Zupacken. Damit läßt sich auch die Scheu vor unbekannten Gegenständen abbauen. Über die „lan-ge Leine" kann der Ausbilder den Hund zu sich kommen lassen – Leckerbissen und Lob gegen Beute vermitteln dem Vierbeiner auch die Grundlagen freudi-gen Apportierens. Die Sicherheit im Ap-portieren wird weiter gefestigt mit Hil-fe eines leichten Apportierbocks aus Holz (ggf. mit etwas Kaninchenbalg umwickelt) und mit allem Wild, das ver-

Bei frühzeitigem Wildkontakt bringt auch ein 11 wöchiger Welpe die Tauben gerne.

fügbar ist und dessen Gewicht der Junghund bewältigen kann.

Am anderen Ende des Spektrums kann mit der Reizangel die Vorstehanlage ei-nes Welpen leicht gefördert werden: Beruhigend – lobendes Einwirken des Führers verdeutlicht in diesem Fall, daß nicht dynamisches Zupacken, sondern Verharren und Anzeigen gewünscht werden – dies ist die richtige Vorberei-tung für den ersten Gang ins Feld.

Futterschleppen – auf dem Weg in die Jagdpraxis

Wenn Halsung und Leine aufgehört haben, Fremdkörper zu sein, kann ein weiterer Schritt in Richtung auf die jagdliche Praxis getan werden. In einer reizarmen Umgebung (z. B. auf Ihrem Rasen) ziehen Sie eine kurze gerade Schleppe. Dazu nehmen Sie vielleicht ein Stück Aufbruch oder auch ein Stoffsäckchen mit Hundefutter – entscheidend ist die Abgabe der Witterung an den bewachsenen Boden.

Sie sind gut beraten, auch diese Übung kurz vor der üblichen Fütterungszeit einzuplanen, schließlich ist Hunger zuweilen ein ausgezeichneter Lehrmeister. Bringen Sie nun Ihren Welpen mit Halsung und Feldleine an den deutlich markierten Anfang der Schleppe und fordern Sie ihn mit „Such' voran" zur Arbeit auf. Mit Ihrer Hilfe wird Ihr Vierbeiner sich auf der Duftspur vorwärts tasten und auch die auf der Schleppe ausgelegten Belohnungsbrocken finden und verspeisen. Dadurch angespornt, findet er sicherlich am Ende auch die gefüllte Futterschüssel – der gerechte Lohn für erfolgreiche Arbeit!

Welpenspieltage

Gute Züchter bieten Sie an, manche Zuchtvereine des JGHV haben sie in ihr Programm aufgenommen, man kann sie auch privat unter Welpenbesitzern organisieren: Welpenspieltage (auch Prägungsspieltage genannt) sind für die optimale physische und psychische Entwicklung von Welpen ganz besonders wichtig.

Bei diesen Welpentreffs (regelmäßig höchstens bis zum vierten Monat) dürfen die Vierbeiner vor allem eines: Das freie Spielen mit Gleichaltrigen genießen und wichtige Spielregeln für das Benehmen „als Hund unter Hunden" erlernen! Die dabei gemachten Erfahrungen kommen auch dem Führer zugute. Ein ausgeglichener Welpe ist lern- und leistungsbereiter als ein frustrierter Einzelgänger, der ständig „unter Dampf" steht. Schließlich wünschen wir uns auch für die Gesellschaftsjagd einen freundlich – selbstbewußten Hund, der den Umgang mit seinesgleichen von frühester Jugend an gewohnt ist.

Zusätzlich bieten gut organisierte Welpenspieltage vielfältige Möglichkeiten, in der Gruppe Neuem zu begegnen: Fremde Menschen, unbekannte Witterung, ungewohnte Geräusche, vielleicht die erste Sauschwarte und natürlich das nasse Element – freudiges Lernen ist angesagt, von dem wir auch für die Jagdpraxis nur profitieren können.

An Untersuchungen muß man sich gewöhnen

Im Laufe dieser Wochen ist Ihr Welpe zum Junghund geworden. Sie haben gemeinsam Mißerfolge überwunden, aber vor allem Erfolgserlebnisse verbuchen können. Bitte denken Sie daran, daß Ihr Hund bei Tierarztbesuchen und Hundeprüfungen auch andere Menschen kennenlernen wird, die sich ganz besonders für seinen Körper interessie-

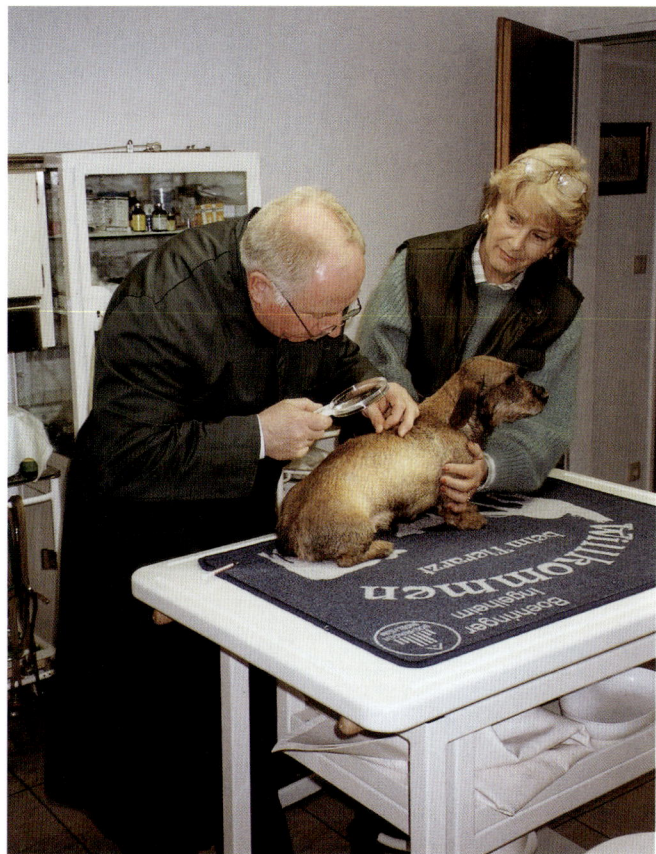

ren. Helfen Sie ihm zu erkennen, daß eine Untersuchung von Augen, Zähnen, Ohren etc. nichts Schlimmes ist und üben Sie es regelmäßig mit ihm. Die lobenden Kommentare Ihrer Mitmenschen werden Sie und Ihren Vierbeiner gleichermaßen erfreuen!

Die Untersuchung von Fell, Zähnen und Ohren ist kein Problem, wenn es schon mit dem Welpen regelmäßig geübt wurde.

Darauf sollten Sie achten:

- Der Hund lernt am besten aus Erfolgserlebnissen.
- Unsere „Ausbildungshalsung": Das Lederhalsband.
- Stachelhalsband – nein danke!
- Führerleine-Umhängeleine-Feldleine: Kommunikationsmittel, nicht Zwangsinstrumente.
- Wild und Reizangel – einfache Hilfen mit großer Wirkung.
- Futterschleppe – der erste Schritt in Richtung Jagdpraxis.
- Welpenspieltage – lustbetontes Lernen fördert ausgeglichene, leistungsstarke Jagdhunde.

Völlig harmlos: Für Hunde sind körperliche Auseinandersetzungen normaler Bestandteil ihres Verhaltens, wirklich ernsthafte Verletzungen werden vermieden.

Wie sag ich's meinem Hund?

Natürlich hat die Ausbildung von Jagdhunden vornehmlich mit praktischer Tätigkeit zu tun – aber etwas Theorie kann nicht schaden: Je besser wir die Grundbedürfnisse unserer Hunde verstehen, umso leichter fällt es, die Rahmenbedingungen ihrer Ausbildung so zu gestalten, daß sie schnell und gern lernen. Dabei ist lustbetontes Lernen eine wichtige Voraussetzung für die freudige Mitarbeit, die wir später von einem fertigen Gebrauchshund bei der Jagd erwarten.

Also – nach welchen Grundregeln „funktionieren" unsere vierbeinigen Jagdhelfer? Wie ihre wölfischen Vorfahren sind auch unsere Jagdhunde von Natur aus Meutetiere – sie brauchen eine Gemeinschaft, um sich wohlzufühlen. Diese Gemeinschaft in Form einer Hundemeute können die wenigsten Jäger ihrem „Feldmann" bieten. In diesem Fall hilft eine verständnisvolle

„Menschenmeute" – Familienanschluß für unseren Jagdhund ist das Gebot der Stunde!

Familienanschluß – Voraussetzung für den Lernerfolg

Die Anbindung an die menschliche Gemeinschaft verwischt durchaus nicht die Unterschiede zwischen Mensch und Tier. Sie respektiert aber den Hund als Mitgeschöpf, der Führer profitiert von einem ausgeglichenem Vierbeiner. Dessen Leistungsbereitschaft ist erheblich größer als die eines Wurfbruders, der 90 % seiner Zeit allein irgendwo „unter Verschluß" gehalten wird.

Im übrigen richtet der Hund sein Verhalten am besten dann nach unseren Wünschen aus, wenn er durch häufigen Kontakt unsere Vorstellungen kennenlernen kann. Da Perfektion am Anfang nicht zu erwarten ist, muß das gewünschte Hundeverhalten nach und nach eingeübt werden – im Haus, im Garten, beim Spaziergang im Feld und auch bei einem Besuch in der Gaststätte (wo erlaubt). Gelegentliche Mißerfolge müssen Sie einkalkulieren: Meist erwartet der Mensch zu viel Leistung in zu kurzer Zeit. Fühlt der Hund sich überfordert, reagiert er häufig mit totaler Leistungsverweigerung oder Flucht aus

Familienanschluß unter Hunden...

der für ihn unangenehmen Situation. In diesem Fall werden die eigenen Ansprüche an den Vierbeiner nicht aufgegeben, aber vorübergehend reduziert. Hat sich die Leistungfähigkeit Ihres Lehrlings stabilisiert, geht es gemeinsam neuen Herausforderungen entgegen.

Der erste Ausflug eines Junghundes in die Stadt muß nicht zwingend auf den polierten Fliesen einer Einkaufsmall unter Hunderten von Menschen beginnen. Bevor das sich sträubende Tier an der Leine durch die Gegend gezogen wird, investiert der verständnisvolle Führer eine halbe Stunde Zeit, um sich mit dem Hund langsam aus ruhigeren Zonen in Richtung Zentrum vorzuarbeiten. So haben beide ihr Erfolgserlebnis und gewinnen die nötige Sicherheit, um bei folgenden Aktionen auf diese „Einstiegsübungen" verzichten zu können.

Auf keinen Fall sollten Sie sich durch ein gelegentliches Mißlingen entmutigen lassen (auch nicht bei der jagdlichen Einarbeitung) und auf die Begleitung

Ihres Vierbeiners verzichten. Der im Zwinger eingesperrte Hund kann Sie zwar nicht vor anderen Leuten blamieren und auch keine Tischbeine im Restaurant anknabbern – aber er wird auch nie ein verläßlicher Freund und brauchbarer Jagdhelfer!

Natürlich können Hunde durch eine behutsame Eingewöhnung auch lernen, stundenweise allein zu bleiben. Das schließt den Aufenthalt im Zwinger ein, wenn die Familie andere Dinge zu erledigen hat. Am besten läßt sich das trainieren, wenn der Vierbeiner nach Spiel und Spaß ohnehin ein deutliches Ruhebedürfnis hat. Wichtig bleibt aus Hundesicht die Feststellung, daß die Trennung von der „menschlichen Meute" möglichst die Ausnahme bleiben sollte. Im Zweifelsfall verzichtet „Cora" gern auf ihre luxuriöse Zwingeranlage mit Freilaufgelände und begleitet ihre Menschen auch im Auto – dabeisein ist alles!

Ohne „Boß" läuft nichts...

Allerdings verstecken sich hinter dem Wunsch des Hundes nach Familienanschluß noch weitere Herausforderungen für den Menschen: Aus Sicht der Vierbeiner gehört zu jedem Rudel auch ein Rudelführer. Diese Rolle muß der Zweibeiner übernehmen!

Er muß klare Zielvorstellungen haben und dem angehenden Jagdhelfer freundlich, aber unmißverständlich verdeutlichen, „wo es langgeht". Dies schließt gemeinsames Toben und Schmusen keineswegs aus – aber der Mensch entscheidet über das wann, wo

...und beim Menschen: Voraussetzung für Wohlbefinden und Lernerfolg.

und wie. Daß die Entscheidung unter Berücksichtigung der Hundebedürfnisse getroffen wird, versteht sich von selbst. Nur so sind schließlich Erfolge zu erwarten.

Überhaupt gelingt die Ausbildung von Jagdhunden dann am besten, wenn der menschliche Trainer sich weitgehend an „tierischen Spielregeln" orientiert. Das stille Beobachten von Hunden oder Wölfen im Freigehege gibt wertvolle Hinweise für den richtigen Umgang miteinander.

Hierzu gehört auch die richtige Ausbildungsmethode: Neues wird „in kleinen Portionen" über den Tag verteilt eingeübt, stationäre Übungen („Sitz, Platz") wechseln mit Bewegung („Komm, Bei Fuß"). Am Ende jedes Übungsabschnitts sorgt der erfahrene Führer für ein Erfolgserlebnis – das Gespann soll mit einem guten Gefühl in die Pause gehen und sich anschließend auf neue Herausforderungen freuen!

Bei diesem Umgang miteinander wächst automatisch die Autorität des Hundeführers – er wird zum anerkannten „Leithund". Diese Autorität innerhalb der (Klein-) Gruppe wollen Hunde spüren. Fehlt sie beim Menschen, übernimmt der Vierbeiner allmählich diese Rolle – ein fataler Prozeß mit unliebsamen Konsequenzen.

Die Folge sind Dackel, denen man (angeblich) „nichts beibringen" kann bzw. große Jagdhunde, die ihre Familie „strammstehen lassen". Diese Fehlentwicklung kann zwar mühsam korrigiert werden, besser ist aber eine Vermeidung durch konsequentes Rollenverhalten: Der Mensch ist der Boß!

Belohnung und Strafe

Das Ziel unserer Jagdhundeausbildung ist ein Vierbeiner, der freudig und gut mit uns zusammenarbeitet. Diese Qualität der Mitarbeit ist nur über positive Verknüpfungen beim Hund herbeizuführen – für entsprechende Erfolgserlebnisse während der Ausbildungszeit und auch im Jagdbetrieb müssen Sie sorgen! Dagegen kann unerwünschtes Hundeverhalten durch angemessene Strafreize unterdrückt werden.

Grundsätzlich gilt: Strafe/Tadel nur dann, wenn unbedingt nötig – Lob so häufig, wie eben möglich!

Für Wölfe und Hunde sind körperliche Auseinandersetzungen im positiven wie negativen Sinne normaler Bestandteil ihres Verhaltens: In unterschiedlicher individueller Ausprägung wird durch gegenseitiges Belecken und Kontaktliegen Zuneigung und Wohlbefinden ausgedrückt. Andererseits werden körperliche Überlegenheit und gegebenenfalls auch Gebiß kompromißlos eingesetzt, um Rangordnungskämpfe auszutragen oder Fehlverhalten zu bestrafen.

Allerdings geht der Einsatz körperlicher Gewalt regelmäßig nur bis zur Unterwerfung des Gegners. Wirklich ernsthafte Verletzungen werden vermieden (denn im Wolfsrudel würde der Verletzte für die Jagd ausfallen). Instinktsichere Verlierer gehen deshalb rechtzeitig in die Rückenlage und zeigen dem Überlegenen Bauch und Kehle – wohl wissend, daß damit die natürliche Beißhemmung ausgelöst und der Kampf beendet wird.

An diesem Verhalten sollte sich auch der Mensch orientieren: Wenn schon körperliche Bestrafung nötig erscheint, dann nur kurzfristig und höchstens so lange, bis der auslösende Mangel abgestellt ist.

Damit verbietet sich ein länger andauerndes „Verprügeln" von selbst – von tierschutzrechtlichen Problemen ganz abgesehen.

Schläge mit der flachen Hand sollten genauso unterbleiben wie Fußtritte oder ein Hieb mit der Hundeleine. Schließlich wünschen wir uns einen Hund, der sich gern von uns streicheln läßt und angesichts der Leine seine Freude über den bevorstehenden Reviergang zeigt – das kann er nur, wenn menschliche Hände und unsere Ausbildungshilfen nicht mit negativen Erlebnissen verknüpft werden.

Damit ist auch klar, daß zum Strafen geeignete „Strafgegenstände" benötigt werden. Die Palette reicht von der zusammengerollten Zeitung bis zur Wurfkette – über die richtige Anwendung müssen Sie sich gegebenenfalls bei einem versierten „Rüdemann" informieren. Eine allgemeine Beschreibung verbietet sich schon deshalb, weil jede Strafeinwirkung auf den einzelnen Hund abgestimmt sein muß – Patentrezepte („Man nehme einen Stock/eine Peitsche/eine Wurfkette…") gibt es nicht.

Selbstverständlich wird – mit Worten und/oder Taten – nur im Augenblick des hundlichen Fehlverhaltens gestraft. Wenn „Falco" das offenstehende Hoftor für einen Streifzug durch die umliegenden Felder genutzt hat, darf er bei seiner Rückkehr mit Recht freundliche Worte und Leckerbissen erwarten – für sein Zurückkommen nämlich! Eine Strafe in diesem Moment könnte er nicht mit dem lange zurückliegenden Fehlverhalten verknüpfen, das Unverständnis des Hundes für Führermaßnahmen beeinflußt aber jede Ausbildung negativ.

Wie hilft man sich also? Das Hoftor wird erneut (wie zufällig) offengelassen. Will „Falco" wieder auf Entdeckungsreise, läßt ihn ein zuvor im Versteck postierter Helfer in geeigneter Form fühlen, daß das Verlassen des Grundstücks ohne Führererlaubnis schmerzhaft ist. Ergänzt wird diese Erfahrung durch das Ablegen des Hundes im Hof, während der Führer sich jenseits des geöffneten Tores bewegt. Erst nach einer angemessenen Zeit des Gehorsams (erst kürzer, später länger) erlaubt das Kommando des Menschen, das Tor „beschwerdefrei" zu passieren.

Derartige Übungen verdeutlichen zweierlei: Zum einen lernt unser Vierbeiner, daß Gehorsam immer und überall gefordert und durchgesetzt wird – dies ist für einen brauchbaren Jagdhund unverzichtbar! Zum anderen erfährt er durch den versierten Ausbilder, wie schön es ist zu gehorchen – nach jeder erfolgreichen Übung gibt es Lob, Leckerbissen und Streicheleinheiten!

Mit den Augen ahnen, was Hunde riechen…

Auch die „fünf Sinne" des Hundes beeinflussen unterschiedlich stark unsere Ausbildungsbemühungen, auf drei Faktoren soll näher eingegangen werden.

Das Hundeverhalten wird ganz wesentlich durch Informationen gesteuert, die der Vierbeiner durch seine Nase gewinnt. Auf diesem Weg erfährt er, wo ein Fasan sich drückt und wo eine läufige Hündin in der Nähe ist. Das Problem für den Menschen: Er sieht nichts von diesen „Geruchs-Bildern". Deshalb muß er lernen, die Körpersprache seines Hundes zu verstehen. Die Botschaft eines fest vorstehenden Deutsch-Langhaar-Rüden ist eindeutig – hier ist Wild im Nahbereich! Viel schwieriger wird es dagegen zu erkennen, wenn ein Schweißhund die Krankfährte verläßt und auf eine Verleitung wechselt.

Weitere Informationen erhält der Hund durch den Gebrauch seiner Augen. Die wahrgenommenen Bilder sind nach heutiger Kenntnis allerdings nicht gestochen scharf und farbenfroh. Doch das ist kein Problem: Schon bei den Wölfen sorgt die beginnende Flucht eines Beutetieres für die Aufnahme der Verfolgung und Bewegungsreize lassen auch unsere Jagdhunde schneller werden – Hasen, Jogger und Radfahrer könnten ein Lied davon singen!

In diesen Fällen kann der Mensch seinem Vierbeiner überlegen sein: Wer seine Umgebung aufmerksam beobachtet, nimmt schnelle Bewegungen meist vor dem Hund wahr und kann diesen unter Kontrolle halten, bevor der „Bewegungsjäger" zum Sprint ansetzt. Diese Chance körperlicher Überlegenheit sollte auch genutzt werden!

Die Reaktion unserer vierbeinigen Jagdhelfer auf andere optische Signale machen wir uns während der Ausbildung und im Revier zunutze: Der nach oben gestreckte Arm für „Platz", die Handbewegung zum Dirigieren der Suche nach links oder rechts, der erhobene Zeigefinger für „Sitz" – die Zusammenarbeit funktioniert auch ohne Lautstärke!

Das gleiche gilt für die Ohren unserer Hunde: Um erfolgreich auszubilden, braucht man nicht zu schreien! Die menschliche Stimme sollte nur soweit erhoben werden, daß der Vierbeiner gesprochene Kommandos zweifelsfrei verstehen kann. Wer überwiegend mit voller Phonzahl arbeitet, darf sich nicht wundern, wenn ein gelegentlicher Befehl „im Umgangston" einfach über-

Es gibt für Hunde kaum etwas Schöneres, als ungezwungen mit dem eigenen „Leithund" herumzutollen oder zu schmusen.

durch Veränderung seines Verhaltens, wenn er bestimmte Signale empfangen hat. Diese möglicherweise nur kleinen Zeichen müssen wir erkennen, um unseren Jagdhelfer dann anzuspornen oder zu bremsen.

Manchmal entscheiden Sekunden über Erfolg oder Mißerfolg in der Zusammenarbeit Jäger – Jagdhund: Die Einwirkung des Menschen auf den Hund wird dann am ehesten gelingen, wenn andere Reize von außen (z. B. Wildwitterung) ihre volle Wirkung noch nicht entfalten konnten. Die für uns nicht wahrnehmbare Witterung an der Kopfhaltung von „Arco" erkennen und sofort reagieren, bevor er dem Schmalreh nachjagt – das ist Können!

Spielen als soziale Erfahrung

Gute Ratschläge haben einen gravierenden Mangel: Der Ratgeber läuft schnell Gefahr, als „Oberlehrer" in Verruf zu geraten. Deshalb zum Abschluß nur noch eine locker – freundliche Empfehlung – geben Sie Ihrem Hund Gelegenheit zum Spielen!

Je früher Sie es tun (z. B. bei Welpenspieltagen), je häufiger Sie es einrichten (z. B. um „ernste" Ausbildungsabschnitte aufzulockern), umso besser ist es. Für Sie und Ihren Vierbeiner! Ganz recht – Sie sollen „Ben" nicht nur mit seinesgleichen toben lassen, Sie sollen sich aktiv beteiligen!

Es gibt gerade für junge Hunde kaum etwas Schöneres, als ungezwungen mit anderen Vierbeinern und dem eigenen „Leithund" herumzutollen oder auch zu schmusen. Es gibt auch kaum einen

hört wird. Und in wirklich kritischen Situationen gibt es dann keine Einwirkung mehr, weil die „Stimmreserven" fehlen.

Erfolgversprechender als die menschliche Stimme ist über größere Entfernung und bei Wind ohnehin die Hundepfeife. Ob Triller oder glatter Pfiff – bei entsprechender Einarbeitung ist die Wirkung regelmäßig besser als das gesprochene Wort.

Auch wenn der Mensch längst nicht alle Faktoren erkennen kann, die seinen Hund beeinflussen, ist er ihnen nicht einfach ausgeliefert: Jeder Hund zeigt

besseren Weg, Körperkraft und Geschicklichkeit zu entwickeln, spielerisch die Rangordnung innerhalb einer Gruppe herzustellen und sich einfach bei und mit seinem Menschen wohlzufühlen. Dies gilt für Hunde bis ins hohe Alter, lediglich die Spielformen müssen „den müden Knochen" angepaßt werden.

Die vorstehenden Empfehlungen wurden aus der Praxis für die Praxis entwickelt. Wenn Sie sie bei der Arbeit mit Ihrem Hund (individuell angepaßt) berücksichtigen, sind viele Stolpersteine bereits aus dem Weg geräumt. Nutzen Sie auch die Gunst der Stunde und warmes Sommerwetter, um mit Ihrem Hund an dafür geeigneten Stellen ein erfrischendes Bad zu genießen. Nach langsamer Gewöhnung im Flachwasser (falls noch erforderlich) vermitteln Sie ihm durch richtige Hilfestellung die nötige Sicherheit auch im Tiefen. Ein Genuß ist es schließlich, gemeinsam frei herumzuschwimmen. Aber Vorsicht: Seien Sie bereit, sofort abzutauchen,

wenn Ihr Hund sich voller Begeisterung auf Sie stürzen will – die menschliche Haut ist diesem Liebesbeweis der Hundepfoten regelmäßig nicht gewachsen!

Konsequentes Rollenverhalten: Der Mensch ist der „Boß".

Darauf sollten Sie achten:

- Ein Hund braucht Familienanschluß
- Viel Verständnis für hundliche Bedürfnisse – aber Boß bleibt der Mensch.
- Freudige Mitarbeit eines Jagdhundes – nur über Erfolgserlebnisse während der Ausbildung.
- Körperliche Auseinandersetzungen – normaler Bestandteil des hundlichen Verhaltens.

- Strafe nur, wenn unbedingt nötig – Lob so häufig, wie möglich!
- Die „fünf Sinne" des Hundes regeln sein Verhalten – wenn der Mensch sie versteht, wird die Ausbildung leichter.
- Gemeinsames Spielen – unverzichtbar bei artgerechter Hundehaltung.

Vorprellen und Zerren an der Leine verhindern die Mauer auf der einen und der Führer auf der anderen Seite.

Gehorchen macht Spaß

Ein Jagdhund soll jagen. Er soll suchen, stöbern, apportieren – also weshalb viele Gedanken an Unterordnungsübungen und Gehorsam verschwenden? Die Antwort fällt leicht, wenn man einmal gesehen hat, wie „Tessa" ihre eigene Jagd macht, ohne Bindung an den Führer, und ohne die Bereitschaft zur Zusammenarbeit: Regelmäßig ist nur der Hund ein wirklich brauchbarer Jagdhelfer, der schon vor seiner Spezialausbildung im Revier gelernt hat, seinen Führer als „Leithund" zu akzeptieren, dessen Anweisungen zu befolgen und willig mit ihm zusammenzuarbeiten.

Vergleicht man die Gesamtausbildung eines Jagdhundes mit dem Bau eines Hauses, so kommt der Gehorsamsausbildung die Funktion der Fundamente zu. Auch wenn sie später kaum noch in Erscheinung treten, haben sie eine besondere Wichtigkeit: Werden sie brüchig, ist das gesamte Gebäude gefährdet. Es lohnt sich also, in das „1 x 1 des Hundegehorsams" besondere Mühe zu investieren.

Wichtige Voraussetzungen für einen erfolgreichen Ausbildungsgang haben Sie schon geschaffen, seit Ihr Welpe ins Haus gekommen ist: Viel Beschäftigung mit dem neuen Familienmitglied und das konsequente Durchsetzen des menschlichen Führungsanspruchs haben Ihren Hund schnell seine Position innerhalb der „Meute" finden lassen. Auch die Gewöhnung des Welpen an Halsung und Leine, die ersten Erfolge mit „Sitz" und „Platz" sowie gemeinsame Spaziergänge – mehr oder weniger „Bei Fuß" – haben Ihren Vierbeiner auf die nun folgende „Grundschule des Hundegehorsams" eingestimmt.

Dabei handelt es sich nicht um einen Ausbildungsabschnitt, der in einem bestimmten Alter beginnt und irgendwann abgeschlossen ist. Vielmehr sind die Übergänge von der Welpengewöhnung zur konsequent durchgeführten Unterordnungsübung fließend – abhängig vor allem vom Lerntempo des Hundes und seiner psychischen Belastbarkeit. Wenn eine Lektion einmal „sitzt", muß regelmäßige Wiederholung sicherstellen, daß „Arco" auch später unter allen möglichen Umständen so gehorsam ist, wie sein Führer das von einem brauchbaren Jagdhund erwarten kann.

Lustbetontes Lernen: Gehorchen macht Spaß,...

Häufige Fehler – und wie man sie vermeiden kann

Vor den konkreten Ausbildungshinweisen einige allgemein gültige Empfehlungen:

- Arbeiten Sie nicht mit einem Hund, der gerade aus dem Haus oder seinem Zwinger kommt und noch „unter Dampf" steht! Geben Sie ihm statt dessen Gelegenheit, sich auszutoben und seine Umgebung kennenzulernen. Wenn er sich auch noch gelöst und genäßt hat, kann diese Erleichterung für Ihr Vorhaben nur günstig sein.

- Viele kleine Lektionen über den Tag verteilt, wirken regelmäßig besser, als der „Trainingsblock" am Nachmittag. So kann der Jagdhund sich zwischenzeitlich immer wieder im Spiel mit seinem Führer entspannen oder austoben. Für die nächste Aufgabe steht er dann erneut mit voller Konzentration bereit.

- Den Ort für Ihr Ausbildungsvorhaben sollten Sie mit Bedacht wählen: Hilfreich ist es, wenn Sie am Anfang mit Ihrem Hund alleine sind, ein staunendes Publikum ist später herzlich willkommen. Ein viel befahrener Radweg ist zunächst wegen der Ablenkungsgefahr genauso störend wie eine Herde Kühe in der Nachbarwiese. Oftmals ist der eigene Garten ein guter Platz für die ersten Übungen. Bei der Arbeit auf fremden Plätzen (z. B. einer Wiese oder einem ruhigen Feldweg) sollten Sie darauf achten, daß Sie nicht gerade den Standardweg für das „Gassigehen" des Vier-

…denn nach „Platz" gibt es Futter.

tels ausgewählt haben – die Düfte von einem Dutzend anderer Vierbeiner sind für Ihren Hund in dieser Phase möglicherweise erheblich interessanter als Ihre gut gemeinten Ausbildungsbemühungen.

Nicht zu früh ohne Leine!

Das Ziel unserer Gehorsamsausbildung ist ein Jagdhund, der Sie ohne Leine („Frei bei Fuß") begleitet, bei Ihrem Stehenbleiben möglichst selbständig in die Sitz- oder Platzposition geht, auf Ihr Zeichen an seinem Platz bleibt und wiederum auf Ihren Ruf oder Pfiff freudig zu Ihnen kommt. Da Sie im Interesse einer erfolgreichen Jagdausübung nicht ständig im Revier herumbrüllen wollen, werden Sie Ihren Vierbeiner von Anfang an daran gewöhnen, leise gesprochene Kommandos zu befolgen. An deren Stelle treten später weitgehend Handzeichen des Führers – Körpersprache als Verständigungsmittel zwischen Mensch und Hund macht den Reviergang zum Genuß und zeichnet das wirklich gute Gespann aus. Die Hundepfeife kommt nur zum Einsatz, wenn große Distanzen oder laute Umweltgeräusche das erfordern.

Bei allen Gehorsamsübungen führen Sie Ihren Vierbeiner anfangs an der kurzen, später an der langen Leine. Damit ist sichergestellt, daß Sie ständig die Situation „im Griff" haben und Ihr Zögling sich nicht irgendwann nach eigenem Gutdünken verabschieden kann. Bei allem Verständnis für die berechtigte Freude, daß eine Übung perfekt ausgeführt wurde: Lassen Sie es zunächst noch nicht auf den Versuch ankommen, die gleiche Lektion ohne Leine zu wiederholen. Zu groß ist die Gefahr, daß gerade dann ein zu stark ablenkender Reiz auftritt (Radfahrer/Wild/anderer Hund) und „Pascha" sich Ihrer Einwirkung entzieht. Damit ist aber nicht nur eine einzelne Übung „in die Hose" gegangen, vielmehr hat unser „Gehorsamsfundament" unnötig Risse bekommen, die erst wieder ausgebessert werden müssen.

Deshalb empfiehlt es sich, „Sitz, Platz und Co." in möglichst reizarmer Gegend und fern von Straßen erst dann ohne Leine zu versuchen, wenn diese Übungen angeleint mehrfach wie gewünscht geklappt haben.

Entscheidend ist, wie Sie sich als Führer fühlen: Wenn Sie begründet annehmen können, daß das „unsichtbare Band" zwischen Ihnen und Ihrem Vierbeiner stark genug ist für die bevorstehende Belastungsprobe, dann sollten Sie das Wagnis eingehen. Eine klare Sache, daß Sie Ihren Hund mit einer besonderen Streicheleinheit verwöhnen, wenn er Sie bei dieser Probe nicht im Stich gelassen hat! Falls es – leider – doch danebengegangen sein sollte, nehmen Sie „Freya" an die Leine, überlegen Sie, wie immer in solchen Situationen, ob der Fehler nicht beim Führer lag, und starten Sie von vorne.

Leinenführigkeit und „Sitz"

Die gewünschte Leinenführigkeit zeigt Ihr Hund dann, wenn er Ihnen bei locker durchhängender Führerleine neben Ihrem Knie folgt – es ist das genaue Gegenteil des kräftigen Deutsch Drahthaar-Rüden, der seinen Menschen über den Bürgersteig zerrt. Ob Sie „Jackel" dabei auf der linken oder rechten Seite halten, können Sie ganz nach Ihren persönlichen Wünschen entscheiden. Sie müssen sich nur zu Beginn dieser Übungen festlegen und die einmal gewählte Seite beibehalten. Ihr Lehrling soll schließlich sofort wissen, wo Sie ihn nach dem Kommando „Bei Fuß" haben möchten.

Suchen Sie sich für den Beginn dieser Übung ein Hindernis (Mauer, Zaun, Hecke) und führen Sie Ihren Vierbeiner daran entlang. Halten Sie die Leine bei einer Länge von 80–90 cm so, daß Sie entspannt spazierengehen können. Seine Bewegungsfreiheit wird jetzt durch das Hindernis auf der einen und den Führer auf der anderen begrenzt. Ein Vorprellen und Zerren an der Leine verhindern Sie einfach dadurch, daß Sie mit Ihrem Knie den Vorwärtsdrang Ihres Hundes bremsen – schließlich hat er keine Möglichkeit auszuweichen. Signalisieren Sie durch leichtes Klopfen mit der Hand auf den Oberschenkel, an welcher Stelle Sie den Hundekopf gern streicheln möchten und vergessen Sie nicht die Worte des Lobes, wenn es klappt.

Gehen Sie bei allen Varianten dieser Übung bestimmt und unbeirrt Ihren Weg: Ihr Begleiter kann und wird schnell lernen, daß der Mensch Richtung und Geschwindigkeit des gemeinsamen Reviergangs bestimmt und der Hund zu folgen hat. Wenn die Leine nach etlichen Metern entlang der Mauer tatsächlich locker durchhängt, vergrößern Sie allmählich die Entfernung zum Hindernis. Im günstigsten Fall bleibt „Artus" dicht bei Ihnen, um sich weitere Streicheleinheiten abzuholen. Versucht er dagegen, von Ihnen wegzustreben, bewegen Sie sich wieder auf die Mauer zu und lassen ihn fühlen, daß Sie die Lage unter Kontrolle halten können.

Den Schwierigkeitsgrad der Leinenführigkeit steigern Sie nach einiger Zeit bei einem Gang durchs Stangenholz. Dazu gehen Sie mit dem angeleinten Hund an Ihrer Seite dicht an einzelnen Bäumen vorbei. Er soll dabei weder vorprellen noch mit der Leine irgendwo hängenbleiben. Verfängt er sich dennoch an einem Hindernis, setzen Sie Ihren Weg zielstrebig fort und lassen ihn fühlen, daß Bäume härter sind als Hundeköpfe. So wird Ihr Begleiter durch eine einmalige schmerzhafte Er-

fahrung lernen, daß es für ihn besser ist, auf den Führer zu achten und sich dicht an diesen zu halten. Natürlich erhält er für das gewünschte Verhalten die gewohnten Streicheleinheiten und erfährt durch Wiederholung der Übung, daß auch ein Slalom um ein Dutzend Bäume für einen gehorsamen Vierbeiner überhaupt kein Problem ist.

Um das Erlernen der Leinenführigkeit nicht eintönig werden zu lassen, kann man es gut mit der Übung „Sitz" kombinieren: Vielleicht setzt Ihr Begleiter sich auf Grund der erfolgreichen Ausbildung im Welpenalter schon zügig hin, wenn Ihr leises Kommando ertönt. Ansonsten fassen Sie mit einer Hand die Halsung des stehenden Hundes und legen die andere Hand auf dessen Rücken. Dann geht es ruck-zuck: An der Halsung nach oben ziehen, auf die Hinterhand drücken, dazu begleitend das Kommando „Sitz" – und schon sitzt „Ben" tatsächlich. Freundliches Loben (nicht zu stürmisch, sonst ist er gleich wieder in Bewegung!) macht ihm deutlich, wie sehr Sie seine Mitarbeit schätzen. Dauerhafter Ausbildungserfolg ist nur durch positive Verknüpfungen Ihres Schülers zu erreichen, also wiederholen Sie das Ganze nach einigen Metern Bewegung und bestätigen Sie die richtige Ausführung durch erneutes Lob.

Zum vollendeten Genuß wird diese Übung für Ihren Vierbeiner, wenn Sie ihn ab sofort vor jedem Leckerbissen und vor dem Füttern einmal „Sitz" machen lassen. Durch die vielen Wiederholungen festigt sich sein Gehorsam in kurzer Zeit und die schmackhafte Belohnung macht Ihrem Hund eindrucksvoll klar, wie toll es ist, den Wünschen des Führers zu folgen. Fast von allein ergibt sich dabei, daß Sie allmählich auf das gesprochene Wort verzichten und dieses durch lautlose Zeichen ersetzen können – schon nach kurzer Zeit sitzt Ihr Lehrling, wenn Sie nur stehenbleiben oder einfach den Zeigefinger heben.

„Platz" und „Bleib"

Wenn das Hinsetzen zuverlässig klappt, geht es weiter mit „Platz" und „Bleib". Gebräuchlich sind auch die Kommandos „Halt", „Down" oder „Ablegen" – Sie können sich frei entscheiden, denn Ihrem Hund ist es egal, mit welchen Worten er veranlaßt werden soll, sich flach auf den Boden zu legen. Zweckmäßigerweise wählen Sie für die ersten Übungen einen trockenen Platz und verzichten zunächst auf nasses, kaltes Gras oder spitzen Schotter als Untergrund. Sonst kann es schnell passieren, daß der Junghund seine verständliche Abneigung gegen Kälte und Piekser auf die von Ihnen geforderte Unterordnung überträgt – eine schlechte Voraussetzung für erfolgreiche gemeinsame Arbeit.

Die Technik, um einen Hund „an den Boden" zu bringen, ist einfach: Mit einer Hand greift man in die Halsung des sitzenden Schülers, mit der anderen zieht man die Vorderläufe nach vorne und ein leichter Druck im Hundenacken befördert ihn in die Bauchlage. Das Kommando „Platz" begleitet die Aktion und die Hand in der Halsung sorgt ggf. dafür, daß „Eddi" auch liegen-

Nach einigen Wiederholungen der Übung „Sitz" kann allmählich auf das gesprochene Kommando verzichtet werden – der erhobene Zeigefinger reicht.

bleibt und sich anschließend Lobesworte anhören kann.

Nach einigen Tagen und zahlreichen Wiederholungen wird Ihr Hund auch diese Übung zuverlässig ausführen. Wenn er auch Ihren erhobenen Arm als Sichtzeichen für „Platz" respektiert, ergänzen Sie das optische Signal durch den Pfiff auf der Trillerpfeife. Schon bald können Sie auswählen, ob sich Ihr Lehrling auf Zuruf, Trillerpfiff oder Handzeichen hinlegen soll. Dabei gibt es meiner Meinung nach keine zwingende Notwendigkeit, daß auch der Hundekopf flach auf den Boden gepreßt wird – es sieht eher nach Unterdrückungsmaßnahmen aus.

Durch Weglaufen und Händeklatschen wird das Kommando „Komm" wirksam unterstützt.

Für die nächste Übung befestigen Sie die Feldleine an seiner Halsung und legen Sie ihn wie gewohnt ab. Mit dem neuen Kommando „Bleib" und der offenen Handfläche als ergänzendem Sichtzeichen fordern Sie ihn dann zum Liegenbleiben auf. Während Sie langsam zurückgehen, rollen Sie die lange Leine ab. Achtung: Nicht an der Leine ziehen – sonst ist er sofort bei Ihnen! Entfernen Sie sich zunächst mit dem Gesicht zu Ihrem Vierbeiner. So können Sie bereits die ersten Zeichen von Unruhe erkennnen und mit einem schnellen Schritt zum Hund und, wenn nötig, einem Trillerpfiff oder Sichtzeichen für die korrekte Ausführung Ihrer Anordnungen sorgen. Ganz wichtig ist es durchzusetzen, daß „Dag" genau an der Stelle liegenbleibt, die Sie bestimmt haben. Ist es ihm doch gelungen, ein wenig vorzukriechen, bringen Sie ihn an den Ausgangspunkt zurück. Gehen Sie anfangs auch nur wenige Schritte von Ihrem Hund weg und holen Sie ihn immer an seinem Platz ab – nicht er kommt zu Ihnen, sondern Sie kommen zu ihm!

Mit zunehmender Übungserfahrung und Zuverlässigkeit steigern Sie die Dauer des Ablegens und verzichten auf das Hilfsmittel Feldleine. Danach entfernen Sie sich allmählich aus dem Sichtfeld Ihres Hundes – aber verstecken Sie sich so, daß Sie ihn sehen und bei Ungehorsam sofort einwirken können! Nach einigen Übungswochen ist es dann kein Problem mehr, „Falk" auch eine halbe Stunde an einem sicheren Ort im Revier frei abzulegen – er ist sich schließlich sicher, daß Sie zu ihm zurückkehren werden.

„Komm"

Wenn Ihr Hund bis hierher erfolgreich mitgearbeitet hat, ist die restliche Unterordnung fast ein Kinderspiel: Fordern Sie ihn mit „Komm" (oder „Hier") auf, zu Ihnen zu kommen, wenn Sie auf einem übersichtlichen Platz mit ihm alleine sind. Verstärken Sie die Wirkung Ihres Befehls eventuell durch das Klatschen der Hände an die Unterschenkel. In ganz schwierigen Fällen laufen Sie vom Hund weg, niemals hinter ihm her – das wäre für ihn nur die Aufforderung zu einem tollen Spiel, das er regelmäßig gewinnt. Das Sichtzeichen „Händeklatschen" ergänzen Sie nach einigen Wiederholungen durch den „glatten" Pfiff auf Ihrer Hundepfeife. Ein halbes Dutzend Mal geübt, und schon kommt Ihr Schüler angesaust, auch wenn nur noch der Pfiff ertönt. Streicheleinheiten und Leckerbissen bei Gehorsam sind eine Selbstverständlichkeit.

Wollen Sie Ihren Vierbeiner aus „Sitz" oder „Platz" abrufen, verfahren Sie nach dem gleichen Muster. Bitte bedenken Sie nur, daß in diesem Zusammenhang das Kommando „Bleib" nichts zu suchen hat (nach diesem Befehl müssen Sie sich schon selber auf den Weg machen und ihn persönlich abholen).

Frei bei Fuß mit „Bindfadentrick"

Höchstwahrscheinlich hat sich Ihr Hund im Zuge der beschriebenen Übungen von ganz allein angewöhnt, Sie auch ohne Leine „Frei bei Fuß" zu begleiten. Sollte er noch ein wenig Nachhilfe brauchen, wenden Sie einfach den „Bindfadentrick" an. Anstelle der nor-

malen Führerleine ziehen Sie einen entsprechend langen festen Bindfaden (z. B. eine Paketkordel) durch die Halsung und nehmen beide Enden in die Hand.

Führen Sie Ihren Begleiter mit „Bei Fuß" wiederum an einem Hindernis entlang (Sie wissen schon: Mauer, Zaun, Hecke oder so...). Vergessen Sie auch nicht, die bekannten Unterordnungsübungen „Sitz" und „Platz" einzustreuen. Während Ihr Vierbeiner sich so auf Sie und freudigen Gehorsam konzentriert, lassen Sie unauffällig ein Ende des Bindfadens los. Nach und nach ziehen Sie das Band gänzlich aus der Halsung und setzen Ihren Weg fort.

Auf diese Weise bemerkt „Ben" nicht einmal, daß er frei läuft und sich entfernen könnte. Die Phase der freien Folge verlängern Sie nach und nach. Bald schon wird es für Ihren Hund nur noch normal sein, Sie freudig zu begleiten, ohne angeleint zu sein.

Darauf sollten Sie achten:

- Ohne solide Gehorsamsausbildung keine jagdliche Brauchbarkeit.
- Körpersprache als Verständigungsmittel statt Schreierei im Revier.
- Unterordnungsübungen zunächst nur an der Leine.
- Ein Gang durch Stangenholz fördert die Leinenführigkeit.
- Leckerbissen und Streicheleinheiten muß der Hund sich durch aktiven Gehorsam „verdienen".

- Behalten Sie Ihren Hund bei allen Übungen ständig im Blick und korrigieren Sie Ungehorsam sofort!
- Bei Hunden, die nicht zum Führer kommen wollen, kann Weggehen hilfreich sein.
- Nach „Bleib" holt der Führer seinen Hund persönlich ab.
- Folge frei bei Fuß – der „Bindfadentrick" kann helfen.

Viele Hunde mögen einen bequemen, etwas erhöhten Liegeplatz.

Ausreißer, Bettler, Küchendiebe

Warum zerrt der eine Hund bei jedem Spaziergang wie wild an der Leine, während der andere zwanglos „bei Fuß" geht? Warum ist „Ben" bei geöffnetem Gartentor flugs im angrenzenden Maisacker auf Entdeckungstour, während „Elsa" zufrieden auf dem Rasen liegt und auf Zäune und Tore gut verzichten könnte? Aus welchem Grund sitzt der eine Vierbeiner jeden Morgen fast auf dem Frühstückstisch, während sein „Kollege" entspannt vor sich hin döst und uns in Ruhe Kaffee trinken läßt?

Aus Sicht der betroffenen Hunde kann das eine wie das andere Benehmen völlig normal sein. Für sie gibt es keine „Unarten", dieser Begriff ist von Menschen geprägt worden. Und am Menschen liegt es auch, das Tun und/oder Lassen der Vierbeiner so zu beeinflussen, daß der Umgang miteinander möglichst spannungsfrei ist. Die erwähnten „Nickeligkeiten" können prinzipiell in jeder Lebensphase des Hundes auftreten – und abgestellt werden. Inhaltlich passen sie gut zum vorhergehenden „Einmaleins des Hundegehorsams". Also werden sie hier erörtert, bevor die jagdliche „Fachausbildung" folgt.

Ein Laufhund ist kein Kuscheltier

Zunächst ist es hilfreich, sich an Grundsätzliches zu erinnern: Hundeverhalten wird im wesentlichen durch Erbanlagen und Umwelteinflüsse gesteuert. Natürlich können die Erbanlagen des Hundes durch den Führer nicht manipuliert werden. Aber eine indirekte Einflußnahme ist mit etwas Überlegung sehr wohl möglich:

Durch die Auswahl der Hunderasse passend zu den persönlichen Verhältnissen kann der Mensch möglichen Streß von vorneherein weitgehend vermeiden.

Damit scheidet der lauffreudige Windhund als Familientier eines gehbehinderten älteren Ehepaares in einer Stadtwohnung aus – genausowenig darf ein passionierter Deutsch Kurzhaar im Zwinger eines Jägers versauern, der auf absehbare Zeit keinerlei Jagdgelegenheit haben wird.

Ist das „Unglück" dennoch passiert und ein Vierbeiner ins Haus gekommen, der vielleicht nach seinem Äußeren, nicht aber nach seinen Anlagen und Bedürfnissen den Vorstellungen seiner Menschen entspricht, so hilft nur eines: Gegensteuern! Der Gordon Setter, der nie „Land unter die Läufe" nehmen durfte, wird durch Unterordnungsübungen und Bewegung am Fahrrad vielleicht als reiner Begleithund für seinen nichtjagenden Führer kontrollierbar bleiben. Hat er dagegen den ersten Hasen bis an den Horizont gehetzt (und diese Freiheit genossen), so wird ihm nur noch schwer zu vermitteln sein, daß zukünftig alle jagdlichen Ambitionen auf Grund menschlicher Entscheidung unterdrückt werden müssen. Allerdings sollten die tierlieben Besitzer solcher Vierbeiner sich gelegentlich auch fragen, inwieweit Hunde bei einer derartigen Nicht-Berücksichtigung ihrer naturgegebenen Bedürfnisse noch wirklich „artgerecht" gehalten werden...

Aha-Erlebnis

Zu den wichtigsten Umwelteinflüssen, die das Hundeverhalten steuern, kann die menschliche Einwirkung auf den Vierbeiner zählen – wenn der Führer seine Chancen richtig nutzt!

Auf der Basis der natürlichen Anlagen richten Hunde ihr Verhalten nach dem einfachen Grundsatz „Unangenehmes vermeiden, Angenehmes wiederholen".

Damit liegt es in der Hand des Menschen, nicht erwünschte Manieren seines Vierbeiners (auch die berühmten „Unarten"!) durch angemessene Sanktionen zu unterbinden. Aber Vorsicht: Allzu oft liegt die Ursache für einen Fehler des Vierbeiners im Verhalten des Führers begründet (z. B. Überforderung zu Beginn der Ausbildung oder gelegentliches Füttern am menschlichen Mittagstisch). Deshalb empfiehlt es sich, vor jeder Sanktion (Bestrafung, Maßregelung) zu prüfen, wer sie eigentlich verdient hat – Mensch oder Hund?

Ohnehin ist es mit Strafe allein nicht getan: Von einem Ausbildungserfolg kann erst gesprochen werden, wenn „Ben" nach Lob und Leckerbissen seines Führers verstanden hat, was „der Alte" eigentlich will. Diese positive Verknüpfung des Hundes (freiwilliges Hinlegen nach „Platz" – anschließend Belohnung durch den Menschen) ist sein persönliches „Aha – Erlebnis". Jetzt gilt es nur noch, weitere Erfolgserlebnisse für Zwei- und Vierbeiner folgen zu lassen, um das Erlernte zu vertiefen und die Zuverlässigkeit in der Ausführung zu steigern.

Dies geht umso leichter, wenn die erwünschten Leistungen den Anlagen des

Hundes weitgehend entsprechen. Ein Retriever wird regelmäßig schneller und sicherer apportieren als ein Hannoverscher Schweißhund (Hirschmann, verzeih') – schließlich müssen auch die Ergebnisse langjähriger züchterischer Bemühungen irgendwo sichtbar werden.

Binsenweisheit

Zum Abschluß der grundsätzlichen Betrachtungen zwei „Binsenweisheiten" (die gar nicht oft genug erwähnt werden können):
- Am erfolgreichsten ist die Ausbildung, wenn ein Hund mit rassegerechten Aufgaben konfrontiert wird und positive Verknüpfungen herstellen kann (Gehorsamsausbildung ist passend für jede Jagdhunderasse – eine Vielzahl von Teckeln beweist das!)
- Das Verhältnis zwischen Führer und Hund muß in Ordnung sein, getragen von gegenseitiger Zuneigung und Vertrauen in den Partner – ein Mensch unter Streß, ohne Selbstbeherrschung und Konsequenz sollte sich nicht als Abrichter versuchen!

Korrekturverfahren

Wenn Sie mir bis hierher gefolgt sind, wird auch die Arbeit mit Ihrem Vierbeiner bald vom Erfolg gekrönt sein. Mißfällt Ihnen eine seiner „Marotten", geht es immer nach dem gleichen Muster an die Korrektur:
- Wo liegt die Ursache (vielleicht sogar bei Ihnen)? Sie sollte als erstes beseitigt werden.

- Gilt es, ein Fehlverhalten abzustellen? Wenn Sanktionen, dann nur im Augenblick des Fehlers – nicht vorher und nicht hinterher! Nur so kann der Vierbeiner über entsprechende Verknüpfungen lernen, welches Verhalten vom Führer nicht geduldet wird.
- Welches Hundeverhalten wird gewünscht? Das vom Menschen geforderte Benehmen muß nicht nur konsequent durchgesetzt, sondern auch eindeutig positiv geprägt werden.

„Bei Fuß" – die unendliche Geschichte

Konkret: Ihr Großer Münsterländer reißt Ihnen an der Leine fast den Arm aus und folgt „Frei bei Fuß" nur in seltenen Glücksmomenten? Haben Sie ihn in seiner Jugend wirklich sorgfältig an Leinenführigkeit gewöhnt? Durfte er möglicherweise nach den ersten erfolgreichen Gängen an der Führerleine an der Seite des stolzen Besitzers schon früh zeigen, daß es auch „oben ohne" klappt? Ging dabei eventuell vor dem Hund ein Fasan hoch und der Vierbeiner auf Verfolgungsjagd – ungeachtet Ihrer Rufe und Pfiffe?

Wie dem auch sei, wir beginnen das Einüben der Leinenführigkeit von Grund auf – wie damals beim Welpen. Die seinerzeit praktizierten Verfahren sind unverändert wichtig: Es geht also wieder entlang von Mauern und im Slalom durch das Stangenholz – alle Einzelheiten entnehmen Sie bitte dem Kapitel „Gehorchen macht Spaß". Folgt „Ayko" dann dicht an Ihrem Knie, sparen Sie nicht mit Lob und Leckerbissen. So lernt Ihr Hund, wie wichtig Sie für ihn sind, wichtiger noch als interessante Düfte und auffliegende Fasanen.

Erst wenn diese Grundübungen (mit Führerleine) zu Fuß und am Fahrrad zuverlässig klappen, kommt der Übergang zur Arbeit an der nachgeschleppten Feldleine (Ihrer „Notbremse") und schließlich „Frei bei Fuß". Natürlich wählen Sie dafür eine Gegend mit möglichst wenig Wild, ohne Waldläufer und spielende Kinder – je weniger Fremdreize, desto besser.

Es versteht sich von selbst, daß die beschriebenen „Trainingseinheiten" nicht im Stundenblock absolviert werden, sondern in wesentlich kleineren Zeiteinheiten. 15 Minuten reichen sicher aus, dann folgt eine Unterbrechung mit Spiel und Spaß für beide Partner. So kann sich Ihr Freund dem nächsten Ausbildungsabschnitt wieder mit neuer Konzentration widmen – und Ihrem Arm schon nach kurzer Zeit die gewünschte Entlastung verschaffen.

So kuriert man Ausreißer

Gönnen Sie Ihrem Hund neben dem Training in „Leinenführigkeit" und „Folge frei bei Fuß" auch eine Wiederholung von „Sitz", „Platz" und „Bleib". Das macht die Ausbildung interessanter und hilft garantiert bei der Lösung des folgenden Problems: Ihr Vierbeiner verschwindet regelmäßig in den umliegenden Feldern, sobald das Gartentor offensteht? Irgendwann in seiner Jugend konnte er sich einmal unbemerkt entfernen und seither nutzt er jede Ge-

Bis hierher und nicht weiter – Hunde lernen schnell, daß auch offene Türen und Tore nur mit Erlaubnis des Führers passiert werden dürfen.

legenheit für seine Ausflüge? Einmal haben Sie ihm bei der Rückkehr „eine drübergezogen" – jetzt ist seine Neigung zurückzukommen, noch geringer geworden?

Auch in diesem Beispiel gilt es, das Übel an der Wurzel zu packen. Anbindehaltung oder Wegsperren können das Problem nur vorübergehend lösen. Unser Ziel ist schließlich ein Hund, der von sich aus auch dann auf dem Gründstück bleibt, wenn alle Tore offenstehen. Bei Ihrer Korrekturausbildung sollten Sie folgende Faktoren im Auge behalten:

- Das Verhältnis zwischen Mensch und Hund muß passen – ein Vierbeiner ohne Bindung an Führer, Familie, Haus und Hof hat wenig Grund, sich dort aufzuhalten, wo es aus seiner Hunde-Sicht bestenfalls furchtbar langweilig ist. Futter und Wasser locken ihn zwar regelmäßig an den Ausgangspunkt seiner Ausflüge zurück, aber mit den vielfältigen Reizen „draußen vor der Tür" können sie allein natürlich nicht konkurrieren.

- Das kann schon ganz anders aussehen, wenn Sie Ihrem Begleiter eine interessant gestaltete Zwingeranlage mit entsprechendem Auslauf und vielfältigen Beschäftigungsmöglichkeiten bieten. Hier ist keine Luxusversion gefragt, Abwechslung ist das Zauberwort: Die gibt es auf der Tenne eines Bauernhofes genauso wie im Obstgarten, wo ein in passender Höhe aufgehängter alter Jutesack vom Hund erst angepirscht und dann genüßlich in Fetzen gerissen werden kann. Ihre Spiele mit „Arco" in einer solchen Umgebung festigen endgültig seinen Eindruck, daß es sich hier wirklich hundgerecht leben läßt – warum also weglaufen?

- Jeder Hund will gefordert werden (die ganz alten „Damen und Herren" sind die Ausnahme). Also fordern Sie ihn, damit er mit Ihnen Erfolgserlebnisse sammeln und sich wohlfühlen kann. Wer einen Jagdhund hat und mit diesem regelmäßig(!) im Revier arbeitet, wird auf diesem Sektor keine besonderen Probleme haben. Stattdessen weiß er einen ausgelasteten und zufriedenen Vierbeiner an seiner Seite – warum sollte dieser zum Streuner werden?

- Um ganz sicher zu gehen und die Zuverlässigkeit im Daheimbleiben weiter zu fördern, stellen Sie Ihrem Lehrling bei fortgeschrittener Gehorsamsausbildung („Platz" und „Bleib"

– s. o.) ein paar „Abrichtefallen": Lassen Sie ihn z. B. im Garten und entfernen Sie sich durch das geöffnete Tor. Gehen Sie am Anfang nicht zu weit, bleiben Sie ruhig im Sichtfeld des Hundes und kehren Sie auch wieder zu diesem zurück. Belohnen Sie sein Ausharren und entfernen Sie sich erneut, bis Sie schließlich um eine Ecke verschwinden.

Natürlich haben Sie vorgesorgt: Entweder können Sie selbst Ihren Vierbeiner noch sehen oder ein Helfer ist entsprechend postiert – allerdings ahnt „Ben" von diesen Vorkehrungen nichts. Hält er brav im Garten aus, können Sie sich über eine solide Gehorsamsausbildung freuen und diese Freude mit Ihrem Hund teilen. Wird er dagegen nach einer gewissen Zeit unruhig und bewegt er sich in Richtung Ausgang, heißt es aufpassen: Sobald er das Tor passieren will, bremst ein Gertenhieb oder die klirrende Wurfkette seinen Vorwärtsdrang. Wichtig ist der Zeitpunkt der Strafaktion – sie muß möglichst exakt im Augenblick des Fehlverhaltens erfolgen, damit Ihr Lehrling auch erkennen kann, was er denn aus Sicht der Menschen falsch gemacht hat und in Zukunft tunlichst unterlassen soll.

Ist „Ben" an den Ausgangspunkt seiner Unternehmungen zurückgekehrt, besuchen Sie ihn dort und lockern mit Spaß und Spiel die wahrscheinlich vorhandene Spannung ein wenig auf. Probieren Sie anschließend ruhig noch einmal, ihn in Versuchung zu führen – es dürfte Ihnen kaum gelingen. Ihr Lob bei Wohlverhalten wird schnell dazu führen, daß auch der letzte Hauch von

Bettelnde Hunde am Tisch sind meist das Produkt menschlicher „Erziehung" – besser ist es, Grill und Eßzimmer zur „Tabuzone" zu erklären.

Hundefrust verfliegt. Regelmäßige Wiederholungen sichern den so erzeugten Gehorsam.

Mein Hausflur gehört mir

Nach dem gleichen Grundmuster wird bei Hunden verfahren, die beim Öffnen der Haustür das Weite suchen wollen oder jedes Klingeln des Postboten mit wilden Bell-Orgien quittieren: Wenn die Rahmenbedingungen in Ordnung sind und die Gehorsamsausbildung an neutralen Orten abgeschlossen ist, wird die Probe aufs Exempel im Hausflur gemacht. Natürlich steht statt des Brief-

trägers zunächst wieder Ihr bewährter Helfer bereit, um nach dem Öffnen der Türe ggf. mit der Wurfkette einzugreifen. Im zweiten Durchgang braucht der Helfer nur noch zu klingeln und zu klopfen, im Innern des Hauses regeln Sie alles weitere. Dort weisen Sie Ihrem Vierbeiner einen Platz zu, der nur mit Ihrer Erlaubnis verlassen werden darf. Sie werden sehen, schon nach kurzer Zeit (und evtl. einer Bestrafung bei Ungehorsam) weiß Ihr Hund, was Sie von ihm erwarten. Ihre Streicheleinheiten bestätigen ihn in seiner Auffassung, daß freudige Zusammenarbeit mit dem Führer ein Hundeleben zum Genuß werden läßt. Auch dieser Ausbildungserfolg wird durch Wiederholungen bei jeder passenden Gelegenheit weiter gefestigt.

Betteln und Selbstbedienung

Waren Sie mit Ihrer Ausbildung so erfolgreich, wie hier skizziert, dann sind die folgenden Problemstellungen eigentlich nur noch „kleine Fische". Ihr Vierbeiner bettelt am Tisch und guckt Ihnen fast „die Butter vom Brot"? Sind Sie sicher, daß er niemals von Ihnen oder einem Familienangehörigen während Ihrer Mahlzeiten gefüttert wurde – weil er Sie doch so herzerweichend anschaute? Die Lösung ist einfach: Vom nächsten Frühstück an liegt „Cäsar" auf dem ihm zugewiesenen Platz mit deutlichem Abstand zum gedeckten Tisch. Dort bleibt er, bis die letzte Tasse Kaffee getrunken wurde. Diese Regelung müssen Sie nur konsequent durchsetzen – Ihr Hund wird dafür schnell Verständnis entwickeln, denn Ihre anschließenden Streicheleinheiten sind reichlich Lohn für seine Gehorsamsleistung. Sicherlich sind Sie auch stark genug für eventuelle Diskussionen mit Frau und Kindern, denn diese müssen natürlich mitziehen, wenn der Erfolg von Dauer sein soll.

Das für die Mahlzeiten Gesagte gilt auch für jeden anderen Aufenthalt des Vierbeiners in der Küche. Unter hygienischen Gesichtspunkten lassen sich für dessen Anwesenheit mit Sicherheit akzeptable Regelungen finden. Auf keinen Fall aber sollte er während der Essenszubereitung „so ganz nebenbei" ein paar leckere Häppchen erhalten – der Weg zum Bettler am Tisch ist sonst vorgezeichnet.

Bedient er sich dagegen ganz allein an Steak und Kotelett, wenn er sich unbeobachtet glaubt, kann eine weitere „Abrichtefalle" hilfreich sein: Präparieren Sie doch (je nach Größe des Hundes) eine Mause- oder Rattenfalle mit leckerer Leberwurst. Stellen Sie die gespannte Falle ohne viel Aufhebens auf die Anrichte und lassen Sie wie zufällig Ihren Hund in der Küche allein. Mit hoher Wahrscheinlichkeit wird es schon nach kurzer Zeit einen Schlag und einen erschreckten Jauler geben (mehr passiert dabei nämlich nicht). Nach Ihrer Rückkehr sind zusätzliche Sanktionen nicht angezeigt, schließlich waren Sie während des Fehlverhaltens nicht anwesend. Wiederholen Sie stattdessen die Prozedur, wahrscheinlich wird Ihr Vierbeiner ab sofort alle für die Menschen bestimmten Lebensmittel eher mit Verachtung strafen.

Die guten Möbel!

Ratten- oder Mausefallen können auch brauchbare Hilsmittel sein, um zu verhindern, daß „Asta" es sich bei Abwesenheit ihrer Menschen auf der teuren Polstergarnitur bequem macht. Die Anwendung erfolgt analog zum „Küchen-Einsatz", allerdings können Sie ruhig auf die Leberwurst-Zugabe verzichten. Die Wirkung beruht auf der für den Hund unangenehmen Schrecksekunde und dem anschließenden unerwarteten Auftreten des Menschen.

Natürlich haben Sie sich auch in diesem Fall vorher geprüft: Hat auch wirklich niemand vorher den lieben vierbeinigen Hausgenossen zum Kuscheln mit auf die Bank genommen? Aus Hundesicht ist es dann nämlich ganz in Ordnung, diesen schönen Platz auch bei anderen Gelegenheiten wieder aufzusuchen. Übrigens: Viele Hunde liegen gern ein wenig erhöht und genießen

Ob der Versuch wohl strafbar ist? Sofa oder nicht – die Entscheidung muß der Mensch treffen.

eine komfortable Polsterung. Haben Sie in Ihrer Wohnung nicht ein Plätzchen für einen passenden „Hundesessel"? Ein älteres Möbelstück mit einer waschbaren Decke könnte schnell der Lieblingsplatz für Ihren Vierbeiner werden – und die Verwendung aller Rattenfallen überflüssig machen.

Es ist schlechterdings unmöglich, alle denkbaren Ausprägungen hundlicher „Unarten" und passende Lösungsvorschläge an dieser Stelle aufzulisten – und es ist überflüssig. In den eingangs aufgezeigten Grundsätzen für einen erfolgreichen Umgang mit unseren vierbeinigen Jagdhelfern und Familienangehörigen liegen die Lösungsansätze für alle auftretenden Schwierigkeiten. Die aufgeführten Beispiele sollten ihre Anwendung verdeutlichen. Ich bin sicher, daß Sie mit Nachdenklichkeit und Einfühlungsvermögen auch die zuweilen auftretenden kleinen „Nickeligkeiten" bewältigen werden – ich wünsche Ihnen dabei viel Erfolg!

Darauf sollten Sie achten:

- Das Hundeverhalten wird geprägt durch Erbanlagen und Umwelteinflüsse.
- Die Ausbildung wird einfach, wenn der Hund nach seinen Anlagen (nicht nach seinem Äußeren!) zu den Lebensumständen des Besitzers paßt.
- „Hunde-Lehrsatz": Unangenehmes vermeiden, Angenehmes wiederholen!
- „Aha-Erlebnis" des Hundes als Grundlage für den Ausbildungserfolg.
- Die „Chemie" zwischen Führer und Hund muß stimmen.
- Korrekturverfahren: Ursachenforschung – Fehlverhalten abstellen – Wunschverhalten fördern.
- Grundschule Gehorsam: Das passende Mittel gegen alle „Nickeligkeiten".

Mit dem Hund auf großer Fahrt

Sommerzeit, Urlaubszeit. Und Ihr Hund fährt mit in Urlaub – oder? Wenn die Familie mitspielt, das Auto groß genug und das Ferienhaus mitsamt Umgebung passend ist, gefällt Ihrem Vierbeiner diese Lösung mit Sicherheit am besten. Dies gilt auch, wenn Sie sich gerade in der Trainingsphase zwischen VJP und HZP befinden, schließlich geht das „normale" Leben weiter.

Aber was ist mit dem Wanderurlaub in Cornwall angesichts der extremen englischen Quarantänebestimmungen für Hunde? Und auch der Wunsch nach einem schnellen Flug an die Strände der Kanaren legt den Gedanken nahe, daß ab und zu auch noch einmal ein Ausflug ohne „Elsa" möglich sein muß.

Beide Urlaubsvarianten – einmal mit, einmal ohne Vierbeiner – sollen im folgenden untersucht werden. Dabei geht es zum einen um die Organisation von Hin- und Rückreise und die Gestaltung des Aufenthaltes unter Berücksichtigung menschlicher wie hundlicher Bedürfnisse. Für den anderen Fall muß überlegt werden, wo und wie Ihr Hund vorübergehend untergebracht werden kann, ohne anschließend Schäden „an Leib und Seele" davonzutragen.

Zusätzliche Verpflichtung – Zusätzlicher Genuß

Über eines muß Klarheit herrschen: Wenn Sie mit Vierbeiner verreisen, ha-

Fast schon reisefertig: Für ausreichend Liegefläche, Schatten, Kühlung und Wasser im Auto gesorgt, Pausen eingeplant? Dann gute Fahrt!

ben Sie ein weiteres „Familienmitglied" an Bord, um das Sie sich kümmern müssen. Dessen sollte sich die ganze Familie von vorneherein bewußt sein, um Ärger am Urlaubsort zu vermeiden („Wieso können wir morgen nicht alle die Wildwassertour machen...?"). Aber eventuelle kleine Entbehrungen werden mehr als ausgeglichen durch den freundlichen Stupser einer kalten Hundeschnauze an jedem Urlaubsmorgen, das Brötchenholen gemeinsam mit „Arco" und den Spaß beim Strandlauf zu zweit. Allein der Umstand, daß Hund und Führer den Großteil des Tages miteinander verbringen, fördert das gute Verhältnis zu einander ganz ungemein – mal ehrlich: Wollen Sie darauf verzichten?

Ist die Grundsatzentscheidung „mit Hund"gefallen, muß organisiert werden: Das beginnt mit der Auswahl des Urlaubsziels unter Berücksichtigung der dort möglichen Aktivitäten. Schließlich möchte Ihr neuer Reisebegleiter die „schönsten Wochen des Jahres" nicht nur in der Position „Platz" in einem komfortablen Hotelzimmer verbringen. Auch zwei Wochen Pflastertreten in irgendeiner Innenstadt sind nicht nach seinem Geschmack, völlig unabhängig von deren kulturhistorischer Bedeutung. Stattdessen schätzt er eine Grünfläche möglichst nahe an Ihrem Urlaubsdomizil, um sich ohne kilometerlangen Anmarsch lösen zu können. Wege ohne viel Fahrzeugverkehr (egal, ob im Strandbereich oder in den Bergen) sind seine Sache, wo er auch mal frei laufen und mit Ihnen toben kann.

Es gibt in Europa zig Regionen, die alle oben beschriebenen Annehmlichkeiten für Hunde bieten.

- Für Ihre Auswahl kann bereits das freundliche Personal im Reisebüro wertvolle Tips beisteuern.
- Auch der Anzeigenteil der Jagdpresse oder spezieller Hundezeitschriften enthält zahlreiche lohnende Hinweise.
- Vereinzelt bieten die Mitgliederzeitschriften der Landesjagdverbände (z. B. der „Rheinisch-Westfälische Jäger" in NRW) neben wertvollen Informationen für erfolgreiches Pirschen auf heimisches Wild auch Anregungen, wie Sie (mit Familie und Vierbeiner) die richtige Unterkunft finden können.
- Wer schließlich seinen Urlaub ganz auf eigene Faust organisieren will, findet im DJV – Handbuch „Jagd" die Anschriften aller Kreisjägerschaften von Flensburg bis Garmisch. Deren Aufgabe ist zwar nicht in erster Linie die Vermittlung von Urlaubsquartieren, aber gegen die Bereitstellung örtlicher Kontakte wird niemand etwas einzuwenden haben. Schließlich sind Jäger doch hilfsbereite Leute – oder?

Formalitäten regeln

Haben Sie Ihr Ferienhaus (Hotel etc.) gebucht, lassen Sie sich möglichst schriftlich bestätigen, daß Ihr Hund willkommen ist. Der ganze Aufenthalt kann ansonsten unter einem schlechten Stern stehen, wenn bei Ankunft mit Vierbeiner plötzlich erklärt wird, daß es sich bei der mündlichen Zusage um ein bedauerliches Mißverständnis gehandelt haben müsse. Bei einer Fahrt in das europäische Ausland muß jetzt noch geklärt werden, welchen Impfschutz Ihr Hund benötigt. Regelmäßig reicht die Standard-Tollwutschutzimpfung unserer Jagdhunde aus (mindestens vier Wochen, höchstens 12 Monate alt). Letzte Sicherheit bringt aber nur eine verbindliche Auskunft der Botschaft (des Generalkonsulats) Ihres Urlaubslandes. Die entsprechenden Rufnummern finden sich regelmäßig (noch) im Telefonbuch der Stadt Bonn. Bei diesem Gespräch werden Sie höchstwahrscheinlich auch erfahren, daß der Impfeintrag Ihres Tierarztes noch durch einen amtlichen Veterinär (Kreis- oder Stadtverwaltung) beglaubigt werden muß. Ein weiterer Punkt auf der Checkliste für die Urlaubsvorbereitung und weitere Kosten…

Autoreisen richtig planen

Die meisten Urlaubsfahrten in Hundebegleitung werden mit dem Auto gemacht. Aus diesem Grund wird hier auf die Besonderheiten bei Bahn- und Flugreisen nicht weiter eingegangen. Natürlich haben Sie ihren Jagdhund schon seit dem Welpenalter mit dem Auto vertraut gemacht, die Fahrten mit Ihnen genießt er auch wegen der anschließenden Erlebnisse im Revier. Aber ist er auch längere Touren gewohnt? Kennt er den Platz im Wagen, den er während der Reise einnehmen soll (gleichermaßen sicher und komfortabel)? Falls nicht, gewöhnen Sie ihn

doch bei einigen Fahrten vor Urlaubsantritt an diese neuen Rahmenbedingungen. Schließlich beugen Sie nicht nur als guter Vater quengelnden Kindern im Auto vor, sondern auch jaulenden Hunden – beide können nämlich eine Reise zur Tortur für alle werden lassen.

Auch Autofahrten über Hunderte von Kilometern sind für unsere Vierbeiner kein Problem, wenn einige Spielregeln beachtet werden:

- Am schnellsten haben Sie einen schlafenden Hund und Ruhe im Wagen, wenn Sie Ihre Reise zu einer Zeit antreten, zu der „Artus" sich üblicherweise zurückzuziehen pflegt. Von daher können längere Nachtfahrten durchaus ihre positiven Seiten haben.
- Auch die Temperatur im Auto ist nachts für Mensch und Tier angemessen. Bei strahlendem Sonnenschein am Tage müssen Sie für Schatten und Kühlung sorgen. Ob Sie das per Klimaanlage, Schiebedach (Zugluft vermeiden!) oder Sonnenrollo regeln, ist Ihrem Vierbeiner egal. Wohltemperiert muß es für ihn sein, wenn er nicht körperlichen Schaden davontragen soll, schließlich kann er nicht schwitzen wie wir.
- Natürlich planen Sie Pausen ein – nicht nur zum Tanken, sondern auch für einen Spaziergang mit dem angeleinten (!) Hund. Frisches Wasser erhalten Sie an allen Autobahnraststätten. Sie brauchen also nur die Trinkschale griffbereit zu verstauen, um schnell für die nötige Erfrischung

zu sorgen. Wenn Sie sicherheitshalber auch noch einen kleinen Wasservorrat im Auto haben, ist Ihre Reisevorbereitung in dieser Hinsicht perfekt.

- Dagegen ist es eher zweckmäßig, das Füttern unmittelbar vor und während der Fahrt zu unterlassen. Ansonsten besteht das Risiko, daß allgemeine Aufregung und Schaukelei im Wagen den Hundemagen zu ungewünschten Entleerungen veranlassen. Das Produkt ist zwar mit Reinigungstuch und Wasser zu beseitigen – aber Abfallvermeidung ist der klügere Weg!

Den am Urlaubsort benötigten Vorrat des gewohnten Hundefutters haben Sie natürlich an Bord. So wird auch gleich der Durchfallgefahr nach Futterumstellung vorgebeugt und unbeschwerter Aufenthalt gewährleistet.

Nachbars Katze und das Zimmermädchen

Nachdem Sie sich in Ihrem Ferienhaus eingerichtet haben, werden Sie die neue Umgebung erkunden wollen – nehmen Sie Ihren Vierbeiner doch mit auf Erkundungstour! So finden Sie auch schnell einen geeigneten Platz, wo er sich lösen und nässen kann. Damit ist auch die Sucherei am nächsten Morgen hinfällig, wenn alles ganz schnell gehen muß. Wahrscheinlich werden Sie am Urlaubsort Nachbarn haben, vielleicht auch solche mit Haustieren. Zweckmäßigerweise halten Sie Ihren Hund in unbekannten Bereichen an der Leine

und unter definitiver Kontrolle. Die geplante Erholung könnte nämlich ernsthaft gefährdet sein, wenn „Ben" mit Nachbars Katze aneinander gerät oder Apportierübungen mit dem niedlichen Zwergkaninchen der Kinder von gegenüber macht.

Auch während Ihrer Urlaubstage wird es von Zeit zu Zeit nötig sein, Ihren vierbeinigen Zimmergenossen vorübergehend allein zu lassen. Im Prinzip kennt er das, denn natürlich haben Sie das schon zu Hause mit ihm geübt. Was er braucht, ist das „Ergänzungstraining" in der neuen Umgebung. Also gewöhnen Sie ihn doch schon am ersten Tag daran, erst einige Minuten, dann auch längere Zeit, allein zu bleiben, ohne das ganze Hotel mit seinem Protestgeheul rebellisch zu machen. Vereinbaren Sie vorsorglich auch mit den Zimmermädchen die Zeiten für Aufräumen und Reinigung, damit deren Arbeitseifer während Ihrer Abwesenheit nicht plötzlich durch einen bedrohlich knurrenden Deutsch-Langhaar gebremst wird.

Aktivurlaub

Urlaubstage bieten auch wunderbare Gelegenheiten, um die Ausbildung Ihres Hundes zu vervollkommnen (im übrigen wäre es jammerschade, wenn die gemeinsam verbrachte Zeit in dieser Hinsicht ungenutzt verstreichen würde!). Außerdem ist es viel interessanter, am Hundestrand einige Male den Apportierbock aus der Brandung zu holen, als einfach nur faul im Sand zu liegen. Wenn Sie für andere Aktivitäten (z. B. Schleppenarbeit oder Gehorsamsübun-

Wetten, daß er sich gerne einbuddeln läßt, wenn er nur dabeisein kann?

gen im Wald) Zugang zu einem Revier benötigen, rufen Sie doch einfach im zuständigen Forstamt an und vereinbaren Sie einen Termin mit dem Revierbeamten. Fragen kostet tatsächlich nichts und eine nett vorgetragene Bitte um Unterstützung hat schon manchen deutschen Förster zu unerwarteter Hilfsbereitschaft angespornt.

Bitte bedenken Sie aber auch, daß ein Familienurlaub nicht zwingend ein Trainingslager für die im Herbst anstehende HZP Ihres Jagdhelfers ist. Zum Genuß wird der Aufenthalt in den Bergen oder an der See nur dann, wenn ein gesunder Kompromiß zwischen den Wünschen aller Beteiligten gefunden werden kann. Mit ein bißchen Nachdenken sollte das bei den Menschen kein Problem sein – mit dem guten Willen Ihres Vierbeiners dürfen Sie fest rechnen. Es wäre toll, wenn diese Hinweise helfen würden, Ihre Wochen mit „Ben" angenehm und erfolgreich zu gestalten. Ich

wünsche Ihnen jedenfalls, daß auch Sie schon bald sagen können: „Urlaub ohne Hund – (möglichst) nie wieder!"

Trennung vorbereiten

Natürlich kann es passieren, daß der vierbeinige Jagdhelfer beim besten Willen nicht mit seiner Familie auf Reisen gehen kann. Für diesen Fall (und einen plötzlich notwendigen Krankenhausaufenthalt, eine kurzfristig angesetzte Dienstreise etc.) sollten Sie frühzeitig vorsorgen. Schließlich wollen Sie Ihren Freund nicht einfach so bei irgendeinem wildfremden „Hundehotel" abliefern, wo gerade noch ein Platz zu bekommen war, und sich dann auf die Reise machen.

Zweifelsohne gibt es kompetent und verantwortungsvoll geführte Hundepensionen und Tierheime, in denen Ihr Hund die vorübergehende Trennung vom Führer dank hervorragender Betreuung schnell überwindet. Aber diese Einrichtungen wollen erst einmal gefunden, das Personal von der Richtigkeit und Durchsetzbarkeit der eigenen Wünsche überzeugt sein. Der persönliche Kontakt ist also der unverzichtbare erste Schritt für die Lösung einer späteren Unterbringungsfrage.

Aber auch eine ganz individuelle Gestaltung des „Außer-Haus-Aufenthaltes" Ihres Vierbeiners ist denkbar:
● Oftmals bietet der Züchter diesen besonderen Service für die Käufer seiner Welpen an, so daß „Artus" im Fall der Fälle an den Ort seiner frühesten Kindheit zurückkehren kann.

Kulturhistorisch bedeutsam – aber für Jagdhunde eher langweilig: Spiel und Spaß statt Museum und Marktplatz ist ihre Devise.

- Möglicherweise ist auch ein hundebegeisterter Jagdfreund die richtige Adresse für einen vorübergehend obdachsuchenden Deutsch Drahthaar – er müßte halt gefragt werden.
- Vielleicht ergibt sich sogar die Chance auf eine Art dauerhaftes „Tauschgeschäft": Während Sie über den großen Teich fliegen, betreut Ihr Freund seinen eigenen Hund und Ihren dazu; bei anderer Gelegenheit verreist er und Sie bleiben mit den Vierbeinern zurück.

Grundsatzfragen

Egal, ob Tierheim, Hundepension oder Privatquartier: Sie werden in jedem Fall darauf achten, daß Ihr Terrier dort nach den gleichen Grundsätzen gehalten und behandelt wird, wie er das von Ihnen gewohnt ist. Damit ist eine ganz wesentliche Voraussetzung dafür gegeben, daß Ihr Hund sich trotz der Trennung von Ihnen wohlfühlt und bei anderer Gelegenheit gern erneut sein Urlaubsquartier bezieht. Die diesbezüglichen Qualitäten Ihres Jagdfreundes werden Sie aus eigenem Erleben kennen. Bei bislang unbekannten Hundepensionen liefert ein intensives Gespräch mit dem verantwortlichen Personal erste Erkenntnisse, die durch mehrere Referenzadressen weiter gefestigt werden sollten.

Leistung und Gegenleistung

Die vorbereitenden Gespräche bringen auch Klarheit bezüglich verschiedener organisatorischer Fragen:
- Welche konkreten Leistungen sollen und können erbracht werden?
- Wie hoch sind die Kosten für Unterbringung und Betreuung?
- Welchen Impfschutz muß Ihr Hund mitbringen?
- Welcher Tierarzt hat Ihren Vierbeiner bisher behandelt und wer soll gerufen werden, wenn „Not am Hund" ist?
- Liefern Sie den benötigten Vorrat an Hundefutter mit oder erfolgt die Versorgung vor Ort?
- Denken Sie auch an den schlimmsten Fall: Wer ist verantwortlich (und ggf. zahlungspflichtig), wenn Ihre wertvolle Weimaraner-Zuchthündin während des Pensionsaufenthaltes zu Schaden oder gar zu Tode kommt?

Schließlich sind begleitende Kleinigkeiten zu klären: Sollen Sie für Ihren Vierbeiner ein „Stück Heimat" in Form von Hundekorb oder -decke mitbringen? Wird „Ben" abgeholt oder bringen Sie ihn? Zu welcher Tageszeit soll die Übergabe stattfinden? Generell ist der Einzug in die Urlaubsunterkunft möglichst früh am Tag zu empfehlen. Damit hat der Hund Gelegenheit, seine neue Umgebung in Ruhe zu erkunden. Für den Betreuer ergibt sich die Möglichkeit, ihn und sein Verhalten ohne Zeitdruck kennenzulernen und die Eingewöhnung zu begleiten. So stehen auch die Chancen nicht schlecht für eine ruhige Nacht ohne „Heulen und Zähneklappern".

Abschied – kurz und schmerzlos

Bei dieser sorgfältigen Trennungsvorbereitung werden Sie Ihre Reise ohne Hund vielleicht mit einem unbehaglichen Gefühl, aber guten Gewissens antreten. Vermeiden Sie es, Ihrem Vierbeiner bei der Trennung mit ganz besonderem Schmelz in der Stimme zu versichern, „daß es auch gar nicht lange dauert". Drücken Sie stattdessen dem Betreuer die Leine in die Hand, damit er sich im flotten Tempo entfernen kann, Ihren Hund an seiner Seite! Wenn beide außer Sicht sind, machen auch Sie sich auf den Weg – und freuen Sie sich auf die Rückkehr und das stürmische Wiedersehen mit Ihrem Jagdkumpan!

Darauf sollten Sie achten:

- Urlaubsreisen – am liebsten mit Hund.
- Urlaub mit Vierbeiner ist Aktivurlaub.
- Vor Reiseantritt Formalitäten klären (Impfpaß, Grenzdokumente etc.).
- Bei der Autofahrt an Sicherheit und Komfort denken (verfügbarer Platz, Temperatur und Wasservorrat).
- Schnelle Eingewöhnung am Urlaubsort sicherstellen.
- Jagdliche Ausbildung im Urlaub – vielleicht kann das Forstamt helfen.

Bei Urlaub ohne Hund:

- Unterbringung in Tierheim, Hundepension oder Privatquartier frühzeitig regeln.
- Haltung und Betreuung „wie zu Hause": Gewißheit durch persönliche Kenntnis oder Referenzen.
- Leistung und Gegenleistung: Unterbringungskosten, tierärztliche Versorgung, Regreßvereinbarungen.
- Übergabe möglichst frühzeitig am Abreisetag – kurz und schmerzlos.

Ein Besenstiel, ein angeknüpfter Bindfaden und an dessen Ende ein Balg oder ein alter Handschuh – fertig ist die Reizangel.

Apportieren leicht gemacht

„Voran Apport!" Ein leises Kommando, ein ergänzendes Handzeichen als Richtungsangabe: Ein Genuß für den Jäger, wenn „Arco" jetzt in die Dickung eintaucht, die Brombeeren auf den Kopf stellt und nach zwei langen (und bangen) Minuten mit dem gewünschten Fasan wieder auftaucht. Kurzer Trab zum Führer, die hoch getragene Rute zeigt Eleganz und Stolz gleichermaßen, selbständiges Sitz, ein leises „Aus" – der Jäger ist im Besitz des Wildes, der Hund wird gelobt, die erfolgreiche Jagd geht weiter.

Derart reibungslos und zuverlässig wünscht sich jeder die Zusammenarbeit mit seinem Jagdhelfer in einem Bereich, der besonders sensibel ist: Beim Apportieren geht es nicht nur darum, daß der Jäger seine Beute erhält und in der heimischen Küche abliefern kann. Mindestens genauso wichtig ist die Gewißheit, daß auch ein verletzter (z. B. Verkehrsunfall) oder krankgeschossener Hase schnell gefunden und von seinen Leiden erlöst wird. Gründe genug, den eigenen Hund auch im Fach Apportieren sehr sorgfältig einzuarbeiten – am besten beginnen Sie schon im Welpenalter.

Naturtalent

Die Talente der Hunde sind unterschiedlich verteilt, und manche Führer haben es besonders leicht: Ihr Welpe schleppt ständig irgendwelche Gegenstände heran und präsentiert sie seinem „Leithund" mit offensichtlicher Freude. In diesem Fall sorgt der Mensch nur noch dafür, daß genügend Kaninchenbälge, Fasanenschwingen oder auch ein überfahrener Iltis im Aufenthaltsbereich des Vierbeiners verfügbar sind. Nimmt der angehende Jagdhelfer diese selbständig auf, zeigt der Führer seine Freude, bringt beiläufig das Kommando „Apport" ins Spiel und sorgt dafür, daß der Welpe zu ihm kommt. Gibt dieser gegen Lob und Leckerbissen auch noch gern seine Beute ab, sind die größten Hürden bereits gemeistert.

Dies ist der mit Abstand eleganteste und für beide Beteiligten angenehmste Weg, die entscheidende Zielvorstellung praktisch umzusetzen. Beim Apportieren geht es darum, daß unser Hund gefundenes Wild selbständig (d. h. ohne Führereinwirkung) aufnimmt, zuverlässig zum Jäger bringt und es bei diesem bereitwillig abgibt.

„Wunderwaffe" Reizangel

Zeigt Ihr Welpe in dieser Hinsicht zunächst weder Talent noch Interesse, ist noch lange nichts verloren: Die Reizangel wird helfen! Ein Besenstiel, ein angeknüpfter Bindfaden und an dessen Ende ein Balg oder ein alter Handschuh – schon kann es losgehen. Wahrscheinlich hat Ihr Schüler bereits die Vorbereitungen mit Interesse verfolgt. Wenn nun der Balg vor ihm auf dem Boden durch Ihre Handbewegungen zuckend zu „leben" beginnt, wird er sich mit Begeisterung auf ihn stürzen. Lassen Sie ihn ruhig ein wenig arbeiten: Nicht der erste Sprung muß erfolgreich sein, ein oder zwei Runden mit der Beute unmittelbar vor der Nase fördern nur den Durchhaltewillen. Danach kommt das Erfolgserlebnis – 28 Welpenzähne packen den Kaninchenbalg!

Nun stellen Sie die Weichen für richtiges Verhalten in der Zukunft, indem Sie Ihren Welpen sofort mit einem freundlichen „Apport" zu sich locken (unterstützend wirkt auch sanfter Zug am Bindfaden), ihm die Beute mit raschem Zugriff abnehmen und aus seinem Blickfeld verschwinden lassen. Natürlich wird gelobt und ein Leckerbissen fördert die Erkenntnis, daß der Jagdhund in unserer Welt die gefundene Beute nicht an sicherer Stelle im Gebüsch verzehren soll (was natürlich wäre!), sondern seinem Führer abzuliefern hat.

Auch bei diesen Übungen gilt der Grundsatz, daß unser Hund am besten durch Erfolgserlebnisse und positive

Training am Fahrrad fördert Kondition und Zuverlässigkeit im Bringen.

Verknüpfungen lernt. Also wird die Arbeit mit der Reizangel ein- oder zweimal wiederholt und dann für den Augenblick beendet. So vermeiden Sie die Gefahr, daß nach dem achten Durchgang auch ein „tanzender Handschuh" nur noch langweilig ist und der Welpe sein Desinteresse durch herzhaftes Gähnen deutlich macht. Statt dessen wiederholen Sie einige der bekannten Unterordnungsübungen und beenden Ihre „Trainingseinheit" mit einem gemeinsamen Spiel.

Mit Ihrer Hilfe, Geduld und Einfühlungsvermögen ist Ihr Hund schon nach kurzer Zeit fast soweit wie der eingangs erwähnte „Alles-Apporteur": Sobald er einen Apportiergegenstand sieht, bewirkt dieser Reiz das (möglichst selbständige) Aufnehmen und Zutragen.

Natürlich haben Sie diese Entwicklung gefördert. Ihr Kommando „Apport" ist keine Drohung, sondern Ansporn. Mit der Reizangel lassen Sie nur noch selten „zucken", statt dessen wedeln Sie den Kaninchenbalg mit der Hand vor der Hundenase hin und her. Auch das Wegwerfen des Balgs darf Ihr Welpe ruhig noch sehen, danach schicken Sie ihn aus dem „Sitz" auf die Suche.

Nasenleistung statt Sichtarbeit

Wenn Ihr Hund den gesichteten Apportiergegenstand zuverlässig aufnimmt und zuträgt, steigern Sie die Anforderungen und machen den ersten Schritt in Richtung Jagdpraxis. Dort liegen die zu bringenden Fasanen schließlich auch nicht immer deutlich erkennbar auf dem Acker, sondern fallen auch einmal in dichtes Gestrüpp.

Um Ihren Vierbeiner an das Suchen und Bringen des nicht sichtigen Wildes zu gewöhnen, werfen Sie zunächst vor seinen Augen den Kaninchenbalg in oder hinter eine Deckung (hohes Gras, Büsche etc.). Höchstwahrscheinlich wird er Flugbahn und Auftreffort verfolgt haben und auf Ihr Kommando zielstrebig loslaufen. Im günstigsten Fall trägt der Wind ihm auch noch die Witterung des Balgs zu und nach kurzer Suche ist er – „stolz wie Oskar" – mit Beute wieder da (es empfiehlt sich also, diese Übungen zunächst „gegen den Wind" zu machen).

Dauert die Suche länger oder will Ihr Schüler gar aufgeben, weil er nicht sofort findet, müssen Sie ihn durch Anfeuern und behutsames Dirigieren an das „Wild" führen. Nach den ersten Erfolgen weiß Ihr Hund, daß er auf das Kommando „Voran Apport!" in dem von Ihnen gezeigten Bereich suchen und finden muß, auch ohne optische Reize. Ab jetzt wird die zu apportierende Beute nur noch in Abwesenheit des Vierbeiners versteckt, dann beginnt die Arbeit.

Der Übergang von der Arbeit auf Sicht zum Finden mit der Nase ist möglicherweise eine ernsthafte Klippe. Je früher diese mit Einfühlungsvermögen, Konsequenz und Erfolgserlebnissen gemeinsam gemeistert wird, umso besser!

Entscheidend ist: Durch positive Verknüpfungen bringen Sie Ihren Hund soweit, daß er schließlich weder Kommandos noch sichtiges Wild braucht, sondern die Witterung der Beute allein ausreicht, gezielt zu suchen und selbständig zu bringen.

Ausdauer – Schlüssel zum Erfolg

Übrigens: Nicht jedes zu apportierende Wild liegt auf dem Boden, so manche Taube bleibt auch im etwas höheren Busch hängen. Mit zunehmendem Können Ihres Schülers verstecken Sie ein Stück Wild in der Deckung, ca. 100–150 cm hoch. Nun wird er losgeschickt und weiß inzwischen, daß er sich „Wind holen" muß, um erfolgreich zu sein.

Das „Apportier-Halsband" verhindert ein Verlieren des Apportierbocks…

noch zum Erfolg zu kommen. Falls das Wild tatsächlich in unerreichbarer Höhe hängt (für manchen Terrier sind schon anderthalb Meter wirklich „hoch"), können Hunde auf diesem Weg auch schnell lernen, ihren Führer durch Verbellen zur Hilfe zu rufen – zupacken müssen Sie dann selber.

Die bisher beschriebenen Apportierübungen sind übrigens problemlos im Hundeauslauf, im Garten oder beim Spaziergang entlang der Wege durchzuführen. Eine wirkliche Reviernutzung und eine damit einhergehende Beunruhigung der Tierwelt kann also zunächst unterbleiben.

Wenn Sie sich nicht im eigenen Revier befinden, ist der vorherige Kontakt zum zuständigen Jagdausübungsberechtigten allerdings mehr als zweckmäßig: So kommt auch Ihr Vierbeiner nicht in Verdacht, das apportierte „Übungskaninchen" erst kurz vorher illegal erbeutet zu haben.

Arbeit unter Belastung

Wenn Ihr vierläufiger Jagdhelfer mit Begeisterung sucht, gefundene Stücke selbständig aufnimmt und Ihnen gerne zuträgt, muß nur noch die Zuverlässigkeit im Bringen vertieft werden. Schließlich brauchen wir bei der Jagd einen Hund, der einmal aufgenommenes Wild verläßlich bei uns abliefert.

Vielleicht arbeitet er aber nach bisheriger Gewohnheit noch ausschließlich mit tiefer Nase, so daß er auch bei Gegenwind ohne Beute zu Ihnen zurückkommt. Erneut angesetzt, eventuell unter „gutem Wind" in den richtigen Bereich dirigiert, kann er schon bald finden, zupacken und zum Führer bringen. Ein dickes Lob festigt die für den Jagdbetrieb wichtige Eigenschaft des Hundes, durch intensive Suche doch

Dazu muß er auch seinen Griff nach Art und Gewicht des Wildes einrichten, um es unterwegs nicht zu verlieren. Wenn zwischenzeitlich erneut Schüsse fallen und weitere Hähne getroffen werden – erst wird gebracht, was schon gefunden wurde!

Das zuverlässige Apportieren kann sehr gut bei längeren Spaziergängen, beim Waldlauf oder bei Fahrradtouren geübt werden. Bitte richten Sie die körperlichen Anforderungen stets so ein, daß Ihr Schüler sie problemlos im Trab bewältigen kann. Zuviel Tempo macht schnell müde und birgt zusätzliche gesundheitliche Risiken.

Greifen Sie für Ihr Vorhaben am besten auf einen nicht zu schweren klassischen Apportierbock zurück und binden Sie die Enden eines stabilen Bindfadens an beiden Seiten fest. Diese „Halskette" bekommt Ihr Junghund um den Nacken gelegt, den Apportierbock nimmt er aus Ihrer Hand in den Fang – und ab geht die Post, angeleint natürlich!

„Falco" wird zunäcbt keine Probleme haben, den Bock zu tragen, schließlich verfügt er über wochenlange Übung. Möglicherweise führen eine längere Trabstrecke oder Sprünge über kleinere Hindernisse doch dazu, daß der Apportierbock fällt. Nehmen Sie „offiziell" gar keine Notiz davon, aber verschärfen Sie vorübergehend das Tempo. Sie werden erleben, wie der am Bindfaden befestigte Bock vor den Vorderläufen Ihres Schülers tanzt und diesen behindert. „Falco" möchte stehenbleiben, muß Ihnen aber notgedrungen (wegen der Leine) noch einige Meter folgen.

…und sorgt für eine „ganz besondere" Lernerfahrung beim Junghund.

Anschließend sortieren Sie Hundeläufe, Bindfaden und Apportierbock und wiederholen die Übung. Schon nach dem zweiten, dritten Durchgang stellt Ihr Vierbeiner fest, wie angenehm es ist, den Bock im Fang zu halten! Nun folgt freudiges Loben, noch ein halber Kilometer zuverlässiges Apportieren und eine Pause für gute Leistungen. Der Vorteil dieser Methode: Bei Fehlern Ihres Hundes brauchen nicht Sie strafend/korrigierend einzugreifen, der

Apportierbock bekommt den „schwarzen Peter". Ihr Auftritt mit Lob und Leckerbissen folgt erst, wenn „Falco" begriffen hat, wie schön es ist, aufgenommene Gegenstände Hunderte von Metern durch die Gegend zu tragen.

Bei anderer Gelegenheit bitten Sie einen (befugten) Helfer in einem geeigneten Revierteil, während Ihrer Apportierübungen einige Schüsse in die Luft abzugeben. Natürlich arbeiten Sie mit Ihrem Vierbeiner zunächst wieder an der kurzen, dann an der langen Leine – schließlich wollen Sie bei Bedarf sofort eingreifen können. Behält Ihr Hund das aufgenommene Wild auch bei der Schußabgabe zuverlässig im Fang, lassen Sie ihn frei arbeiten und den Jagdfreund erneut schießen. Nach dieser Vorarbeit werden Sie erleben, wie Ihr Jagdhelfer in der zugewiesenen Deckung anhaltend sucht, das gefundene Wild selbständig aufnimmt und über Stock und Stein freudig mit seiner Beute zu Ihnen kommt – unbeeindruckt von Schüssen und sonstigen Störungen.

Nur am Rande: Inzwischen ist es für Ihren Hund auch eine Selbstverständlichkeit, sich mit dem gebrachten Wild im Fang vor Ihnen hinzusetzen (dazu braucht er höchstens ein leises Kommando) und ruhig zu warten, bis Sie ihm (gleichfalls mit einem leisen „Aus") die Beute abnehmen. Seine Freude zeigt er Ihnen bei den anschließenden Streicheleinheiten!

Den Apportierbock kann man auf unterschiedliche Weise „schmackhaft" machen.

Ausbildungshilfen

Der Weg zum erfolgreichen Apportierhund ist einfach – wenn der Mensch frühzeitig mit der Ausbildung beginnt und ohne Zeitdruck arbeiten kann. Stellt man fest, daß der Welpe bestimmte Stücke besonders gern aufnimmt und heranträgt, werden diese natürlich für die ersten Übungen genutzt. Die dabei gemachten positiven Erfahrungen helfen, wenn es anschließend darum geht, auch weniger interessante Dinge an der Reizangel zu präsentieren.

Denken Sie bei der Auswahl der Spiel- und Beutestücke für Ihre Welpen daran, daß es um die Förderung von Jagdhunden geht. Diese müssen später mit Wild aus unseren Revieren arbeiten, also sollten sie Kaninchenbälge und Fasanenschwingen schon frühzeitig kennenlernen. Ansonsten ist auch der hölzerne Apportierbock (erst klein und leicht, dann größer und schwerer) für unsere Zwecke noch zu gebrauchen. Er wird im Mittelteil mit einem Stück Balg umwickelt, damit die spitzen Welpenzähne besseren Halt finden. Auch „Apportiersäckchen" (selbstgefertigt oder als „Dummy" gekauft) können nützlich sein.

Bitte verzichten Sie bei den Apportierübungen darauf, Ihren Vierbeiner „Stöckchen" holen zu lassen: Wenn Sie Ihren Hund daran gewöhnt haben, daß er auch irgendein Stück Holz bringen darf, sollten Sie sich bei der Jagd nicht wundern, wenn er genau das tut – und die Ente im dichten Schilf liegen läßt.

„Zwangsapport" – warum?

Wer seine Ausbildung nach diesen Empfehlungen gestaltet hat, ist zum Erfolg (fast) verurteilt: Der so geforderte und geförderte Hund apportiert sicher, freudig und zuverlässig! Warum also sollte man das tun, was zuweilen als „Zwangsapport" angeboten wird? Warum sollte man seinem vierbeinigen Freund (!) in die Behänge kneifen oder ihm auf die Pfoten treten? Meinen die Vertreter dieser Theorie ernsthaft, daß damit eine gute Zusammenarbeit zwischen Hund und Führer sowie freudiges Apportieren gefördert wird?

Keine Frage: Konsequenz muß sein! Das gilt für das Apportieren wie für jeden Bereich der Ausbildung. Aus diesem Grund arbeiten wir am Anfang auch ausschließlich mit Leine – Reizangel, Führerleine und Feldleine. So bleibt unser Schüler in Reichweite und erreichbar für unsere Korrektur, wenn nötig. Natürlich beherrschen wir auch die Technik, um einen Hundefang zu öffnen: Unsere Hand liegt auf dem Nasenrücken, mit Mittelfinger und Daumen setzen wir links und rechts hinter den Fangzähnen an, ein entschlossener (nicht brutaler) Druck – offen! Das ist die Gelegenheit, um ein Kaninchen, das der Hund fallengelassen hat, wieder

81

richtig zu plazieren. Oder die richtige Technik, um eine Ente abzunehmen, die „Merlin" zunächst für sich behalten möchte.

Lustbetontes Lernen

Mehr „Zwang" ist eher schädlich und unnötig! Besonders wichtig ist dagegen ein gutes Verhältnis zwischen Mensch und Hund. Was sollte Ihren Vierbeiner sonst wohl motivieren, eine Viertelstunde im kalten Schilfwasser herumzu-wühlen und Ihnen anschließend die gefundene Ente zu bringen? Die Pflege dieser Beziehung ist problemlos über lustbetontes Lernen möglich: Verstecken Sie vor dem Füttern einen Kaninchenbalg im Hundeauslauf. Anfangs vielleicht noch an der Leine, später in freier Suche und mit zunehmender Schwierigkeit, fordern Sie Ihren Schüler zum Apportieren auf. Nach erfolgreicher Arbeit gibt es jetzt nicht nur Streicheleinheiten, sondern auch noch Futter – Hundeherz, was willst Du mehr?

Darauf sollten Sie achten:

- Apportierübungen schon im Welpenalter.
- Zeitdruck vermeiden.
- Lustbetontes Lernen durch Erfolgserlebnisse.
- Finden mit der Nase statt Arbeit auf Sicht.
- Die Beute kann auch höher hängen.
- Keine „freie Suche" im fremden Revier.
- Zuverlässiges Apportieren am Fahrrad.
- Unsere Hilfsmittel: Wild, Wildteile und der Apportierbock.
- „Stöckchen holen" – nein danke!
- „Zwangsapport" – warum?
- Konsequenz und gutes Verstehen als Grundlage für den Erfolg.

Ausbildung im fremden Revier

Wenn Ihr Hund die nötige Sicherheit bei den ersten Apportierübungen gewonnen hat, gehen Ihre Bemühungen weiter in Richtung Schleppenarbeit. Hier ergeben sich möglicherweise ernsthafte Probleme: Aussicht auf Erfolg besteht nur, wenn eine Gelegenheit zur Reviernutzung in der Nähe existiert. Dieser Beitrag versucht, Lösungsansätze aufzuzeigen.

Wir erinnern uns an Grundsätzliches: Einen Jagdhund auf die Jagd vorzubereiten und in Übung zu halten ohne die Gelegenheit zur Reviernutzung ist unmöglich. Muß man bis zum eigenen Revier immer erst eine Stunde Autofahrt absolvieren, unterbleibt mancher Gang, den man auch für die Arbeit mit „Falco" hätte nutzen können. Die Qualität unserer vierbeinigen Jagdhelfer steht und fällt aber mit regelmäßigem Training und Erfolgserlebnissen.

Bei der Arbeit jenseits von Wegen sollte man auf „Nummer sicher" gehen – und vorher fragen!

Im fremden Revier

Wer kein eigenes Revier vor der Haustüre hat, muß also zwangsläufig mit seinem Hund immer wieder durch fremde „Jagdgründe". Mit Fingerspitzengefühl und ein wenig Vorarbeit können aber auch diese Gelegenheiten für unsere Zwecke nutzbar gemacht werden. Verständlich sind Verwunderung und Ärger bei Jagdausübungsberechtigten oder Jagdaufsehern, die in ihrem Jagdbezirk plötzlich auf einen fremden Jagdhund stoßen, der freudig ein Kaninchen apportiert. Woher sollen diese auch wissen, daß der Besitzer damit für seinen Hund eine Schleppe am Rande eines Waldwegs gezogen hat und nun auf dessen Rückkehr wartet?

83

Uneingeschränkte Freude über die gute Arbeit des Hundes nur bei Beachtung der einschlägigen Paragraphen.

Es gibt nur eine Möglichkeit, derartige Probleme im fremden Jagdbezirk zu vermeiden:

Bitten Sie frühzeitig den betroffenen Eigentümer und den zuständigen Jagdausübungsberechtigten um ihre Zustimmung für die von Ihnen beabsichtigten Arbeiten mit Ihrem Hund.

Hierzu kann es hilfreich sein, wenn Sie bereits „unkritische" Stellen im Revier vorschlagen können, an denen keine Schleppe etwas verderben kann. Wenn der Name des Revierinhabers unbekannt ist, wird sicherlich Ihr Hegeringleiter weiterhelfen, vielleicht sogar

den Kontakt herstellen. Zu den Aufgaben aller Hegeringe und Kreisjägerschaften zählt auch die Förderung des Jagdgebrauchshundwesens – jetzt können Sie vielleicht ganz direkt merken, warum eine Mitgliedschaft sich lohnt. Möglicherweise ergibt diese Nachfrage auch noch den Hinweis auf einen Lehrgang für Hundeführer und Jagdhunde als „Sonderangebot" Ihres Hegerings – damit wäre ein Teil der Probleme schon vom Tisch.

Hat Ihnen ein freundlicher Revierinhaber einen bestimmten Teil seines Jagdbezirks für Ihr Vorhaben zur Verfügung gestellt, werden Sie die so gezogenen Grenzen dankbar akzeptieren. Das gilt sowohl für die Anzahl der Übungstermine als auch für die zu nutzenden Flächen. Alle Arbeiten Ihres Hundes, die in einiger Entfernung vom Führer zu erledigen sind (z. B. Suche, Stöbern, Schleppe) steuern Sie vorausschauend so, daß ein Überjagen in „gesperrte" Revierteile vermieden wird. Daß Sie verwendetes (Übungs-)Wild nach Beendigung Ihrer Arbeit wieder mitnehmen, versteht sich von selbst.

Jagderlaubnisschein

Vorsorglich sollten Sie mit dem Jagdausübungsberechtigten auch über die Ausstellung eines (unentgeltlichen) Jagderlaubnisscheins für diese Tätigkeiten sprechen. Wenn Sie allein mit Jagdhund in seinem Revier beobachtet werden, kann schnell der Verdacht auf Wilderei entstehen – und mit diesem Dokument ebenso schnell entkräftet werden.

Bei der Ausbildung von Jagdhunden muß auch geschossen werden: Zur Überprüfung der Schußfestigkeit im Feld, im Wasser oder im Fach „Verhalten auf dem Stand" bespielsweise. Wenn Sie bei diesen Gelegenheiten nicht vom Jagdausübungsberechtigten oder seinem bestätigten Jagdaufseher begleitet werden, müssen Sie neben Jagdschein und Waffenbesitzkarte unbedingt eine schriftliche Jagderlaubnis bei sich haben. Nach übereinstimmender Auffassung der zuständigen Länder-Ministerien ist die Ausbildung und Prüfung von Jagdhunden befugte Jagdausübung im waffenrechtlichen Sinne. Damit ist auch die Schußabgabe bei der Einarbeitung von Junghunden zulässig – Sie als Jagdgast ohne Begleitung müssen sich aber mit dem Jagderlaubnisschein ausweisen können.

Das Forstamt hilft

Übrigens: Nicht nur private Revierinhaber können Ihnen bei der Bereitstellung von Übungsflächen helfen. In jedem staatlichen Forstbetriebsbezirk dürfte es lichte Altholzbestände in unmittelbarer Nähe von Straßen und Wegen geben. Hier ist das Wild zumindest tagsüber nicht anzutreffen und damit durch die Arbeit auf Kunstfährte oder Schleppe auch nicht zu vergrämen. Die Rufnummer des Forstamtes finden Sie im Telefonbuch – und so mancher Förster hat sich schon als liebenswerter Freund des Jagdgebrauchshundes entpuppt! Wenn Sie auf diesem Weg (private oder staatliche) „Begehungsrechte" erworben haben, dürften die aus dem feh-

Schleppwild gefunden oder wildernder Hund? Besser, man muß sich diese Frage nicht stellen lassen...

lenden Revier resultierenden unmittelbaren Probleme bei der Einarbeitung Ihres Junghundes bereits gemeistert sein. Möglicherweise beeindruckt die Ernsthaftigkeit Ihrer Bemühungen und die Qualität Ihres Vierbeiners den Bestänader sogar derartig, daß aus oberflächlichen Kontakten später eine dauerhafte jagdliche Verbindung entsteht. Für die Arbeit in den speziellen jagdlichen Ausbildungsfächern braucht man regelmäßigen Zugang zu einem Revier. Alle Versuche, dieses Training unautorisiert und heimlich durchzuführen, sind untauglich: Die Unruhe des Führers und die Furcht vor Unannehmlichkeiten übertragen sich nur allzu schnell auf den Vierbeiner – schlechte Voraussetzungen für eine erfolgreiche Prüfungsvorbereitung!

Gehorsam im Revier

Dagegen sollte jeder (Spazier-)Gang, auch im fremden Revier, genutzt werden, um den Hundegehorsam zu verbessern. Nur Jagdhunde mit „Appell" können wirklich brauchbare Helfer bei Suche, Nachsuche und Vorstehtreiben sein. Dazu brauchen „Arco" und „Elsa" aber auch Gelegenheit, wirklich gehorsam zu werden – nicht nur im eigenen Garten oder auf dem Übungsplatz.

Erst die regelmäßige Wiederholung von Leinenführigkeit, „Sitz" und „Platz" sowie Apportierübungen (Apportierbock etc.) über längere Strecken gerade in Wald und Feld bringen für Führer und Hund den gewünschten Erfolg. Alle Übungen können problemlos auf allgemein zugänglichen Wegen erledigt werden. Natürlich arbeiten Sie zunächst wieder mit kurzer und langer Leine, um jedes Risiko auszuschließen. Unser Ziel aber bleibt der Jagdhund, der uns frei bei Fuß auch im Revier begleitet und sicher (frei) unter gutem Wind vor der „Kaninchen-Dickung" abgelegt werden kann. Dies setzt häufiges Üben, konsequentes Durchsetzen der eigenen Gehorsamsansprüche und natürlich jede Menge Lob und Streicheleinheiten bei gutem Gelingen voraus. Daß wir den Schwierigkeitsgrad unserer Übungen allmählich steigern, ist klar. Gleichermaßen wird ein eventuelles Leinengebot zu bestimmten Zeiten oder an bestimmten Orten beachtet.

Trainingsprogramm

Genauso selbstverständlich ist es, daß eintönige Spaziergänge mit dem Hund an der Leine der Vergangenheit angehören. Auch der reine „Waldlauf" eines Vierbeiners neben Herrchens Fahrrad ist zu wenig – dabei können beide höchstens Kondition gewinnen. Nötig ist vielmehr bei jedem Gang und jeder Fahrradtour ein vom Führer bestimmtes „Ausbildungspaket" mit Elementen, die unser Jagdhund kennt. Natürlich berücksichtigen Sie dabei das physische und psychische Leistungsvermögen Ihres Schülers. Nur durch diese Forderungen wird „Ben" auch gefördert. Gleichermaßen wichtig ist das Vertrauen des Führers in seinen Begleiter, das nur über gemeinsame Erfolgserlebnisse wachsen kann – diese müssen Sie sich mit Ihrem Hund erarbeiten!

Öffentlichkeitsarbeit

Angenehmer Nebeneffekt dieser Jagdhunde-Ausbildung auf Feld- und Waldwegen ist die Unterstützung der jagdlichen Öffentlichkeitsarbeit: Mancher Besitzer eines liebenswerten Pudel-Dackel-Mischlings („…kannst Du nicht hören?") wird bewundernd auf Ihren gehorsamen Weimaraner-Rüden blicken und bereitwillig Ihre freundlichen Hinweise zum richtigen Verhalten in Feld und Wald akzeptieren. Möglicherweise wird auch ein Revierinhaber auf das Gespann aufmerksam, das häufig im Jagdbezirk anzutreffen ist, ohne jemals zu stören – auch das kann der Beginn einer wunderbaren Freundschaft sein…

Was Hundeführer dürfen – und was nicht…

● Wer mit seinem Jagdhund im (fremden) Revier unterwegs ist, sollte als Jäger ohnehin ein Gespür dafür haben, was er ohne Belastung der Umwelt, der Wildtiere und des ordnungsgemäßen Jagdbetriebes tun kann. Dennoch ist ein Blick in die Gesetzbücher zuweilen hilfreich. Hier die wichtigsten rechtlichen Bestimmungen am Beispiel von NRW (Bitte in den anderen Bundesländern die einschlägigen Bestimmungen der Landesjagdgesetze, Landesforstgesetze, Feld- und Forst-Ordnungsgesetze etc. beachten!):

1. Das Jagdausübungsrecht ist ein absolutes Recht, vergleichbar dem Eigentum. Es ist sowohl gegen Beeinträchtigungen als auch gegen rechtswidrige Störungen geschützt. Der Jagdausübungsberechtigte hat bei Beeinträchtigungen gemäß § 823 Abs. 1 BGB einen Anspruch auf Schadensersatz, bei rechtswidrigen Störungen gemäß § 1004 BGB einen gerichtlich durchsetzbaren Unterlassungsanspruch gegenüber dem Störer.

2. Die Betretungsbefugnis in der freien Landschaft ist in § 49 Abs. 1 des Landschaftsgesetzes NW wie folgt geregelt: „In der freien Landschaft ist das Betreten der privaten Wege und Pfade, der Wirtschaftswege sowie der Feldraine, Böschungen, Öd- und Brachflächen und anderer landwirtschaftlich nicht genutzter Flächen zum Zwecke der Erholung auf eigene Gefahr gestattet,…".
(Anmerkung: Stillegungsflächen sind „landwirtschaftlich genutzte Flächen"!)

§ 53 Abs. 1 und 2 regeln die Grenzen der Betretungsbefugnis in der Form, daß die Rechte gemäß § 49 nur so ausgeübt werden dürfen, daß die Belange der anderen Erholungsuchenden und die Rechte der Eigentümer oder Besitzer nicht unzumutbar beeinträchtigt werden; außerdem gilt die Betretungsbefugnis nicht für Gärten, Hofräume und sonstige zum privaten Wohnbereich gehörende oder einem gewerblichen oder öffentlichen Betrieb dienende Flächen.

3. Die Bestimmungen für den allgemeinen Schutz wildlebender Tiere gemäß § 61 Landschaftsgesetz NW verbieten, „wildlebende Tiere mutwillig zu beunruhigen oder ohne vernünftigen Grund zu fangen, zu verletzen oder zu töten, …" Zusätzliche Vorschriften gem. § 62 verbieten „Maßnahmen und Handlungen, die zu einer erheblichen oder nachhaltigen Beeinträchtigung oder zu einer Zerstörung" von „natürlichen oder naturnahen unverbauten Bereichen fließender oder stehender

Binnengewässer einschließlich ihrer Ufer und der dazugehörigen ... Vegetation ... " führen können.

4. Das Betreten des Waldes (gilt auch für Wallhecken etc.) zum Zwecke der Erholung ist auf eigene Gefahr gestattet (§ 2 Abs. 1 Landesforstgesetz NW). Werden dabei Hunde mitgeführt, so müssen diese im Wald außerhalb von Wegen angeleint sein (§ 2 Abs. 3), dies gilt nicht für Jagdhunde im Rahmen jagdlicher Tätigkeiten sowie für Polizeihunde.

5. Jagdschutzmaßnahmen dürfen nur von dazu befugten Personen ausgeübt werden, dies sind neben der Polizei der Jagdausübungsberechtigte, der von der Unteren Jagdbehörde bestätigte Jagdaufseher und die mit dem Jagdschutz beauftragen Forstbeamten. Sie haben gemäß § 25 Abs. 4 Landesjagdgesetz NW die Befugnis,

– Personen anzuhalten, die gegen jagdrechtliche Vorschriften verstoßen oder außerhalb der zum allgemeinen Gebrauch bestimmten Wege zur Jagd ausgerüstet angetroffen werden; deren Personalien festzustellen und ihnen ggf. gefangenes und erlegtes Wild, Schuß- und sonstige Waffen, Jagd- und Fanggeräte, Hunde und Frettchen abzunehmen.

– „... wildernde Hunde und Katzen abzuschießen. Als wildernd gelten Hunde, die im Jagdbezirk außerhalb der Einwirkung ihres Führers Wild aufsuchen, verfolgen oder reißen... Die Befugnis erstreckt sich nicht auf solche Hunde und Katzen, die sich in Fallen gefangen haben, es sei denn, die unverzügliche Tötung ist aus Gründen des Tierschutzes geboten..."

Schleppen –
so fängt man an…

Nicht jeder Schuß bei der Jagd ist ein Volltreffer, mancher Hase ruiniert seine körperliche Unversehrtheit auf unseren Straßen – leider! Um so wichtiger ist die Verfügbarkeit brauchbarer Jagdhunde, die krankgeschossenes oder verletztes Wild schnell finden. Nur mit ihrer Hilfe können Jäger die Leiden der Kreatur in angemessener Zeit beenden.

Für diese schwierige und sensible Aufgabe müssen unsere Vierbeiner angemessen vorbereitet werden – durch „Trockenübungen" auf der Duftspur des geschleppten toten Wildes, bevor in der Jagdpraxis der erste „scharfe" Einsatz erfolgt. Davor noch liegen zahlreiche Übungen mit unserem Welpen (z. B. einfache Futterschleppen), die ihn lehren, mit tiefer Nase zu suchen und so zum Erfolg zu kommen. Wenn diese Fertigkeit gefestigt ist und das Apportieren zuverlässig klappt, sollte auch mit der Arbeit auf Haar- und Federwildschleppe begonnen werden. Allerdings

Der „Anschuß" wird vorbereitet – noch darf Ihr vierläufiger Jagdhelfer interessiert zuschauen.

muß der Hund wirklich sicher und ohne jeden Führereinfluß aufnehmen und bringen, wenn er Wild gefunden hat. Jedes voreilige Üben auf der Schleppe bringt nur zusätzliche Probleme – also sollte man die Finger davon lassen!

Schleppe – wie geht das?

Fast jeder Jagdgebrauchshund begegnet in seiner Prüfungslaufbahn der Schleppenarbeit, wenn er nur körperlich in der Lage ist, Hase (Kaninchen) oder Fasan zu tragen. Zusätzliche Her-

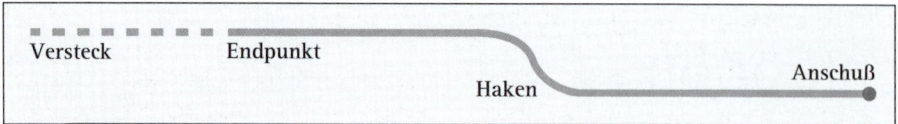

Versteck   Endpunkt

Haken   Anschuß

Darstellung Schleppe

ausforderungen gibt es z. B. bei der Fuchsschleppe auf der Verbandsgebrauchsprüfung (VGP) des JGHV. Wie wird diese Arbeit im einzelnen abgewickelt? Die Schleppe simuliert die Wundspur eines verletzten Tieres, das nach einigen hundert Metern verendet. Die Spur wird mit Haarwild (Hase, Kaninchen bzw. Fuchs) oder Federwild (meist Fasan, aber auch Rebhuhn, Ente oder Taube) hergestellt.

Dazu markiert der Schleppenleger (bei Jagdhundeprüfungen regelmäßig ein Verbandsrichter) mit etwas Bauchwolle bzw. einigen Federn einen „Anschuß". Von dort wird das Schleppwild mit Nackenwind meist 150 m (Federwild) bzw. 300 m (Haarwild) weit an einer Leine über bewachsenen Boden (z. B. Grasland) gezogen. Auf dieser Strecke sind zwei stumpfwinklige Haken einzulegen. Dabei trägt der Schleppenleger ein zweites möglichst frisch geschossenes Stück der gleichen Wildart mit sich. Dieses legt er am Ende frei ab, nicht verdeckt oder in einer Bodenvertiefung. Er entfernt sich in Verlängerung der Schleppe und muß sich so verbergen, daß er vom Hund nicht gesehen werden kann. Hier löst er die Schleppleine und legt das geschleppte Stück ebenfalls frei vor sich hin. Auf Wunsch des Führers kann auch das gezogene Stück am Ende der Schleppe abgelegt werden, in diesem Fall befindet sich das frische

Stück der gleichen Wildart vor dem Versteck. Diese Vorbereitungen darf der Hund nicht eräugen.

Warum zwei Kaninchen für die Haarwildschleppe? Ziel dieser Übung ist es, den Vierbeiner möglichst zum Erfolg zu führen. Falls „Arco" also (aus welchem Grund auch immer) die Duftspur des Schleppenlegers der Witterung des geschleppten Wildes vorzieht und das Stück am Schluß der Schleppspur überläuft, soll auch am Ende der menschlichen „Fährte" Wild bereitliegen, damit der Hund seine Bringfreude beweisen kann. Um die Prüfung zu bestehen, muß „Arco"das geschleppte oder vor dem Schleppenleger ausgelegte Stück finden und selbständig bringen – die Auswahl ist ihm überlassen.

Erste Übungen zu Hause

Die ersten Schritte in Richtung auf dieses Ziel können schon im eigenen Garten gemacht werden: Sie legen Ihren Vierbeiner an geeigneter Stelle ab (die Gehorsamsübungen beherrscht er) und markieren vor seinen Augen den Anschuß wie oben beschrieben.

Für die erste Schleppe nehmen Sie Wild, das Ihr Hund kennt und gern apportiert. Dies kann – wo erlaubt – durchaus auch Krähe oder Elster sein. In der Folge wechseln Sie natürlich regelmäßig zwischen Taube, Kaninchen und Co., schließlich wollen Sie eine optimale Vorbereitung auf alle Eventualitäten des Jagdbetriebs. Bei jeder Übung aber achten Sie darauf, daß „Anka" die auf der Schleppe zu bringende Wildart vorher unter Ihrer Aufsicht kennengelernt hat und zuverlässig zuträgt. Die erste Begegnung darf nicht am Ende der Schleppe fernab vom Führer erfolgen – zu groß ist das Risiko des Liegenlassens, womit alle bisherigen Übungserfolge in Frage gestellt werden.

Nun ziehen Sie das Kaninchen an einer Leine in gerade Linie hinter sich her über den Rasen (am Anfang nur 20 bis 30 Schritte), legen es für Ihren Hund sichtig ab, nehmen die Schleppleine und kehren in einem großen Bogen zu Ihrem vierbeinigen Freund zurück. Danach stimmen Sie ihn mit dem regelmäßig wiederkehrenden „Anschußritual" auf die anschließende Aufgabe ein: An der kurzen Leine geht es zum Anschuß, der Hund wird abgelegt, der Führer untersucht die Schußzeichen. Bei den ersten Übungen lassen Sie „Anka" nicht frei arbeiten – mit der Führerleine in der Hand und dem Kommando „Such' verloren, Apport!" begleiten Sie Ihren Jagdhelfer. Im günstigsten Fall sucht er dank Ihrer frühzeitigen Vorbereitung auf der Futterschleppe schon jetzt mit tiefer Nase entlang der Schleppspur, findet das Schleppwild und nimmt es selbständig auf. Mit dem Stück im Fang und begleitet von Ihren Lobesworten geht es dann zurück zum Ausgangspunkt. Nach einem leisen Kommando sitzt Ihr Hund ruhig vor Ihnen, nach Ihrem „Aus" gibt er das apportierte Wild bereitwillig ab.

Probleme – was nun?

Allerdings klappt nicht jeder Übungsdurchgang so schön wie hier beschrieben. Doch bevor dem Hund die Schuld zugeschoben wird, prüfen wir uns selbst:

● War „Anka" richtig vorbereitet, um sich überhaupt für die Duftspur zu interessieren? Erst die Einstimmung

Bei den ersten Arbeiten geht es an der kurzen Leine zum ausgelegten Schleppwild.

des Vierbeiners auf die Arbeit mit tiefer Nase, dann die Schleppe – das ist die richtige Reihenfolge.

- War der Zeitpunkt passend gewählt? Unmittelbar nach dem Füttern möchten die meisten Hunde ihre Ruhe haben, Such- und Bringübungen vor der üblichen Fütterung sind sicherlich die bessere Wahl. Zweckmäßigerweise sorgt man am Anfang auch dafür, daß die Schleppenarbeit die erste große Aufgabe des Tages ist – dies sichert Konzentration und Leistungsbereitschaft für die neuen Anforderungen.

- Ist der Führer bei dieser ersten Übung nur stumm neben seinem Junghund hergegangen? Sobald die Hundenase nach unten geht und Interesse für die Duftspur signalisiert, sind lobende und anspornende Worte zur Motivationsförderung angebracht.

- Läßt „Anka" das Schleppwild einfach liegen, anstatt es freudig aufzunehmen? Vor der ersten Arbeit auf der Schleppe muß der Vierbeiner bei der Grundausbildung im Apportieren gelernt haben, jedes gefundene Stück Wild und jeden versteckten Apportierbock ohne weitere Kommandos aufzunehmen und dem Führer zu bringen.

- Beginnt der Hund auf dem Rückweg, mit dem apportierten Wild zu spielen und/oder wirft er es schließlich dem Führer einfach vor die Füße? Wenn die vorherige Ausbildung ihren Namen wirklich verdient, hat „Anka" auch gelernt, einmal aufgenommenes Wild über längere Strecken im

An der Schleppleine wird ein Stück Wild über bewachsenen Boden gezogen. Ein zweites Stück der gleichen Wildart trägt die Schleppenzieherin und legt es am Ende der Schleppe ab.

Fang zu halten, damit zum Führer zu kommen, sich auf ein leises Kommando zu setzen und dann zu warten, bis der Mensch das Beutestück abnimmt.

Trotz aller Bemühungen kann es Tage geben, an denen unser Lehrling – für uns unverständlich – einfach „keinen Bock" zu haben scheint. Auch das ist noch kein Drama, sondern bei einer soliden Grundausbildung höchstens eine vorübergehende Erscheinung. Die Leistungsverweigerung wird natürlich nicht vorbehaltlos akzeptiert: An der kurzen Leine geht es mit „Anka" zum Stück, dort wird sie zum Apportieren veranlaßt. Nach dem Abgeben der Beute ist die Lektion beendet. Damit hat unser Vierbeiner auch erfahren, daß einmal gegebene Befehle konsequent durchgesetzt werden. Vielleicht steigert ein Tag ohne Schleppenarbeit das Interesse für die anschließenden Wiederholungen.

Keine Strafen auf der Schleppe

Bei der Arbeit auf der Schleppe während der Jagdhundeprüfung und beim Verfolgen des krankgeschossenen Hasen während der Jagd erwarten wir von unserem Hund passioniertes Suchen, selbständiges Aufnehmen des gefundenen Wildes und freudiges Bringen. Wollen wir erfolgreich sein, sind wir auf diese freiwillige Zuarbeit angewiesen. Gerade Schleppenübungen sind deshalb eine denkbar schlechte Gelegenheit, unseren Lehrling bei Mißerfolgen zu bestrafen und seine Leistungsbereitschaft möglicherweise ernsthaft zu gefährden. Fehler bei den Bringarbeiten haben ihre Ursache ohnehin regelmäßig in Defiziten während der vorbereitenden Grundausbildung – dort müssen die nötigen Korrekturmaßnahmen ansetzen. Dann können auf der Schleppe die einzelnen Elemente (Arbeit mit tiefer Nase und zuverlässiges Apportieren) erfolgreich verknüpft werden.

Darauf sollten Sie achten:

- Erfolgreiche Schleppenarbeit nach gezielten Vorübungen (Futterschleppe, Apportieren).
- Schleppenübungen nur mit bekannten Wildarten.
- Das „Anschußritual" stimmt den Hund auf seine Aufgabe ein.
- Erste Übungen nur an der Leine.
- Probleme? Fehlersuche zunächst beim Menschen!
- Nach „Apport!" muß gebracht werden.

Zuverlässiges Bringen wird mit Haar- und Federwild
geübt.

Schleppen – Grundausbildung und „Hohe Schule"

Sie haben die erste Übungsschleppe mit Ihrem Hund erfolgreich an der kurzen Leine gearbeitet. Nun sollten zur Festigung des positiven Eindrucks weitere Arbeiten folgen, die sich bereits in Richtung Jagd- und Prüfungspraxis bewegen.

Natürlich wählen Sie dafür einen Platz weit genug entfernt von der ersten Schleppe. Deren Witterung (Windrichtung beachten!) darf Ihren Lehrling nicht erreichen und verwirren, falls Sie die Arbeiten mit nur kurzem zeitlichen Abstand durchführen. Erneut ist nichts dagegen einzuwenden, wenn Ihr Vierbeiner mit Interesse betrachtet, wie Sie das Kaninchen vom Anschuß aus ca. 30 m über bewachsenen Boden ziehen. Das geschleppte Wild legen Sie diesmal nicht sichtig, sondern z. B. hinter einem Busch oder im höheren Gras ab.

Vom Anschuß geht es wiederum an der kurzen Leine der Duftspur nach bis zum ausgelegten Kaninchen. Selbständiges Aufnehmen und freudiges Zurücktragen unter Ihrer Überwachung vermitteln Mensch und Hund das gewünschte Erfolgserlebnis und beenden die Ausbildung für heute. Zwei Schleppen pro Tag reichen bei regelmäßigem Training völlig aus. Der Verzicht auf Mehr verhindert auch, daß Ihr Vierbeiner bereits am Anfang dieses Übungsabschnitts die Lust verliert und beim siebten Durchgang „die Brocken hinschmeißt".

Schritt für Schritt zum Erfolg

Wenn nach einigen Tagen die Arbeiten an der kurzen Leine zu Ihrer Zufriedenheit ausgeführt werden, gewöhnen Sie Ihren Lehrling daran, daß er auch bei größerem Abstand zum Führer zuverlässig suchen und bringen muß. Ihr Hilfsmittel in dieser Übergangsphase zur freien Arbeit ist die Feldleine. Auch die Länge der Schleppen steigern Sie allmählich auf ca. 100 m. Nach dem immer gleichen Ritual am Anschuß geht es dann zügig zum nicht sichtig abgelegten Schleppwild.

Weitgehend selbständig wird Ihr Junghund diese Arbeiten inzwischen absolvieren. Folgen Sie ihm auch dann an der langen Leine, wenn er unter „gutem Wind" neben der eigentlichen Schleppspur arbeitet – Hauptsache, er hat die Witterung und findet zum Stück. Wenn er zwischendurch vom „richtigen Weg" abkommt, und einer für den Menschen nicht erkennbaren Verleitung folgt, lassen Sie ihn ruhig! Im günstigsten Fall erkennt er nach einigen Metern seinen Fehler, korrigiert sich selbst, sucht sich den Anschluß an die Schleppspur und arbeitet diese bis zum Ende.

Geht es dagegen 30–40 Schritte mit zunehmendem Tempo in die falsche Richtung, halten Sie Ihren Vierbeiner an, führen ihn ein Stück zurück an die Schleppe und legen ihn dort für einen Moment ab. Mit neuer Konzentration geht es dann wieder los, fürsorglich von Ihnen an der Stelle unterstützt, wo zuvor die Verleitung Probleme bereitete. Für Ihren Hund darf es keinen Zweifel geben: Nach „Such' verloren, Apport!" muß er mit Schleppwild (oder Apportierbock etc.) zurückkommen.

Helfer-Einsatz

Um die Prüfungssituation zu simulieren, sollten Sie jetzt auch einen Helfer beim Legen der Schleppe einsetzen. Vielleicht gibt es einen anderen Hundeführer, der seinen Lehrling im gleichen Fach einarbeiten möchte – hier kann man sich gegenseitig wirkungsvoll unterstützen. Inzwischen ist Ihr Vierbeiner auch soweit, daß er beim Herstellen der Schleppe in einer Deckung abgelegt

werden kann (eine gute Gelegenheit, um seinen Gehorsam zu vertiefen!) und die Arbeit des Schleppenziehers nicht sieht.

Erst wenn dieser beide Stücke Wild abgelegt und sich versteckt hat, holen Sie „Ben" an den Anschuß, sorgen durch das bekannte Ritual für die nötige Konzentration und lassen ihn zunächst wieder an der Feldleine suchen. Welches ausgelegte Kaninchen er aufnimmt und zurückträgt, kann er auswählen. Ihr Helfer verläßt sein Versteck erst, wenn Sie auf dem Rückweg sind und bringt das zweite Stück Wild mit.

„Leinen los!"

Nach dieser guten Vorbereitung kann es daran gehen, die letzte Herausforderung der Schleppenarbeit zu meistern: Die freie Arbeit Ihres Hundes. Dazu ziehen Sie eine höchstens zwei Meter lange Schnur durch die Halsung und nehmen zunächst beide Enden fest in die Hand. An dieser „Ersatzleine" führen Sie Ihren Vierbeiner an den Anfang der Schleppe, untersuchen den Anschuß und fordern ihn dann zur Suche auf. Sie folgen zügig an der Leine, bis Sie das Gefühl haben, daß Ihr Lehrling konzentriert und mit Vorwärtsdrang sucht. Wenn Sie jetzt das eine Ende der Leine loslassen und stehenbleiben, kann „Ben" seine Arbeit ohne störende Unterbrechung fortsetzen und nach kurzer Zeit mit Wild zurückkehren.

Bei der Prüfung dürfen Sie die ersten zwanzig Meter der Schleppe an einer Leine arbeiten. Diese Chance sollten Sie nutzen! So kann möglicherweise verhindert werden, daß der Junghund schon kurz nach dem Anschuß einer Verleitung folgt oder desinteressiert seine Arbeit vorzeitig beendet.

Bis zur Prüfungsreife als Vorstufe für Jagdeinsätze fehlen Ihrem Vierbeiner jetzt nur noch wenige Feinheiten: Zunächst lassen Sie den Schleppenzieher einen, dann zwei stumpfwinklige Haken in den Verlauf der Schleppe einbauen. Warum stumpfwinklig? Weil spitze Winkel den noch nicht präzise arbeitenden Lehrling eventuell überfordern und Mißerfolge produzieren. Es kann vorkommen, daß Junghunde mit viel Temperament und hohem Tempo auch diese Stellen am Anfang überschießen. Allerdings wird erwartet, daß sie den Verlust der lenkenden Witterung schnell bemerken und sich selbständig zur Schleppe hin korrigieren.

Langsam dehnen Sie auch die Schleppen auf die geforderte Länge von mindestens 150 bzw. 300 m aus. Dabei liegt die Schwierigkeit für Ihren Hund weniger im größer werdenden Abstand zum Führer, sondern eher in der möglicherweise zunehmenden Zahl von Verleitungen, denen er widerstehen muß.

Arbeit vor Publikum

Seine Aufgabe hat „Tenno" erst erfüllt, wenn er mit Wild zu Ihnen zurückgekehrt ist, sich gesetzt und auf Ihr Kommando die Beute abgeliefert hat. Bei der Prüfung stehen möglichweise noch einige Richter oder Zuschauer in Ihrer Nähe. Gewöhnen Sie Ihren Vierbeiner schon im Training daran, daß auch andere Menschen und Hunde anwesend sein können. Kennt der Hund diese Situation nämlich nicht, ist die Gefahr gegeben, daß er sein Schleppwild angesichts zahlreicher fremder Zwei- und

Bei der Prüfung darf der Hund die ersten 20 m der Schleppe an der Leine arbeiten. Dann muß man stehenbleiben, ihn (ohne Unterbrechung) ablaufen lassen…

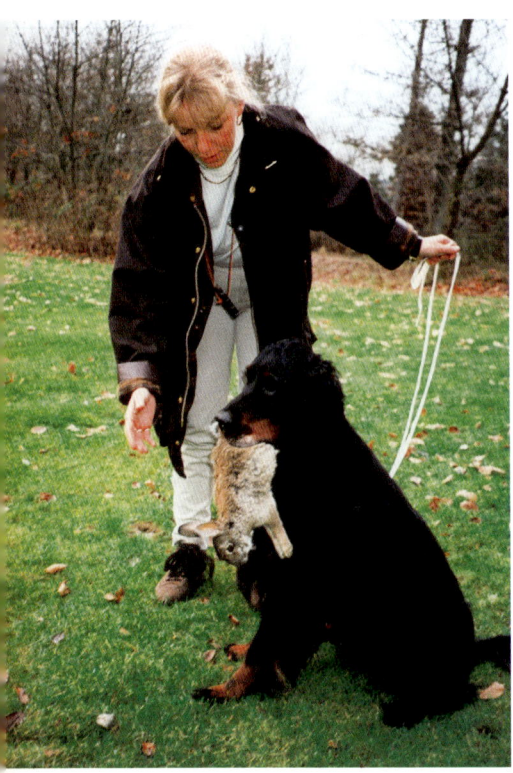

...und auf seine Rückkehr mit Beute warten.

gen muß. Damit ist vielmehr das Verbot lautstarker menschlicher Anweisungen gemeint, wenn erkennbar wird, daß der vierbeinige Prüfling anderes im Sinn hat, als freudig zu apportieren.

Falls Ihr Lehrling während der Prüfung, ohne gefunden zu haben (dies beobachtet und bewertet der Verbandsrichter – Schleppenleger in seinem Versteck), zurückkehrt und nicht selbständig die Schleppe wieder annimmt, dürfen Sie ihn noch zweimal ansetzen. Dabei gilt als „Ansetzen" jede Einwirkung des Führers auf seinen Hund (z. B. Kommando oder Zeichen), die Schleppe erneut anzunehmen. In diesem Fall ist ohnehin mit Punktverlust zu rechnen, also sollten Sie „Tenno" ruhig noch einmal am Anschuß ansetzen – vielleicht klappt es ja beim zweiten oder dritten Anlauf!

„Schikanen" zur Leistungssteigerung

Einige „Schikanen" können Sie beim Üben mit Ihrem Vierbeiner zur Steigerung seiner Zuverlässigkeit einbauen: Lassen Sie z. B. einen Helfer (mit und ohne Hund) nach dem Legen der Schleppe quer über deren Verlauf gehen und anschließend von der Bildfläche verschwinden. Jetzt wissen Sie genau, an welcher Stelle die Verleitung ist und können – wenn nötig – gezielt auf Ihren Lehrling einwirken, damit dieser die schwierige Passage erfolgreich überwindet.

Auch ein Schrotschuß in die Luft bei Hin- oder Rückweg kann für den arbeitenden Hund Anlaß sein, die gestellte

Vierbeiner lieber für sich behält und es versteckt. Allerdings sollten Sie nicht dulden, daß fremde Menschen Sie umzingeln, um die Arbeit des Prüflings besser beobachten zu können. Ein angemessener Freiraum steht Ihnen zu und kann nur hilfreich sein.

Ist er in Ihrem Nahbereich, erleichtern Sie Ihrem Lehrling die Orientierung, indem Sie ein paar Schritte auf und ab gehen oder in die Hände klatschen. Dieses Führerverhalten kollidiert auch nicht mit der Forderung der Prüfungsordnung, daß der Hund „ohne weitere Beeinflussung durch den Führer" brin-

Aufgabe zu vergessen und in Erwartung neuer Beute zum Schützen zu eilen. Bei der Jagd könnte es passieren, daß der bereits gefundene Fasanenhahn unterwegs fallengelassen wird und verloren geht. Es empfiehlt sich also, im Training bestimmte „kritische" Situationen herbeizuführen und hundliches Fehlverhalten gegebenenfalls zu korrigieren – nur so ist Zuverlässigkeit in der Jagdpraxis zu erreichen.

Lassen Sie die eine oder andere Schleppe auch so legen, daß Ihr Vierbeiner ohne Sichtverbindung zu Ihnen arbeiten muß, auf der Jagd werden Hasen auch nicht nur auf der übersichtlichen Wiese apportiert. Natürlich arbeiten Sie Übungsschleppen nicht nur an ein oder zwei Plätzen im Revier, schließlich wollen Sie auch an den verschiedensten Stellen mit gutem Wildbesatz jagen. Daß Ihr Hund seinen Weg auch über Gräben, unter Zäunen und durch Hecken bewältigt, ist nach gutem Training eine Selbstverständlichkeit.

Die Prüfungsordnung fordert eine Schleppe von mindestens 150 m (Federwild) bzw. 300 m (Haarwild). Unsere vierbeinigen Helfer wollen wir aber für die Jagd ausbilden – dort läuft ein krankgeschossener Hase manchmal auch noch 500 m. Die Länge der Übungsschleppen muß also variabel gehalten werden (von ca. 50 m bis 500 m und mehr). Durch dieses Training lernt der Hund, sich auf die jeweilige Aufgabe einzustellen und nicht nur stur seine „Standardstrecke" herunterzurasen. Schließlich stellen Arbeiten über größere Entfernungen auch höhere Anforderungen an die körperliche Leistungs-

Die Haarwildschleppe ist erst dann erfolgreich beendet, wenn der Hund mit Wild zurückgekehrt ist, sich vor die Führerin setzt und auf Kommando das Kaninchen abliefert.

fähigkeit und Zuverlässigkeit (je mehr Meter, desto mehr Verleitungen...).

Zum Abschluß aller Übungen zieht Ihr Helfer die Schleppe bis zu einem Hochsitz und verschwindet mit dem Wild nach oben. Erst wenn Ihr Hund nach erfolgloser Suche den Rückweg angetreten hat, wird ein Stück unter dem Hochsitz abgelegt. Ihren „leer" zurückkommenden Vierbeiner fordern Sie mit

Offensichtlich – hier wurde „gerupft"! Kehrt der Hund ohne Wild zurück, kann ein Blick in den Fang Aufschluß über Fehlverhalten auf der Schleppe (und ggf. nötige Korrekturen) geben.

- Als „Totengräber" wird der Hund bezeichnet, der gefundenes Wild nicht dem Führer apportiert, sondern irgendwo vergräbt. Wenn er „leer" zurückkommt, verrät die schmutzverkrustete Nase seine Missetat.
- Manche Jagdhunde haben das Schleppwild „zum Fressen gern": Der „Anschneider" beginnt am Ende der Schleppe oder hinter dem nächsten Busch damit, das gefundene Stück zu verzehren. Zuweilen werden die Reste sicherheitshalber vergraben. Wenn der Rückkehrer keine verdreckte Nase hat, empfiehlt sich immer ein kontrollierender Blick auf die Innenseite von Fang und Lefzen – dort verraten Reste von Wolle oder Federn, warum er ohne vorzeigbares Wild gekommen ist.
- Eine abgemilderte Form des „Anschneiders" ist der „Rupfer", der sich zunächst damit begnügt, Wolle, Decke oder Federn seiner Beute herauszuzupfen, um sich erst später den „wertvolleren" Teilen zu widmen.
- Der „Knautscher" hat keine Probleme, das Schleppwild zu finden und dem Führer zu bringen – er unterzieht es dafür einer „Spezialbehandlung", indem er seine Zähne einige Male kräftig in das Wildbret drückt. Leider verderben die dabei entstehenden Löcher und Blutergüsse bei den Menschen die Freude auf ein leckeres Wildgericht. Manche Vierbeiner knautschen warmes und kaltes Wild sofort nach dem Finden. Andere werfen das Stück zunächst in die Luft, um nach dem Auffangen die Zahnabdrücke sorgfältig zu plazieren – unerwünscht ist beides.

deutlicher Unzufriedenheit auf, erneut zu suchen. Kehrt er mit Wild zurück, zeigen auch Sie Ihre überschäumende Freude! Auf diesem Weg können Sie erfolgreich die Erkenntnis vermitteln, daß Ihr Lehrling nur lange genug suchen muß, um auch zu finden.

Totengräber, Anschneider und Co.

Es gibt bestimmte Unarten bei Jagdhunden, die vor allem bei der Schleppenarbeit auftreten können, die Jagdkynologen haben für diese Vierbeiner „griffige" Namen gefunden:

Die möglichen Gründe für das beschriebene Fehlverhalten sind so vielfältig, daß sie hier nicht erschöpfend beschrieben werden können. Regelmäßig gilt aber: Wenn derartige Fehler bei der freien Arbeit auf der Schleppe auftreten, liegt die Ursache in Defiziten während der vorbereitenden Ausbildung. Das konsequente Training für zuverlässiges freudiges Bringen (ohne Zeitdruck!) ist die beste Voraussetzung, um spätere Probleme zu vermeiden. Treten sie dennoch auf, gibt es sicherlich einen erfahrenen Rüdemann, der mit Rat und Tat bei Diagnose und Therapie helfen kann. Und diese Hilfe ist wichtig: Aus verständlichen Gründen müssen „Totengräber", „Anschneider", hochgradige „Knautscher" und „Rupfer" bei Prüfungen durchfallen – und auf der Jagd sind sie auch nicht zu gebrauchen!

Schleppwild – woher nehmen?

Jagdgebrauchshundeprüfungen mit Schleppenarbeit sind meist im Herbst eines Jahres. Damit fällt die Vorbereitung unserer Hunde regelmäßig in den Sommer. In dieser Phase ist es wegen der Schonzeiten problematisch, das benötigte Schleppwild zu erlegen. Es empfiehlt sich, dafür die laufende Jagdsaison zu nutzen und einen Vorrat an Kaninchen und Tauben einzufrieren.

Auch der bereits erfolgreich geprüfte Jagdhund muß vor dem Einsatz im nächsten Herbst in Übung gehalten werden – ohne „Tiefkühlreserve" kaum zu schaffen. Ob dafür eine separate „Hunde-Truhe" angeschafft oder ein Fach im „Familien-Gefrierschrank" reserviert wird, kann möglicherweise ein vertrauensvolles Gespräch an einem langen Winterabend klären...

Darauf sollten Sie achten:

- Nicht übertreiben – zwei Schleppen pro Tag reichen.
- Schleppenlegen – ohne Helfer geht es nicht.
- „Leinen los" mit Bindfadentrick.
- Prüfungssituationen im Training simulieren.
- „Schikanen" zur Leistungssteigerung.
- „Anschneiden", „Knautschen" etc. durch konsequente Ausbildung vermeiden.
- Schleppwild richtig bevorraten.

Wassergewöhnung der Welpen – wichtige Voraussetzung für erfolgreiche Jagdeinsätze im nassen Element.

Am Wasser scheiden sich die Geister

Nur eine Redensart oder wohlbegründete Meinung jagd- und prüfungserfahrener Hundeführer? Jedenfalls stellt die Jagd am Schilfdickicht oder am Altarm des Rheins ganz besondere Anforderungen. Und die Talente unserer Jagdhunde sind unterschiedlich verteilt, auch die Wasserfreude wurde nicht jedem in die Wurfkiste gelegt.

Selbst wenn die Volksmeinung zutreffend sein sollte, daß alle Hunde schwimmen können (zuweilen scheint „über Wasser halten" die treffendere Bezeichnung) – für unsere Zwecke fängt hier die Arbeit erst richtig an! Die Ausbildung soll unsere zukünftigen Jagdhelfer in die Lage versetzen, die kräftezehrende und tierschutzrechtlich wichtige Wasserarbeit bei der Jagd erfolgreich zu erledigen. Vor dem Einsatz in der Praxis müssen entsprechende Fähigkeiten nachgewiesen werden, regelmäßig geschieht das im Rahmen einer anerkannten Prüfung. Dabei erwarten wir von den Hunden, daß sie

- sich mindestens auf Schrotschußentfernung über offene Wasserflächen schicken lassen
- in Schilf und Röhricht ausdauernd stöbern
- der Witterung einer (eventuell krankgeschossenen) Ente mit Passion folgen und das Wild aus der Deckung drücken
- auch im Wasser schußfest sind und erlegte Enten zuverlässig und selbständig apportieren.

Herausforderungen

Dieses Aufgabenpaket hat es in sich, aber die Herausforderungen sind zu schaffen! Dabei müssen vor Beginn der eigentlichen Arbeit drei Voraussetzungen erfüllt sein:

- Der Vierbeiner darf an Land keine Angst bei der Abgabe von Schüssen zeigen (Schußfestigkeit).
- Er muß möglichst selbständig, auf jeden Fall aber zuverlässig apportieren.
- Er kennt das nasse Element von früheren Gewöhnungsübungen und kann einigermaßen ausdauernd schwimmen.

„Führen durch Vorbild" ist auch im Rahmen von Welpenspieltagen möglich.

Die Förderung von Schußfestigkeit und sicherem Apportieren sowie die spielerische Gewöhnung der Welpen an Pfützen, Tümpel und Gräben wurde bereits erläutert. Ganz wunderbar funktioniert das z. B. im Rahmen von Welpenspieltagen. Wenn es in diesem Bereich noch etwas nachzuholen gibt, warten Sie mit der ersten Lektion im tiefen Wasser am besten, bis Ihr Lehrling sich auf Grund der Außentemperatur nach einem Aufenthalt im kühlen Naß sehnt. An einem stehenden Gewässer mit möglichst flachem Ufer gehen Sie dann gemeinsam mit Ihrem Vierbeiner ins Wasser. Wer „Führen durch Vorbild" praktizieren will, bekleidet sich gleich mit Badehose, ansonsten helfen zunächst auch hohe Gummistiefel und die bekannte Reizangel. Wichtig sind Ihre Nähe, aufmunternde Worte für einen zunächst

vielleicht noch zögerlichen Hund und viel Geduld.

Hilfreich kann auch ein anderer Hund sein, der auf Kommando freudig das Wasser annimmt und so den Nachwuchs animiert, es ihm gleichzutun. Schließlich erleichtert auch große Apportierfreude des Lehrlings dem Ausbilder die Arbeit: In schneller Folge wird der Apportierbock erst an Land, dann im Uferbereich und anschließend in der Randzone des Gewässers fortgeschleudert. Das Lob des Führers nach jedem Bringen spornt Ihren Junghund weiter an und läßt ihn eine eventuelle Scheu vor dem Wasser vergessen. So vorbereitet, macht auch das Holen aus tiefem Wasser keine Probleme mehr.

Falls der Vierbeiner sich weigert, aus dem Wasser zu apportieren, sollte in der Gewöhnungsphase auf jeden Zwang verzichtet werden. Zu groß ist die Gefahr, daß „Tasso" unangenehme Erfahrungen am See auch mit dem Apportieren verbindet und in der Folge versucht, sich beiden Arbeiten zu entziehen. Der vorsorgliche Führer holt vielmehr den Apportierbock mit Hilfe eines zuvor angeknüpften langen Bindfadens (oder Feldleine etc.) wieder an Land. Die folgende Bringübung auf dem Trockenen muß natürlich erfolgreich abgeschlossen und mit dem gebührenden Lob honoriert werden. Für weitere Wassergewöhnung kann dann eines der anderen Verfahren bessere Unterstützung leisten.

Gerade bei der Gewöhnung an das neue Element entscheiden auch die Rahmenbedingungen darüber, ob unser Jagdhelfer die Wasserarbeit mit

104

positiven oder negativen Erlebnissen dauerhaft verknüpft. Bei der Suche in völliger Dunkelheit nach dem abendlichen Entenstrich, wenn der Führer nicht mehr einwirken kann, sind die Erfolgsaussichten bei einem positiv geprägten Jagdhund jedenfalls deutlich größer.

Arbeit auf Sicht – Nasenleistung

Bei der Wassergewöhnung und auch bei den ersten Apportierübungen aus dem tiefen Bereich eines Teiches ist es unproblematisch, wenn Ihr Lehrling sieht, wo der Apportierbock liegt. Der optische Reiz hilft möglicherweise noch, das nasse Element anzunehmen. Wie bei den Bringübungen an Land, muß der Vierbeiner natürlich auch im Wasser so schnell wie möglich lernen, daß der Erfolg auf Dauer nur über richtigen Nasengebrauch herbeigeführt werden kann.

Als letzte Hilfe bieten Sie dazu akustische Unterstützung an: Werfen Sie den Apportierbock so in oder hinter eine Deckung (Schilf etc.), daß Ihr Hund nicht sehen kann, wo der Gegenstand in das Wasser fällt, wohl aber das Platschen hört. Mit „Voran Apport!" fordern Sie ihn zum Suchen auf, Ihr ausgestreckter Arm gibt zusätzlich die erfolgversprechende Richtung an. Weitere Hilfestellung ergibt sich, wenn er zunächst gegen den Wind arbeiten und die bekannte Witterung zügig aufnehmen kann.

Wenn Ihr Zögling bei diesen Arbeiten die gewünschten Fortschritte zeigt, können Sie ihn schon bald bei der Vorbereitung der nächsten Übung ein wenig entfernt ablegen, so daß er weder hören noch sehen kann, wo der Apportiergegenstand versteckt wird. Erneut läßt Ihr Befehl ihn am Ufer frei, Ihr Handzeichen weist den Weg. Allmählich steigern Sie die Anforderungen, bis der angehende Wasserarbeiter, mit Nackenwind angesetzt, auf der Wasserfläche den Anschluß an die Witterung selbständig finden und dann in der Deckung suchen muß.

Wild apportieren

Da wir unsere Hunde für die praktische Jagd ausbilden, sollte der Apportierbock schon bald gegen Wild ausgetauscht werden – Stockenten natürlich, aber auch Tauben oder Elstern und Krähen (wo erlaubt) sind für unsere Zwecke geeignet. „Stöckchen holen" haben Sie schon bisher mit Ihrem Vierbeiner nicht gespielt – diese Vorsorge zahlt sich bei der Wasserarbeit aus: Ihr Lehrling weiß, daß er nach „Voran, Apport!" nicht mit irgendeinem Stück Holz zurückerwartet wird, sondern suchen muß, bis er richtige Beute findet.

Einige besondere Regeln gibt es für das Abgeben der Beute nach Verlassen des Wassers: Gefordert wird, daß unser Jagdhelfer schnell zum Führer kommt, sich auf ein leises Kommando vor diesem setzt und auf Befehl abgibt – danach darf er sich das Wasser aus dem Fell schütteln. Dagegen ist das Ablegen der Ente am Ufer, z. B. um sich zu schütteln, fehlerhaft, da hierbei eine verletzte Ente wieder entkommen könnte. Auch das Schütteln mit der Beute im Fang ist unerwünscht, weil in der Folge der Abdruck zahlreicher Hundezähne das Wildbret nachhaltig verunstalten würde. Ihre Hilfestellung für „Ben" ist einfach: Wenn er aus dem Wasser steigt, locken Sie ihn intensiv zu sich heran und bremsen anschließend seinen Vorwärtsdrang mit einem energischen Schritt in seine Richtung, dem erhobenen Zeigefinger und dem Kommando „Sitz!". Hat er seine Beute abgeliefert, fordern Sie ihn zum Weiterlaufen auf, bei dieser Gelegenheit wird er zunächst das Wasser aus seinem Fell in die Umgebung schleudern. Worte des Lobes aus Ihrem Mund lassen den Hund schnell lernen, wie Sie sich die Zusammenarbeit mit ihm wünschen.

Schußfestigkeit

Wenn der Vierbeiner die Hürden der „nassen" Grundausbildung überwunden hat, können allmählich die Anforderungen gesteigert werden, um ihn wirklich fit zu machen für die Jagdpraxis. Dabei bleiben die Übungen im Kern immer gleich: Ihr Jagdhelfer soll erlegtes Wild passioniert suchen, finden und selbständig zum Führer bringen. Die Erschwernis liegt in der Gestaltung des äußeren Rahmens für diese Arbeiten.

Das beginnt mit der Überprüfung der Schußfestigkeit am Wasser. Dazu wird eine tote Ente sichtbar möglichst weit auf das offene Wasser geworfen und der Hund zum Bringen aufgefordert. Während er im tiefen Wasser auf seine Beute zuschwimmt, geben Sie einen Schrotschuß auf das Wasser (in Richtung Ente) ab. Dabei muß die Ente nicht ganz präzise getroffen werden, aber in ihrer Nähe sollten die Schrote schon einschlagen. Ansonsten besteht die Gefahr, daß Ihr Lehrling zur weit entfernten Schrotgarbe schwimmt, dort erfolglos sucht und schließlich ohne Beute zurückkehrt.

Natürlich achten Sie bei der Schußabgabe darauf, daß Ihr Hund nicht durch Randschrote oder Abpraller gefährdet wird. Daß Sie am Wasser nur Nicht-Blei-Schrote verwenden, ist eine Selbstverständlichkeit und hier nur der Vollständigkeit halber erwähnt.

Von Ihrem Vierbeiner wird erwartet, daß er die Ente selbständig (also ohne irgendwelche Führerbeeinflussung) bringt. Hat er das getan, sparen Sie nicht mit Lob, denn der Lärm eines Schrotschusses auf das Wasser ist beachtlich (genau aus diesem Grund fordern die Prüfungsordnungen auch nicht einfach einen Schuß in die Luft).

Das Schießen während der Apportierarbeit des Hundes im Wasser sollte immer wieder einmal (auch in die Luft) erfolgen, um die Zuverlässigkeit im Bringen während der praktischen Jagd weiter zu verbessern.

Verlorensuche und Durchhaltewillen

Auch der Schwierigkeitsgrad der Übungsgewässer muß nach und nach gesteigert werden: Für die ersten Schwimmübungen reicht auch ein offener Baggersee, im weiteren Verlauf brauchen Sie ein Gewässer von genügender Größe, mit einer Wassertiefe, die den Vierbeiner zum Schwimmen zwingt und großen Deckungsstreifen

im Wasser. Diese Deckung kann aus Schilf, Röhricht oder dichten überhängenden Zweigen der Ufervegetation bestehen. Seerosen und andere Schlingpflanzen stellen weitere Herausforderungen an Passion, Härte und Durchhaltewillen dar.

Vom Hund nicht beobachtet, wird das Wild nun in die Deckungszone geworfen. Bei allmählich größer werdender Entfernung zu dieser Stelle (bis zur Schrotschußdistanz von ca. 30 m) fordern Sie ihn nun zum Suchen und Bringen auf. Ihr „Voran, Apport!" signalisiert dem Vierbeiner, daß Beute wartet – wenn er nur weit genug sucht, sich mit „Jagdverstand guten Wind holt" und im Röhricht schließlich bis zur Ente vorkämpft. Allmählich lernt er auch, daß es zuweilen eines zweiten oder dritten Anlaufes bedarf, bis der Erfolg sich einstellt. Höhepunkt dieser „Verlorensuche im deckunsgreichen Gewässer" ist das selbständige Aufnehmen des Wildes und die zielstrebige Rückkehr zum wartenden Führer.

In dieser Phase der Ausbildung darf es keine Mißerfolge beim Apportieren, keinen Abbruch der Suche am Deckungsrand mehr geben. Nur wenn Sie jetzt mit geeigneten Mitteln durchsetzen, daß „Merlin" seine Aufgabe auch ausführt, können Sie einigermaßen sicher sein, daß er später bei der Jagd nicht einfach abbricht, wenn es unbequem wird.

Wie man helfen kann

Zuweilen müssen Jagdhunde vom Standort des Führers am Ufer aus erst

Nach den ersten Schwimmübungen wird im deckungsreichen Gewässer weitergearbeitet.

eine größere offene Wasserfläche überwinden, bevor sie bei der erlegten Ente sind, die in einen Schilfgürtel gefallen ist. In Anlehnung an die Jagdpraxis fordern deshalb auch viele Prüfungsordnungen diese Leistung – mindestens über ca. 30 m (Schrotschußentfernung). Und genau damit scheinen manche Vierbeiner ihre Probleme zu haben. Hilfestellung ist auf zwei Wegen möglich:

- Der bereits beschriebene zügige Übergang von der Arbeit auf Sicht zum Gebrauch der Hundenase bringt schnell die Erkenntnis, daß Erfolgserlebnisse nur in den Deckungszonen der Gewässer zu erwarten sind.
- Wenn nun die Breite der zu überwindenden offenen Wasserfläche allmählich gesteigert wird, wachsen Leistungsbereitschaft und -vermögen im gewünschten Maß und bringen Zufriedenheit für Hund und Führer.

Derart vorbereitete Vierbeiner haben auch wenig Schwierigkeiten mit der

Aufgabe „Stöbern ohne Ente in deckungsreichem Gewässer", sie wissen, daß sie auf das Kommando „Voran!" das Wasser annehmen und in die gezeigte Richtung schwimmen müssen. Ein Deckungsstreifen ist für sie (wegen früherer Erfolgserlebnisse) automatisch Anlaß für eine etwas genauere „Überprüfung vor Ort". Wenn einmal keine Beute zu finden ist, lassen sie sich vom Führer auch wieder zurückpfeifen – sein Lob muß dann als Belohnung für diesen Wassereinsatz ausreichen.

Gewußt wie

Zwischendurch einige gutgemeinte methodische Hinweise:

- Gerade bei der Wasserjagd sind wir Jäger auf Passion und Zuverlässigkeit unserer Hunde angewiesen. Das nötige Vertrauen in die Leistungsfähigkeit muß durch gemeinsame Erfolgserlebnisse wachsen. Anschließend sollte der Vierbeiner aber auch weitgehend selbständig und in Ruhe arbeiten dürfen – und nicht durch ständiges Rufen und Pfeifen gestört werden.
- Wasserarbeit unter jagdnahen Bedingungen ist für unsere Hunde eine ernstzunehmende körperliche Herausforderung. Deshalb gilt gerade hier „Weniger ist mehr" – lieber nach zwei erfolgreichen Übungsdurchgängen für den Tag zufrieden aufhören, als durch ständige Wiederholungen die Gefahr von Mißerfolgen heraufbeschwören.
- Hunde arbeiten im Wasser um so besser, je mehr Spaß sie dort hatten.

Also Übungspausen mit „freiem Planschen" (wenn gewünscht) berücksichtigen. Oder noch besser: Gemeinsame Wasserspiele von Führer und Hund!

- Fließende Gewässer haben ihre Besonderheiten. Deshalb sollte die Einarbeitung des Junghundes möglichst in Teichen oder Seen erfolgen. Wenn die notwendige Sicherheit gegeben ist, steht natürlich einer Begegnung mit den Herausforderungen der Strömung nichts im Wege.
- Bevor unsere Jagdhelfer mit einer Wildart im Wasser konfrontiert werden, müssen sie diese an Land zuverlässig apportieren – die erste Begegnung mit einer toten Wildente darf nicht mitten in einem Schilfdickicht stattfinden!
- Führen durch Zeichen: Hand- und Armbewegungen des Jägers sind hervorragende Zeichen der Körpersprache, um den Hund im Wasser in alle Richtungen zu dirigieren. Dies kann z. B. hilfreich sein, wenn es darum geht, den Vierbeiner in den Bereich der Beutewitterung zu lenken. Aber auch dies muß an Land geübt werden, wenn es im Wasser klappen soll. Nach links laufen und „Handzeichen" geben, nach rechts etc. – so folgt „Arco" den Bewegungen des Führers und lernt, was dieser mit seiner Gestik ausdrücken will.
- Wenn Handzeichen nicht ausreichen, um den Hund zu lenken, kann auch das Platschen eines Steinwurfs die gewünschte Richtung anzeigen. Sogar ein Richtungsschuß auf das Wasser ist möglich, um den Vierbeiner

unter „guten Wind" zu bringen. Dies sind allerdings echte Hilfen für den Notfall (wenn sonst gar nichts mehr geht), bei den Prüfungen werden sie mit deutlichem Punktabzug geahndet.

Sicherheitsbewußtsein erhält Leistungsvermögen

Zum Abschluß noch einige Sicherheitshinweise für das Wohlbefinden Ihres Hundes: Vor jeder Arbeit am Wasser ist die Halsung abzunehmen, um ein Hängenbleiben im Ufergestrüpp oder an Ästen im Teich zu vermeiden. Vermeiden sollten Sie auch den schwungvollen Hechtsprung Ihres Zöglings in das kühle Naß. Wer einmal einen Hund nach einem solchen Sprung in ein Unterwasser-Hindernis (z. B. abgebrochene Äste, Pfähle, Sperrmüll, Stacheldraht) gesehen hat, wird seinem Vierbeiner die negativen Folgen ersparen wollen. Statt dessen wartet „Elsa" am Ufer sitzend, bis das Handzeichen des Führers den Weg weist und gleitet dann ins Wasser.

Nach dem Einstieg und erfolgreicher Arbeit soll unser Jagdhund auch wieder sicher aussteigen können. Dazu braucht er eine möglichst flache Uferböschung. Senkrechte Spundwände eines Kanals können einem Todesurteil gleichkommen. Hier hilft notfalls nur die rettende Hand des Führers.

Bedenken Sie, daß Wasserarbeit bei niedrigen Temperaturen die Gesundheit Ihres vierbeinigen Jagdhelfers ernsthaft beeinträchtigen kann. Die Folgen zeigen sich häufig erst nach einigen Jahren. Deshalb gilt es, sorgfältig abzuwägen, wann der Hund überhaupt noch ins Wasser geschickt wird. Wenn ein Nachbar-Jäger bei Minusgraden unbedingt Enten so schießen muß, daß diese in die Weser fallen, mag er sich vielleicht selbst entkleiden und sie schwimmend bergen – zuweilen gibt das ein ganz neues Verständis für jagdliche Zweckmäßigkeiten. In jedem Fall sollte bei kühleren Temperaturen der Hunde-Einsatz so koordiniert werden, daß es einmal zum Ende der Jagd ins Wasser geht und nicht von der ersten bis zur letzten Stunde mit zwischenzeitlichen Wartezeiten im kalten Wind.

So ist es richtig: Nach Verlassen des Wassers direkt zum Führer, hinsetzen, Beute abliefern – erst dann kräftig schütteln.

Jeder Vierbeiner wird sich an Land das Wasser aus dem Fell schütteln. Damit ist das Deckhaar noch feucht, die empfindliche Haut aber möglicherweise durch eine dicke Unterwolle (z. B. Retriever oder Deutsch Langhaar) vor Nässe und Kälte gut geschützt. In diesem Fall ist Abtrocknen durch den Führer eher schädlich, denn die Feuchtigkeit wird dabei höchstens in das Fell gerieben. Ist Ihr Hund dagegen „naß bis auf die Haut", hilft nur noch das im Jägerrucksack mitgeführte Handtuch und die Gelegenheit, sich anschließend warmzulaufen.

Wer das für Verweichlichung hält, sollte das Problem auch einmal betriebswirtschaftlich betrachten: Fehlende Rücksicht auf die Bedürfnisse des Hundes und dessen Gesundheit führt zum vorzeitigen Ausfall unseres Jagdhelfers, vermeidbaren Kosten für den Tierarzt und möglicherweise zur Anschaffung eines Nachfolgers – soll das etwa ein Zeichen von Klugheit oder Verantwortungsbewußtsein gegenüber der Kreatur sein?

Darauf sollten Sie achten:

- Schußfestigkeit, zuverlässiges Apportieren und Gewöhnungsübungen als Voraussetzungen für gezielte Wasserarbeit.
- Wassergewöhnung mit dem Führer, einem erfahrenen Hund oder über Apportierübungen.
- Einarbeitung für die Jagd geht nicht am Baggersee.
- Von der Arbeit auf Sicht zur gewünschten Nasenleistung.
- Erfolgserlebnisse für den Hund nur bei selbständiger Arbeit in der Deckungszone.
- Erst muß der Führer das Wild bekommen, dann darf der Hund sich schütteln.
- Als Führer an Sicherheit und Gesundheit des Vierbeiners denken!

Lebende Ente – jagdnahe Ausbildung

Der Grund für die Verwendung lebender Enten bei Ausbildung und Prüfung von Jagdhunden ist eindeutig: Nur Enten verhalten sich wie Enten! Sie schwimmen, tauchen, locken den verfolgenden Hund auf das offene Wasser und wieder in die Deckung – ihr natürliches Verhalten kann von totem Wild oder irgendwelchen „Attrappen mit Hilfsmotor" nicht wirkungsvoll nachgeahmt werden. Dieses wirklichkeitsnahe Training unserer vierbeinigen Jagdhelfer ist aber wichtige Voraussetzung für einen erfolgreichen und tierschutzgerechten Jagdeinsatz: Krankgeschossene Enten verschwinden in der Deckung des Schilfwassers, nur umfassend ausgebildete Jagdhunde können sie dort aufspüren und dem Jäger bringen, der sie von ihren Leiden erlöst.

Widersprüche

Aus jagdlich-fachlicher Sicht gibt es deshalb keinen Zweifel: Ein klares „Ja!" zur Einarbeitung der Junghunde an der lebenden Ente! Je kontrollierter die Trainings- und Prüfungsbedingungen dabei sind, um so besser. Deshalb hat der Jagdgebrauchshundverband (JGHV) in seiner Verbandsprüfungsordnung „Wasser" eindeutige Vorgaben formuliert, die von allen Einzelmitgliedern und Vereinen strikt zu befolgen sind.

Ein ebenso deutliches „Nein!" ertönt dagegen aus verschiedenen Tierschutzorganisationen. Dies wird begründet mit der Ablehnung der Jagd überhaupt, tierschutzwidrigen Manipulationen an der Ente, hohem Streß für diese sowie besser geeigneten sogenannten „Alternativmethoden" – allerdings wurden letztere bisher weder überzeugend vorgestellt noch in der Praxis erprobt.

Genaue Kenntnis und Beachtung von Rechtslage und Prüfungsordnung ist unverzichtbare Voraussetzung für die Einarbeitung der Hunde an der lebenden Ente.

Unterschiede von Land zu Land

Angesichts dieser widersprüchlichen Auffassungen war es nur eine Frage der Zeit, bis sich Politiker und Juristen der angesprochenen Problematik zuwenden würden. Der offene „Streit um die Ente" dauert inzwischen fast zehn Jahre an und ist bundesweit immer noch nicht endgülig geklärt, hier einige Beispiele für unterschiedliche Rechtsauffassungen:

- In verschiedenen Ländern gibt es ministerielle Verbote, die „künstlich flugunfähig gemachte lebende Ente bei der Ausbildung und Prüfung von Jagdgebrauchshunden" zu verwenden (z. B. Hessen, Schleswig-Holstein).

Wer das dennoch tut, muß sich bei einer eventuellen Anzeige mit dem Vorwurf auseinandersetzen, eindeutig wider besseres Wissen gegen das Tierschutzgesetz verstoßen zu haben. Ein solches Verfahren muß nicht zwingend mit einer Verurteilung enden, gerade das aktuelle Urteil des OVG Münster (s. u.) liefert gute Argumente für eine Verteidigungsstrategie. Aber über das Risiko sollte sich der Hundeführer vorher im klaren sein…

- In Baden-Württemberg, Niedersachsen, Thüringen und Nordrhein-Westfalen sind entsprechende Arbeiten nur erlaubt, wenn die besonderen Vereinbarungen zwischen den Länder-Ministerien, den Landesjagdverbänden und dem JGHV beachtet werden.
- In Brandenburg, Mecklenburg-Vorpommern, Sachsen und Sachsen-An-

halt wird ausschließlich nach der Ordnung des JGHV ausgebildet und geprüft, gleichartige Regelungen gelten auch (noch) für Bayern.

Diese Übersicht erhebt keinen Anspruch auf Vollständigkeit, sie kann auch nicht unbegrenzt gültig bleiben. Es wird aber deutlich, daß es hier bei der Führung von Jagdhunden von Land zu Land erhebliche Unterschiede gibt. So ist denn leider keine einheitliche Aussage für ganz Deutschland möglich, die gültige Regelung für Ihr Bundesland wird Ihnen aber Ihr Landesjagdverband auf Anfrage gern mitteilen.

Aktuelle Urteile

Gleichermaßen unterschiedlich ist die Rechtsprechung: Amtsgerichte, Verwaltungsgerichte, Oberverwaltungsgerichte und ein Oberlandesgericht haben sich der „lebenden Ente" mit ganz unterschiedlichen Ergebnissen gewidmet. Natürlich spielen dabei die besonderen Umstände des Einzelfalles immer eine bedeutsame Rolle. Für den Normalbürger bleibt dennoch verwunderlich, wie zwei Gerichte bei ein und demselben Sachverhalt zu grundsätzlich verschiedenen Bewertungen kommen können.

Folgende Urteile sind derzeit von besonderer Bedeutung:

- Oberlandesgericht Celle (12.10.1993) Feststellung, daß der Angeklagte (Prüfungsleiter bei HZP und VGP „mit lebender Ente") sich aus keinem ersichtlichen Grund einer strafbaren

Handlung oder Ordnungswidrigkeit schuldig gemacht habe.

Die Konsequenzen in Niedersachsen: Aufhebung des Verbots der Arbeit an der lebenden Ente, Abschluß einer Vereinbarung zwischen dem zuständigen Ministerium und dem JGHV, Herbstprüfungen ab 1994 „mit Ente", Aufnahme des Fachs „Stöbern mit Ente" in die Brauchbarkeitsprüfung ab 1997.

● Schleswig-Holsteinisches Oberverwaltungsgericht (17.03.1998)
Entscheidung, daß bei der Arbeit des Hundes hinter der lebenden Ente gem. Prüfungsordnung des JGHV ein Verstoß gegen § 3 Nr. 8 des Tierschutzgesetzes vorliege.

Gegen dieses Urteil ist die Revision zum Bundesverwaltungsgericht (Berlin) zugelassen worden, die inzwischen aus rein formalen Gründen verworfen wurde. Ob und wann im hohen Norden ein neuer Anlauf für eine höchstrichterliche Klärung unternommen wird, bleibt abzuwarten.

● Oberverwaltungsgericht für das Land Nordrhein-Westfalen, Münster (30.07.1998)
Entscheidung, daß bei der Ausbildung und Prüfung „mit Ente" zwar ein „Hetzen" im Sinne des Tierschutzgesetzes vorliege, dieses aber durch die „Jagdklausel" des Gesetzes gedeckt sei. Bei entsprechenden Arbeiten liege damit kein Verstoß gegen tierschutzrechtliche Bestimmungen vor. Bedeutsam ist außerdem die Feststellung, daß die Prüfung hinter der lebenden Ente erforderlich sei,

um die Brauchbarkeit von Hunden für die Jagd auf Wasserwild festzustellen.

Die Konsequenzen in NRW: Aufhebung des ministeriellen Verbots von 1992, Abschluß einer Vereinbarung zwischen Umweltministerium, JGHV, Jagdkynologischer Arbeitsgemeinschaft NRW und Landesjagdverband sowie Ausbildung und Prüfung „mit Ente" auf dieser Basis. Dies gilt ab 2000 auch für die Brauchbarkeitsprüfung.

Diese Einleitung war umfangreich – auf den ersten Blick fast zu lang für eine rein fachliche Darstellung, „wie" unsere Jagdhunde denn an der lebenden Ente eingearbeitet werden sollen. Und dennoch: Das Thema ist jagdpolitisch brisant, zahlreiche kritische (und „superkritische") Blicke sind auf uns gerichtet. Deshalb muß man gerade hier das gesellschaftspolitische Umfeld der rein handwerklichen Arbeit kennen und berücksichtigen.

Verbandsprüfungsordnung „Wasser"

Die Verbandsprüfungsordnung „Wasser" ist inzwischen Bestandteil der einschlägigen JGHV-Prüfungsordnungen, z. B. für HZP, VGP und VPS. Auch die Zuchtverbände berücksichtigen diese Vorgaben, soweit zutreffend, in ihren Spezial-Prüfungen. Gibt es in einzelnen Ländern weitergehende Vereinbarungen (z. B. Niedersachsen, NRW), sind natürlich auch diese Sondervorschriften zu beachten. Dabei ist es ausgesprochen erfreulich, daß bei den nordrhein-

westfälischen Regelungen auf eine Anhäufung bürokratischer Details verzichtet wurde. Die Vereinbarung berücksichtigt alle wichtigen rechtlichen und politischen Gesichtspunkte – und sie ist mit vertretbarem Aufwand in der Praxis anzuwenden.

Die folgende Darstellung bezieht sich auf die allgemein gültigen Aussagen des JGHV zum Einsatz von lebenden Enten. Sie müssen bei allen Prüfungen, aber auch bei allen Wasserübungstagen der Mitgliedsvereine, befolgt werden. Natürlich gelten sie inhaltlich auch für jeden einzelnen Hundeführer, unabhängig von seiner Vereinszugehörigkeit. Danach ist es Ziel der Wasserarbeit,

Wer kontrolliert hier wen? Offensichtlich hat die Ente trotz ihrer Flugbehinderung „alles im Griff", sowohl über…

- den Jagdhund vor allem auf die Nachsuche von Wasserwild vorzubereiten,
- das Ergebnis durch die Prüfung zu beweisen und
- die gezeigte Leistung für die Zucht zu dokumentieren.

Um sich diesem Ziel zu nähern, ist zunächst ein geeignetes Gewässer erforderlich: Mindestens 2.500 qm Wasserfläche muß es aufweisen, eine Tiefe bzw. Breite von stellenweise sechs Metern haben, den Hund auf Grund der Wassertiefe zum Schwimmen zwingen und eine Deckung von ca. 500 qm aufweisen – so kann die Ente ihre Fluchtmöglichkeiten effektiv nutzen.

Für die Wasserarbeit werden nur voll ausgewachsene Stockenten verwendet. Das können Wildfänge oder Zuchtenten sein. Sie müssen schon während ihrer Aufzucht und Haltung mit Wasser

und Deckung vertraut sein. Damit scheiden Exemplare für unsere Zwecke aus, die sich bisher nur im Dutzend eine „Wasserpfütze" in der Entenweide teilen durften. Ihr Verhalten unterscheidet sich dermaßen stark von dem wirklich „wilder Verwandten", daß sie für ein jagdnahes Training unserer Vierbeiner nicht zu gebrauchen sind. Alle Enten müssen bis kurz vor der Arbeit Gelegenheit haben, ihr Gefieder zu fetten. Nur so ist auch ihre volle Schwimmfähigkeit gesichert, ein „Wegsacken" im Wasser ausgeschlossen.

Aus verständlichen Gründen darf Wasserarbeit mit lebenden Enten nur außerhalb der Brutzeit geübt und geprüft werden. Auch Hundeführer haben kein Interesse daran, daß die Stockentenmutter auf dem Gelege gegriffen wird und der Nachwuchs verloren geht. Für Ausbildung und Prüfung werden nur Hunde zugelassen, deren

114

Führer einen gültigen Jagdschein besitzen. Ausnahmen aus besonderen jagdlichen oder züchterischen Gründen sind möglich. Damit erhält auch der angehende Jungjäger seine Chance zur Präsentation, dessen Vater zwei Tage vor der Prüfung mit gebrochenem Bein ins Krankenhaus mußte.

Vor Beginn der Arbeit muß ein geprüfter, jagderfahrener Hund bereitstehen. Dieser wird gegebenenfalls zur Nachsuche eingesetzt, falls der „Nachwuchs" einmal überfordert sein sollte. Im übrigen darf die Arbeit mit der Ente erst dann durchgeführt werden, wenn der Vierbeiner seine Schußfestigkeit am Wasser sowie sicheres Verlorensuchen und -bringen aus der Deckung an einer toten Ente unter Beweis gestellt hat. Wie das geht, haben Sie bereits im Kapitel „Am Wasser scheiden sich die Geister" erfahren. Diese Reihenfolge ist sinnvoll, weil sie den Erfordernissen der Jagdpraxis entspricht:

- Jagdhunde dürfen sich (auch im Wasser) nicht durch Schüsse von ihrer Arbeit abhalten lassen – oder möchten Sie das erlegte Wild selbst aus dem kühlen Naß bergen?
- Erlegte Enten, die in eine Deckung gefallen sind, muß Ihr Jagdhelfer mit Naseneinsatz selbständig finden und bringen – in der Dunkelheit nach dem Entenstrich können Sie ihm auch kaum noch helfen.

Keine Sichthetze!

Zuweilen wird die Ansicht vertreten, am Beginn der Wasserarbeit für Junghunde solle eine Sichthetze hinter der lebenden Ente stehen, „um die Wasserfreude zu wecken". Dabei wird übersehen, daß Wasserfreude eine angewölfte Eigenschaft ist, die lediglich durch geeignete Maßnahmen gefördert werden sollte. Dafür wird aber keine lebende Ente benötigt. Reine Sichthetzen sind jedenfalls schon aus jagdlichen Gründen unzweckmäßig: Zu schnell könnte der Hund verknüpfen „Ente weg – Arbeit beendet" – damit hätte der Führer wiederum selbst die Gelegenheit, im dichten Schilf nach seiner Beute zu suchen.

Papiermanschette

Welch ein Aufwand, bevor die erste Ente „zu Wasser" gelassen werden kann! Und dennoch fordern die Achtung vor der lebenden Kreatur und die

…als auch unter Wasser. Hier konnte die Ente zunächst nicht erlegt werden, weil sie wegtauchte.

besondere Bedeutung dieses Teils der Ausbildung von Jagdhunden, daß alle beschriebenen Vorgaben sorgfältig beachtet werden. Anschließend wird die Flugfähigkeit der Ente für kurze Zeit durch eine Papiermanschette über einzelnen Schwungfedern einer Schwinge eingeschränkt. Wie das gemacht wird, erfahren Sie bei einem Übungstag Ihres Vereins oder im Gespräch mit einem Verbandsrichter des JGHV. Mit der Manschette kann die Ente uneingeschränkt schwimmen, tauchen, flattern – nur nicht wegfliegen. Allerdings hält das Papier im Wasser regelmäßig kaum länger als eine Viertelstunde. Dann fällt der aufgeweichte Streifen ab, die Ente ist völlig frei. Wird sie bis zu diesem Zeitpunkt nicht erlegt, verabschiedet sie sich meist fröhlich quakend von Hund und Führer – die dem abstreichenden Vogel nur noch verblüfft nachschauen können.

Stöbern mit Ente

Zuvor aber soll Ihr Jagdhelfer seine Leistungsfähigkeit beim „Stöbern mit Ente im deckungsreichen Gewässer" unter Beweis stellen. Dazu wird die Ente (mit Manschette) in der Deckung ausgesetzt, ohne daß ein Anschuß markiert wird. Das können Sie während der Ausbildung selber machen oder auch durch einen Helfer erledigen lassen. Bei der Prüfung übernimmt regelmäßig einer der Richter diese Aufgabe. Die Vorbereitungen darf der Hund nicht eräugen. Anschließend gehen Sie mit Ihrem Lehrling zu einer Stelle in Schrotschußentfernung (ca. 30 m) vom Aussetzort.

Ist die Ente in der Zwischenzeit in Ihre Richtung geschwommen, gilt die Entfernung natürlich bis zum Aufenthaltsort des Tieres. An dieser Stelle wird der Hund zur Nachsuche aufgefordert.

Bei der ersten Arbeit ist es sicherlich hilfreich, wenn Ihr Vierbeiner „in den Wind" suchen kann. So findet er schnell Anschluß an die Entenwitterung und wird zur Verfolgung angespornt. Mit zunehmender Erfahrung wird er lernen, Deckungsbereiche (dort versteckt sich die Ente regelmäßig) bei „schlechtem Wind" zu umschlagen, um dann wieder mit guter Witterung arbeiten zu können. Sie sehen: Nasenleistung ist bei jeder Variante gefordert!

Führer unterstützt

Der Hund soll die Ente, die sich regelmäßig irgendwo in der Deckung versteckt, selbständig suchen und finden. Als Führer dürfen Sie ihn bei der Arbeit lenken und unterstützen. Damit sind einzelne Kommandos, Handzeichen nach links/rechts oder auch ein anspornender Zuruf gemeint. Steinwürfe oder gar Richtungsschüsse sollten wirklich nur ganz am Anfang der Ausbildung nötig sein. Aber Vorsicht: Wirken Sie nur dann ein, wenn Sie genau wissen, wo die Beute ist! Schon mancher Vierbeiner wurde von seinem Menschen an den weit entfernten Schilfrand geschickt, weil dieser einen springenden Fisch mit einem Flügelschlag der Ente verwechselte. Gerade am Wasser gilt die alte Regel, daß der Hund (im Prinzip) immer recht hat. Das kann man als Führer um so leichter akzeptieren, wenn durch sorgfältige und erfolgreiche Vorbereitung die Zuverlässigkeit des Vierbeiners gezielt entwickelt und das Vertrauen des Zweibeiners dementsprechend gefördert wurde.

Sicherheitsaspekte

Sobald der Hund die Ente aus der Deckung drückt und sichtig verfolgt, ist sie möglichst vom Führer zu erlegen. Natürlich wird die Flinte dazu mit Nicht-Blei-Schroten geladen (wie zwischen dem Bundes-Landwirtschaftsministerium und dem Deutschen Jagdschutz-Verband vereinbart). Denken Sie auch bei eventuell einsetzendem „Jagdfieber" an folgende Sicherheitsaspekte:

- Paßt die Entfernung? Ihr Schrotschuß soll die Arbeit Ihres Vierbeiners erfolgreich beenden. Das wird kaum möglich sein, wenn die Ente krankgeschossen wird und erneut im Schilf verschwindet.
- Haben Sie einen ausreichenden „Kugelfang"? Beim Schuß auf das Wasser hat die Schrotgarbe eine ganz besondere Ausbreitungscharakteristik, auch Abpraller müssen berücksichtigt werden. Schießen Sie nur, wenn weder Zuschauer noch Kühe auf der Nachbarwiese oder geparkte Autos Schaden nehmen können.
- Auf keinen Fall darf Ihr Jagdhelfer durch den Schuß gefährdet werden! Dieses Risiko kann durch Richtungsänderung von Ente und/oder Hund schnell entstehen und muß ausgeschlossen sein, bevor Sie den Finger krümmen.

Der sichere Griff könnte noch verbessert werden, ansonsten war die Wasserarbeit dieses Deutsch Langhaar schon recht erfolgreich. Der geprüfte und jagderfahrene „Reserve-Hund" ist zufrieden.

Selbständiges Bringen

Ich hoffe mit Ihnen, daß Ihr erster Schuß ein Treffer war: Dann dümpelt die tote Ente auf dem Wasser. Von Ihrem Vierbeiner wird erwartet, daß er diese selbständig (ohne Führereinwirkung) bringt. Zögert er bei der ersten Übung, werden Sie ihn natürlich anspornen – der Ausbildungserfolg zählt! In der Folge muß sich allerdings die gewünschte Selbständigkeit einstellen, dies sollte bei sorgfältiger Apportierausbildung an Land kein Problem sein.

Die Übungs- oder Prüfungzeit an einer Ente darf 15 Minuten nicht überschreiten. Was ist also zu tun, wenn diese bis dahin die Deckung nicht verlassen hat? Beim Training plazieren Sie möglichst unauffällig eine vorsorglich bereitgehaltene tote Ente am Deckungsrand, auf die Ihr Vierbeiner bei seiner Suche „zufällig" stößt. Auch jetzt simuliert Ihr Schrotschuß das gewünschte Ende der Wasserjagd – und Ihr Lehrling hat sein persönliches Erfolgserlebnis. Jetzt wünschen Sie sich nur noch, daß „Ben" nach erfolgreicher Arbeit im Wasser mit Ente zu Ihnen kommt, sich ruhig setzt und die Beute (gegen Belohnung) abliefert. Während der Prüfung sollte eine Viertelstunde Wasserarbeit für die Richtergruppe ausreichen, um sich ein Urteil über die Leistung des Hundes zu bilden. Auch bei abstreichender oder weiterhin versteckter Ente wird man Sie deshalb

bitten, das Stöbern zu beenden und Ihren Vierbeiner zurückzupfeifen.

3 + 1 = jagdlich brauchbar

An höchstens drei lebenden Enten dürfen Sie Ihren zukünftigen Jagdhelfer nach den Vorgaben des JGHV einarbeiten. Nach guter Vorbereitung an Land und im Wasser reicht das sicherlich aus. An der vierten Ente erfolgt dann die Prüfung – und für Sie die Bestätigung: Mit diesem Hund kann ich mich den Herausforderungen der Wasserjagd stellen!

Darauf sollten Sie achten:

- Lebende Enten für realistisches Training und Nachweis der jagdlichen Brauchbarkeit.
- Kontrollierte Übungs- und Prüfungsbedingungen nach den Ordnungen des JGHV.
- Unterschiedliche Regelungen von Land zu Land – der LJV gibt Auskunft.
- Das gesellschaftspolitische Umfeld ist wichtig.
- Gewässer: Mindestens 2500 qm Wasserfläche und 500 qm Deckung.
- Nur voll ausgewachsene und uneingeschränkt „taugliche" Stockenten verwenden.
- Wasserarbeit nur außerhalb der Brutzeit und mit Reservehund in Bereitschaft.
- Flugfähigkeit durch Papiermanschette einschränken.
- Erfolg des Hundes durch Nasenleistung.
- Beim Erlegen der Ente an Sicherheitsaspekte denken.
- Höchstens drei Enten für die Einarbeitung und eine für die Prüfung, Arbeitszeit maximal je 15 Minuten.

„Schweißarbeit ist Fleißarbeit!"

Jedem Jäger kann ein Fehlschuß passieren – schlimm, wenn der Hirsch mit zerschossenem Lauf in der Fichtendickung verschwindet. Jeder Autofahrer muß mit dem Risiko leben, daß plötzlich ein Reh auf seiner Motorhaube landet – furchtbar, wenn das klagende Tier mit inneren Verletzungen von der Dunkelheit verschluckt wird.

Jedesmal, wenn das Wild nicht am Anschuß liegt (oder das Stück an der Unfallstelle verendet), muß nachgesucht werden. Dazu wird zunächst der erfahrene Jäger gebraucht. Er wird aus den (hoffentlich vorhandenen) Pirschzeichen schließen, um welche Art von Verletzung es sich handelt und danach entscheiden, wie die Nachsuche organisiert wird. Findet er z. B. Zähne (evtl. Äserschuß) oder Splitter von Röhrenknochen (möglicherweise Laufschuß), dann dürfen nur Führer und Hunde mit höchster fachlicher Qualifikation und großer Erfahrung zum Einsatz kommen. Diese Gespanne sind regelmäßig auf den anerkannten Schweißhundstationen zu finden.

Die sorgfältige Untersuchung der Pirschzeichen am Anschuß stimmt das Gespann auf die folgende Arbeit ein.

„Spezialist" oder „Allrounder"?

Zum Glück gibt es in unseren Revieren weit mehr gute Treffer als Krankschüsse. Aber auch bei reichlich hellrotschaumigem Lungenschweiß am Anschuß kann der tödlich getroffene Frischling mit der Rotte noch 50 m geflüchtet sein – bis die nächste Brombeerdickung ihn verschluckt. Dies ist die Stunde von Teckel, Wachtel und Weimaraner: Auch die vielseitig begabten

Jagdgebrauchshunde können auf der Rotfährte durchaus brauchbare Leistungen zeigen und den Jäger nach kurzer Riemenarbeit zum erlegten Stück führen.

Lassen also die Zeichen am Anschuß mit Sicherheit eine Totsuche erwarten, sollte sinnvollerweise der für diese Arbeit qualifizierte Jagdgebrauchshund zum Einsatz kommen. Er steht der Jägerschaft in genügend großer Zahl zur Verfügung. Seine Arbeit entlastet auch die Spezialistengespanne der Schweißhundstationen und setzt diese für die wirklich schwierigen Nachsuchen frei.

Gesetzliche Forderungen

So ergibt sich flächendeckend eine sinnvolle und notwendige Ergänzung in der Arbeit von Jagdgebrauchshunden mit (einfacher) Nachsuchenbefähigung und spezialisierten Schweißhunden – vorausgesetzt, der Jäger handelt nach dem Schuß auf Hirsch oder Reh verantwortungsbewußt und waidgerecht. Dann wird auch nicht durch unerfahrene Menschen und ebensolche Hunde am Anschuß „herumprobiert", der Vierbeiner irgendwann zur „freien Suche" von der Leine gelassen und das Leiden des krankgeschossenen Wildes unnötig verlängert.

Natürlich muß auch der vielseitig veranlagte Vorstehhund auf seine Aufgabe vorbereitet werden. Seine Qualifikation stellt er auf einer Prüfung unter Beweis, damit er als „jagdlich brauchbar" gilt und die Mindestforderungen der Landesjagdgesetze erfüllt.

Dieses Kapitel befaßt sich mit der Ausbildung des jungen Jagdgebrauchshundes für die Riemenarbeit und der Vorbereitung auf die ersten Prüfungen. Die drei anerkannten Schweißhundrassen (Hannoverscher Schweißhund, Bayerischer Gebirgsschweißhund und Alpenländische Dachsbracke) und die Besonderheiten bei ihrer „Spezialausbildung" bleiben hier unberücksichtigt.

Vorbereitung im Welpenalter

Im Grundsatz geht es bei der Nachsuche darum, daß der Jagdhund eine bestimmte (Krank-) Fährte anfällt, durch richtigen Gebrauch seiner Nase die Verbindung zu dieser hält und den am Schweißriemen folgenden Jäger zum Stück führt. Dabei soll er sich durch Verleitungen (z. B. die kreuzende Fährte anderen Wildes oder während der Nachsuche plötzlich aufstehende Stücke) nicht von der Fortsetzung der ihm zugewiesenen Arbeit abhalten lassen. Auf diese Weise kommt er bei der Totsuche regelmäßig zum Erfolg, nämlich zum zwischenzeitlich verendeten Stück.

Die Vorbereitung auf diese ausdauernde Verfolgung der einmal zugewiesenen Duftspur beginnt bereits im Welpenalter: Wenn der hungrige Vierbeiner der Witterung der Futterschleppe folgt und am Ende die gefüllte Schale findet, hat er eine eindrucksvolle Bestätigung dafür bekommen, daß beharrlicher Naseneinsatz zu einem ganz wunderbaren Erfolgserlebnis führt. Die Fortsetzung auf der Lungenschleppe endet vielleicht schon an Reh oder Sau (auch Decke oder Schwarte als Attrappe tun ihren Dienst) – die Überleitung zur Jagdpraxis hat begonnen! Natürlich muß auch in diesem Fall die positive Bestätigung für erfolgreiche Arbeit folgen, mit viel Lob und Futterbrocken hat der einfühlsame Führer manche Gestaltungsmöglichkeit.

Die beschriebene Einstimmung des Junghundes auf zielstrebigen Naseneinsatz erfolgt zweckmäßigerweise zunächst dort, wo es bewachsenen Boden und möglichst keine Verleitungen gibt. Natürlich werden die Schleppen an aufeinanderfolgenden Tagen an verschiedenen Stellen gelegt (am besten mindestens 250 m voneinander entfernt), damit der Lehrling bei seiner Arbeit nicht durch Restwitterung vom Vortag gestört wird. Bei dieser Methode weiß der Vierbeiner schon nach wenigen Wochen, daß nach dem „Anschußritual" (der intensiven Untersuchung der „Schußzeichen" durch den Führer am Beginn der Schleppe) die Arbeit am langen Schweißriemen und schließlich das lustbetonte Erleben am gefundenen Stück oder der Attrappe folgt.

Auf der Übungsfährte gefunden – jetzt darf er zur Belohnung die Sauschwarte „in Besitz nehmen".

Kunstfährten

Für die Herstellung der nun folgenden Kunstfährten sind einige Vorbereitungen erforderlich: Krankgeschossenes Schalenwild flüchtet regelmäßig in die nächste Deckung, bei Prüfungen werden die künstlichen Fährten meist im Wald gelegt – also müssen passende Revierteile her. Wer im eigenen Jagdbezirk nur über wenig Wald und Buschland verfügt, sollte sich frühzeitig anderweitig (z. B. beim örtlich zuständigen Forstamt) um genügend große geeignete Flächen kümmern. Nur so können die Übungsfährten immer wieder an verschiedenen Orten und mit unterschiedlichem Verlauf präpariert werden. Dies zwingt auch den Hund zu konzentrierter Suche. Gleichzeitig wird die Arbeit auf nur wenigen „Standardfährten" verhindert, bei denen „Arco" schon vom Anschuß aus auf direktem

Weg im flotten Trab zum immer gleichen Endpunkt strebt.

Wildschweiß oder Rinderblut?

Ist die Revierfrage geklärt, muß der „ganz besondere Saft" besorgt werden: Bei den Prüfungen wird regelmäßig ein Viertelliter Schweiß auf der Kunstfährte ausgebracht, also muß für das Training ein Vielfaches davon her. Wer keinen Zugriff auf diese Mengen Wildschweiß hat, kann möglicherweise beim örtlichen Schlachthof eimerweise Rinderblut erhalten – damit geht es am Anfang auch. Schweiß oder Blut werden portionsweise (jeweils 250 ml) eingefroren und können dann ganz nach Bedarf aufgetaut und verwendet werden. Auch Innereien vom Wild für Anschuß, Wundbetten und Verweiserpunkte werden benötigt, sie finden ihren Weg in das Revier meist ebenso über den Gefrierschrank.

A propos Gefrierschrank: Natürlich kann man Schweiß, Blut und Innereien hygienisch einwandfrei verpacken und eine Schublade unter Steaks und Tiefkühlgemüse in der häuslichen Küche lagern. Vernünftigerweise sollte darüber vor dem ersten Gefriergang in der Familie Einigung erzielt worden sein. Gelingt das nicht, ist für den passionierten Ausbilder die Anschaffung eines eigenen Gerätes für die „Hundespezialitäten" unausweichlich. Vielleicht ist das ohnehin die beste Lösung: So gibt es auch keine Sorgen wegen der Aufbewahrung von Tauben, Fasanen, Kaninchen und Füchsen für die Schleppenarbeit.

Tropf- und Tupf-Verfahren

Die „klassischen" Varianten für die Herstellung der Kunstfährten sind das Tropf- (Spritz-) und Tupf-Verfahren. Für getropfte (gespritzte) Fährten wird der Schweiß (das Blut) meist in Flaschen aus Kunststoff mitgeführt. Die Öffnung wird so manipuliert, daß der Inhalt nur in mehr oder weniger großen Tropfen abgegeben werden kann. Diese landen im Revier auf dem Boden, auf Blättern und Grashalmen. Für die feine Hundenase sind sie die Leitlinie vom Start zum Ziel. Die gleiche Leitfunktion hat der auf den Boden getupfte Schweiß. Er wird mit dem Tupfstock ausgebracht, an dessen unterem Ende ein kleines Stück Schaumstoff befestigt ist. In den Eimer mit Schweiß (Blut) getaucht und alle paar Schritte leicht auf den Boden aufgesetzt, hinterläßt auch diese Methode genügend Duftpartikel zur Orientierung des Hundes.

Im übrigen schwebt der Fährtenleger nicht über den Waldboden, sondern hinterläßt dort seine Fußabdrücke. So wird eine weitere Leitlinie für die Hundenase geschaffen. Jeder zertretene Grashalm, jeder zerquetschte Erdkrümel setzt Duftstoffe frei – je stärker die Bodenverwundung, desto intensiver die Orientierungshilfe.

Dieser Grundsatz gilt natürlich auch bei flüchtendem Wild, er ist Basis aller Überlegungen beim Einsatz der Fährtenschuhe. Deren Verwendung ist eine längst anerkannte Technik bei der Einarbeitung von Jagdhunden für die Nachsuche. Dennoch findet sie bei den meisten Brauchbarkeitsprüfungen in

Deutschland, bei VGP und VPS keine Anwendung. Nur aus diesem Grund wird der Fährtenschuh hier nicht näher behandelt.

Spätestens bei der Prüfung auf der Kunstfährte muß der Jagdhund mit Schweißhalsung und Schweißriemen (mindestens sechs Meter lang) vorgestellt werden. Es empfiehlt sich aber, diese Ausrüstung schon zu Beginn der Einarbeitung zu beschaffen. So kann der Lehrling von Anfang an den Komfort der breiten Lederhalsung und die Bewegungsfreiheit von sechs bis neun Metern Leder- oder Kunststoffleine genießen.

Die ersten Fährten

Die ersten Fährten wird der Führer persönlich für seinen Hund vorbereiten: 50–100 m in gerader Linie reichen zunächst aus, später wird bis auf Prüfungslänge (z. B. Brauchbarkeitsprüfung NRW = 300 m, VGP/VPS = 400 m) gesteigert. Dann sind auch noch zwei Haken im Fährtenverlauf als zusätzliche Schwierigkeit zu überwinden. Ein Wundbett (festgetretener Boden, vermehrt Schweiß oder Rißhaar) wird ebenfalls eingefügt.

Der Verlauf der ersten Übungsfährten muß dem Führer genau bekannt sein. Im eigenen Revier kann man sich den mit Spritzflasche oder Tupfstock zurückgelegten Weg sicherlich noch einprägen, im fremden Wald sollte die Strecke vor dem Herstellen der Kunstfährte markiert werden. Das geht mit kleinen Zetteln an den Bäumen genauso gut wie mit Farbmarkierungen.

Allerdings muß bedacht werden, daß auffällige Zeichen auch neugierige Spaziergänger anlocken können. Wenn diese (vielleicht noch mit Hund an der Leine) über die präparierte Fährte gelaufen sind, gibt es kostenfrei die Herausforderung ungeplanter Verleitungen – zu Beginn der Ausbildung ist das eher unzweckmäßig! Das Gebot der Stunde sind also unauffällige Zeichen, die nur der Führer zuverlässig wiederfindet.

Ist der Verlauf der Kunstfährte festgelegt, geht es an die Arbeit: Der Anschuß wird mit etwas Schnitthaar, reichlich Schweiß, evtl. einigen Lungenfetzen und einer Bodenverwundung markiert. So soll auch das Zusammenzucken des Wildes beim Schuß und das daraus resultierende tiefere Eindrücken der Schalen in das Erdreich simuliert werden. Anschließend wird getropft oder getupft und das Wundbett markiert. An das Ende der Fährte kommt die Attrappe – dann beginnt das Warten.

Stehzeit

Zwischen der Herstellung der Fährte und der Arbeit des Hundes muß eine gewisse Zeit verstreichen – die Stehzeit. Je nach Prüfungsordnung liegt sie meist zwischen zwei und fünf Stunden, für Übernachtfährten bei 14 Stunden und mehr. Damit wird der Erkenntnis Rechnung getragen, daß Nachsuchen auf krankgeschossenes Wild am erfolgreichsten sind, wenn dieses unmittelbar nach dem Schuß nicht weiter verfolgt und beunruhigt wird, sondern sich in sein Wundbett zurückziehen kann.

Viele Stücke Schalenwild werden beim Abendansitz (Dämmerung) beschossen. Eine eventuelle komplizierte Nachsuche in die Dunkelheit hinein verbietet sich u. a. aus Gründen des Tierschutzes und der eigenen Sicherheit – man denke nur an die schon totgeglaubte Sau, die plötzlich noch sehr lebendig aus dem Schwarz der Dickung auf Jäger und Hund losgeht!

Die jagdlichen Verhältnisse erfordern also grundsätzlich das Nachsuchengespann, das am nächsten Morgen bei gutem Licht auf der Fährte zuverlässige Arbeit leistet. Aus diesem Grund lassen verschiedene Länder auch nur die erfolgreiche Arbeit auf der Übernachtfährte als Nachweis der jagdlichen Brauchbarkeit gelten (die aktuellen Bestimmungen sind bei den Landesjagdverbänden erhältlich). Dabei hat der Jagdhund regelmäßig wenig Probleme, die Witterung von Schweiß, Lungenstückchen und Bodenverwundung wahrzunehmen. Die Herausforderung liegt eher im Bewältigen der Verleitungen, denn in der Nacht bewegen sich natürlich viel mehr Hasen, Füchse, Hirsche und Rehe im Bereich der Fährte als tagsüber. Bei der Einarbeitung des Junghundes wird die Stehzeit von ein bis zwei Stunden allmählich auf die für die Jagd (und die Prüfung) erforderliche Dauer ausgedehnt.

„Such' verwundt!"

Ist die Wartezeit abgelaufen, geht es an den Anschuß. Die intensive Begutachtung von Schweiß, Schnitthaar, Bodenverwundung etc. durch den Führer soll auch den Vierbeiner auf die folgende Arbeit einstimmen. Kommt er nach Aufforderung näher, darf auch „Derek" sich ein „Bild" machen. Ist Verfolgungsdrang erkennbar, wird er mit „Such' verwundt!" angespornt – die Arbeit am langen Riemen beginnt.

Der Hund soll die Schweißfährte konzentriert und zügig „voranbringen", aber nicht nach vorn stürmen. Ruhe und Beherrschung helfen auch dem Führer. Wird der Riemen locker, hat der Vierbeiner vielleicht ein Stück Innereien gefunden – mit „Halt – laß seh'n" wird die Prüfung der Verweiserpunkte durch den Menschen begleitet. Im Jagdbetrieb können diese winzigen Hinweise wichtige Bestätigung für die Verfolgung der richtigen Fährte sein, das Verweisen des Junghundes sollte deshalb frühzeitig gefördert werden.

Verleitungen

Da der Führer den Verlauf der ersten Übungsfährten genau kennt, kann er auch sofort sehen, wenn sein Lehrling diese verläßt, um einer Verleitung zu folgen. Die meisten Jagdgebrauchshunde haben ihre ganz individuelle Art der Anzeige, daß sie „nicht mehr drauf" sind – der eine näßt am nächsten Baum, der andere sucht plötzlich mit hoher Nase in anderer Richtung. Diese Signale seines Hundes muß der Führer erkennen und in Erinnerung behalten. Sie werden im Laufe der folgenden Arbeiten immer wieder zu beobachten sein und sind bei unbekanntem Fährtenverlauf (Jagd und Prüfung) oft die einzigen Zeichen dafür, daß der richtige Weg verlassen wurde.

Breite Schweißhalsung und langer Schweißriemen: Unverzichtbare Ausrüstungsgegenstände für die Arbeit auf der Kunst- und Naturfährte.

Hat der Vierbeiner sich „verschossen", so läßt man ihn zunächst gewähren – im günstigsten Fall kontrolliert er nur Gesundwitterung und korrigiert selbständig zur zugewiesenen Fährte zurück. Ist das nicht der Fall, greift der Führer ein und bringt den Hund zu einer bestätigten Stelle, z. B. zum letzten Wundbett. Es empfiehlt sich, die Arbeit von dort aus erst nach kurzer Pause fortzusetzen, damit der Lehrling sich wieder sammeln kann. Unterbrechungen während der Nachsuche können ohnehin hilfreich sein: Neben der Fortbewegung im Gelände leistet der Hund durch die intensive Schnüffeltätigkeit schwere körperliche Arbeit. Insbesondere bei sommerlichen Temperaturen und längerer Fährtenarbeit wird der Führer genügend Wasser für seinen Jagdgehilfen (und sich selber) im Rucksack haben und bei passender Gelegenheit für eine Erfrischungs- und Konzentrationspause anhalten.

Erfolg – Ansporn für die Zukunft

Ist das Gespann nach kurzer oder längerer Übungsfährte angekommen, kennt die Begeisterung mit Recht keine Grenzen. Natürlich darf der Hund bei Wild oder Attrappe zupacken (am liebsten mit Drosselgriff), um sein ganz persönliches Erfolgserlebnis zu haben. Manche Vierbeiner befriedigen ihren Beutetrieb auch, indem sie die Rehdecke voller Stolz bis zum Auto zurücktragen – ganz nach dem Motto: „Das gehört jetzt mir!" Auf jeden Fall muß es dem Führer gelingen, den Abschluß der Fährtenarbeit für seinen Lehrling immer wieder interessant zu gestalten.

Nur aus diesem Erfolgserlebnis wächst nämlich die Bereitschaft des Hundes, schon auf der Kunstfährte mit großer Konzentration körperliche Höchstleistungen zu vollbringen.

Prüfungsvorbereitung

Zunehmende Erfahrungen auf den Übungsfährten schweißen Hund und Führer als Gespann zusammen. Nun werden auch Kunstfährten durch einen Helfer vorbereitet, deren Verlauf unbekannt ist – ein völlig neues Gefühl für den Menschen, wenn er seinem Vierbeiner und dessen Fähigkeiten einfach vertrauen muß! Nach und nach werden weitere Schwierigkeiten in den Fährtenverlauf eingebaut, um die Zuverlässigkeit des Lehrlings zu fördern.

Die Vorbereitung des Jagdgebrauchshundes auf Brauchbarkeitsprüfung, VGP oder VPS mit Übernachtfährte sollte ohne Zeitdruck erfolgen. Einige Monate müssen schon eingeplant werden, weil parallel ja auch noch in anderen jagdlichen Fächern ausgebildet wird. Die Bestimmungen für die jeweilige Prüfung enthält die betreffende Prüfungsordnung (erhältlich über JGHV oder Landesjagdverband), die man sich zweckmäßigerweise möglichst frühzeitig zu Gemüte führt.

Minimalforderung

Bei aller Freude über eine bestandene Prüfung darf nicht verkannt werden, daß damit erst eine Mindestvoraussetzung für echte Nachsucheneinsätze erfüllt ist – eine erfolgreich gearbeitete Übernachtfährte mit Richterbegleitung macht noch keinen Schweißhundführer! Mehr als wünschenswert ist das Mitgehen bei einem erfahrenen Nachsuchengespann, um so auch jagdpraktische Erfahrungen zu sammeln. Nach dieser Vorbereitung ergibt sich sicherlich auch die Gelegenheit zur verantwortungsbewußt durchgeführten ersten Totsuche mit dem eigenen Hund. Dazu wünsche ich Ihnen viel Suchenglück!

Darauf sollten Sie achten:

- Schwierige Nachsuchen nur für anerkannte Schweißhundstationen.
- Teckel, Drahthaar und Co. für einfache Totsuchen.
- „Jagdliche Brauchbarkeit" – Forderung des Gesetzes.
- Die Arbeit auf der Kunstfährte muß organisiert werden (Reviere, Schweiß, Tropf- und Tupf-Behälter, Schweißhalsung, Schweißriemen).
- Übungsfährten markieren.
- Stehzeit von zwei bis 14 Stunden oder mehr.
- Verweisen fördern
- Verhalten bei Verleitungen einprägen.
- Erfolgserlebnis als Ansporn für zukünftige Arbeit.
- Eine Prüfungsfährte macht noch keinen Schweißhundführer.

Wer macht meinen Hund „fertig"?

Schon März – und Ihr Hund zeigt noch immer keine Vorstehleistung am Federwild?

Schon Juli – und Ihr Vierbeiner hat immer noch Probleme mit dem Apportieren? Nur noch gut zwei Monate bis zur Brauchbarkeitsprüfung – aber neue berufliche Herausforderungen lassen schon jetzt erkennen, daß kaum noch Zeit für die Vorbereitung des eigenen Vierbeiners bleiben wird?

Keine Zeit, keine Hilfestellung, Unsicherheit bezüglich der zweckmäßigen Ausbildungsverfahren – nachvollziehbare Gründe bei manchem Jagdhundbesitzer, vor den Prüfungen im Frühjahr oder Herbst externe Hilfe in Anspruch zu nehmen. Wer seinen Hund von einem anderen Jäger ausbilden und führen lassen will, sollte diese Entscheidung allerdings so früh wie möglich treffen: Zum einen braucht Ihr Lehrling Zeit, um sich in einer neuen Umgebung einzugewöhnen, zu einem fremden Menschen Vertrauen zu fassen, eventuelle Ausbildungsdefizite aufzuholen und Prüfungsstandard zu erreichen. Zum anderen sind viele (semi-)professionelle Abrichter oftmals frühzeitig im Jahr „ausgebucht" – und für eine „dazwischengeschobene Notlösung" sollte Ihnen Ihr Vierbeiner doch eindeutig zu schade sein.

Der zuverlässige Apporteur als brauchbarer Jagdhelfer – wer dieses Ziel aus eigener Kraft nicht erreichen kann, muß eventuell auf die Hilfe eines erfahrenen Ausbilders zurückgreifen.

Ein Ausbilder wird gesucht

Adressen und Telefonnummern der Profis finden Sie im Anzeigenteil der

Jagdzeitschriften. Vielleicht kennt auch der Obmann für das Jagdgebrauchshundwesen Ihres Hegerings oder der Kreisjägerschaft einen Jäger mit entsprechenden Talenten und Erfahrungen. Wenn Sie sich entschlossen haben,

Für Einarbeitung und Prüfungsvorbereitung muß das passende Revier zur Verfügung stehen – bei Bedarf auch mit dem entsprechenden Übungsgewässer.

die weitere Ausbildung Ihres zukünftigen Jagdhelfers in fremde Hände zu legen, muß zügig der notwendige Kontakt hergestellt werden.

Allerdings darf die gebotene Eile nicht verhindern, daß Sie sich möglichst umfassend über den späteren Hundetrainer und seine Methoden informieren. Am besten geht das in einem persönlichen Gespräch, zu dem Sie sich mit ihm verabreden. Ein kompetenter Ausbilder wird keine Scheu haben, Ihnen seine Zwingeranlage und seine Hunde zu zei-

gen. Deren Können läßt sich am besten bei einem Gang durch sein Revier demonstrieren, wo Sie auch die Übungsflächen für Feld-, Schleppen- und Wasserarbeit kennenlernen können. Zusätzlich vermittelt Ihnen dieser Ausflug auch einen Eindruck von dem (hoffentlich) guten Verhältnis zwischen dem Abrichter und seinen Auszubildenden. Sind Sie bis hierher zufrieden, dann kann ein Gespräch über Hundehaltung im allgemeinen und Ausbildungsverfahren im besonderen den schon gewonnenen positiven Eindruck abrunden. Dabei offenbart Ihr Gesprächspartner möglicherweise Ansichten, die sich deutlich von Ihrer bisherigen Auffassung unterscheiden. Dies kann (muß aber nicht zwingend) ein Grund sein, ihn als Ausbilder für Ihren Vierbeiner abzulehnen: Wenn seine Jagdhunde im Revier dem Ausbildungsstand entsprechende ordentliche Leistungen zeigten und mit hochgestellten Ruten Selbstbewußtsein statt Unterdrückung signalisierten, dann kommt er zumindest mit diesen gut zurecht – warum nicht auch mit Ihrem „Ben"?

Bedenklich wird es dagegen, wenn der Reviergang eine einzige Demonstration „knallharten Durchgreifens" ist. Zuweilen folgt dieser Einleitung noch ein Lobgesang auf Stachelhalsband, Hundepeitsche und „Funkfernsteuerung" als „unverzichtbare Ausbildungshilfen". Vielleicht wird augenzwinkernd sogar die Möglichkeit offeriert, Ihrem Vierbeiner auch noch zum Härtenachweis zu verhelfen. Auch wenn damit weiteres Suchen nach einem geeigneten Ausbildungsplatz verbunden ist: Spätestens jetzt sollten Sie diesen Ort des Grauens verlassen – schließlich möchten Sie Ihren Hund nach Abschluß von Training und Prüfung noch wiedererkennen.

Erfolg gibt's nicht auf Garantie

Es ist Ihr gutes Recht, den Abrichter nach seinen bisherigen Erfolgen zu fragen. Bitte erwarten Sie als Antwort nicht nur die Meldung von Höchstpunktzahlen: Nach den Prüfungsordnungen im Zuständigkeitsbereich des Jagdgebrauchshundverbandes muß es auch weniger gute Jagdhunde und solche mit durchschnittlichen Leistungen geben. Es widerspricht auch aller Lebenserfahrung, daß ein Führer mit vielen verschiedenen Prüflingen ausschließlich erste Preise einheimst. Genausowenig ist es normal, wenn jemand über Jahre hinweg seine Hunde nur am Ende der Leistungsübersicht plazieren kann – eine gesunde Mischung von großen und weniger großen Erfolgen spricht für die Glaubwürdigkeit des Menschen, dem Sie Ihren Vierbeiner anvertrauen wollen. Ein seriöser Ausbilder wird Ihnen auch niemals das Bestehen der zu absolvierenden Prüfung garantieren, schon gar nicht mit einer bestimmten Mindestpunktzahl. Für eine solche Aussage gibt es einfach viel zu viele Risikofaktoren („Suchenglück und Suchenpech"), die von Führern und Richtern beim besten Willen nicht vorhergesehen werden können.

Vielleicht ist es Ihnen bis hierher gelungen, für Ihren Gesprächspartner und sein Umfeld eine gewisse Sympathie zu entwickeln. Dann sind jetzt zwei entscheidende Fragen zu klären:

- Hat Ihr Gegenüber Zeit, Lust und genügend Möglichkeiten, Ihre Ausbildungswünsche zu realisieren?
- Welchen Preis verlangt er dafür und sind Sie bereit, diesen zu akzeptieren?

Präzise Vorgaben machen!

Ausgangspunkt aller weiteren Vereinbarungen sind Ihre Wünsche, die Sie so präzise wie möglich formulieren sollten, beispielsweise:

- Abschluß der Ausbildung Ihres Hundes für die HZP.
- Anmeldung und Vorstellung auf dieser Prüfung durch den Ausbilder.
- Absolvieren der Zusatzfächer zum Erlangen der vollständigen jagdlichen Brauchbarkeit.

Je genauer die Vorgaben, um so kleiner ist die Gefahr von Mißverständnissen und daraus resultierenden Streitigkeiten. Hat der vorhergehende Revierbesuch Ihnen beispielsweise nicht genügend Überblick über verfügbare Teiche für die Wasserarbeit verschafft, so scheuen Sie sich nicht, danach zu fragen. Gute Übungsmöglichkeiten (in unbegrenzter Anzahl) im eigenen Jagdbezirk sind eine ausgesprochen nützliche Voraussetzung für erfolgreiche Arbeit mit Hunden – dies gilt besonders, wenn es zeitlich eng zu werden droht.

Vielleicht möchte sich der Ausbilder zunächst auch über Ihre Beschreibungen hinaus persönlich ein Bild vom Leistungsstand Ihres zukünftigen Jagdhel-

Vorsteh-Training an der Feldleine:…

haben ein ganz verständliches Interesse daran, für ihre Bemühungen in Mark und Pfennig entlohnt zu werden. In der Kalkulation ihrer Honorare sind sie frei, keine Gebührenordnung gibt ihnen Grenzen nach oben oder unten vor.

Vielleicht erscheint Ihnen der geforderte Preis bedenklich hoch (Faustformel für Ausbildung und HZP/BP: Sicherlich das Zwei- bis Dreifache des Welpenpreises). Überlegen Sie in diesem Fall doch ganz nüchtern, ob Sie die für die jagdliche Brauchbarkeit Ihres Hundes notwendige Ausbildung überhaupt selbst erledigen können. Bedenken Sie auch, wieviele Stunden der Abrichter sich mit Ihrem Vierbeiner beschäftigen wird. Ist der so ermittelte Stundenlohn eventuell gar nicht mehr so viel höher als der des Installateurmeisters, der kürzlich Wartungsarbeiten an Ihrer Heizung durchgeführt hat – oder sogar niedriger?

Verträge sind einzuhalten

Sind Sie sich einig bezüglich erwarteter Leistung und geschuldeter Entlohnung, so besteht zwischen Ihnen und dem Ausbilder ein verbindliches Vertragsverhältnis. Ob Sie dieses schriftlich fixieren oder vertrauensvoll nur mit Handschlag besiegeln, ist Ihrem Ermessen (und Ihrer Menschenkenntnis) überlassen. In einer Reihe von Nebenabsprachen sind weitere Rahmenbedingungen zu klären:

- Wann (ggf. in welchen Raten) sind Zahlungen fällig?
- Wird ein Bonus für eine besonders gut bestandene Prüfung gewährt?

fers machen. Die dabei gewonnenen Erkenntnisse sind Grundlage für seine Einschätzung, ob er in der verbleibenden Zeit überhaupt eine Chance sieht, Ihren Hund auf das gewünschte Prüfungsniveau zu bringen. Es zeichnet den verantwortungsbewußten Abrichter aus, daß er die aus seiner Sicht nicht erfüllbaren Wünsche mancher Hundebesitzer bereits zu diesem Zeitpunkt zurückweist. Dies ist – auch für Ihren Vierbeiner – allemal besser, als Ausbildungs- und Prüfungserfolge auf Biegen und Brechen erzwingen zu wollen.

Leistung kostet

Wenn Ausbildung und Prüfung in der vorgegebenen Zeit machbar erscheinen, muß auch über das schnöde Geld gesprochen werden. Dies gilt natürlich nicht für eine Hilfeleistung unter Jagdfreunden – hier findet man andere Wege, um sich erkenntlich zu zeigen. (Semi-)professionelle Ausbilder dagegen

- Natürlich trägt der Eigentümer des Hundes die Prüfungsgebühren und die Reisekosten des Führers – sind diese in der Ausbildervergütung enthalten oder werden sie extra berechnet?
- Welcher Tierarzt soll bei Routine-Untersuchungen/Impfungen und in Notfällen gerufen werden?
- Falls Ausbilder und Hund partout nicht miteinander harmonieren – bis wann kann der Vierbeiner zurückgegeben werden und welche Kosten entstehen bis zu diesem Zeitpunkt?

Sind sich die Menschen einig, muß auch noch an den Hund gedacht werden: Wann soll die Übergabe an den neuen Führer erfolgen? Am besten bringen Sie „Ben" zum vereinbarten Zeitpunkt zu seinem neuen Heim und übergeben die nötigen Utensilien (Ahnentafel, Impfpaß, Lieblingsdecke, eventuell Futter für die Umgewöhnungsphase). Drücken Sie dann dem Ausbilder die Leine in die Hand, damit dieser sich mit Ihrem Hund beschäftigen und ohne große Abschiedszeremonie verschwinden kann. Erst wenn beide außer Sichtweite sind, starten auch Sie. So vermeiden Sie bei Ihrem Vierbeiner den Eindruck, sein „Leithund" würde ihn verlassen. Gleichzeitig reduzieren Sie die Gefahr, daß er bei der ersten sich bietenden Gelegenheit versucht, Ihnen in Ihrer „Fluchtrichtung" zu folgen.

Bewertung nach Aktenlage und in der Praxis

Natürlich lassen Sie sich in regelmäßigen Abständen über den Ausbildungs-

…Der „Profi"-Abrichter weiß, wie es gemacht wird.

fortschritt berichten. Nach dem Prüfungstag erfahren Sie aus den Zeugnissen die Einzelleistungen Ihres Hundes. Das Gesamtergebnis wird auch in die Ahnentafel eingetragen und vom Prüfungsleiter mit seiner Unterschrift bestätigt (dies gilt nicht für alle Brauchbarkeitsprüfungen). Vergleichen Sie diese Dokumente sorgfältig, damit eventuelle Fehleintragungen schnell korrigiert werden können.

Dem Studium der Akten sollte der Gang ins Revier folgen: Bitten Sie den Abrichter, Ihren Hund im Jagdbezirk vorzuführen und das Gelernte zeigen zu lassen. Schließlich sind Sie nicht nur an Prüfungsnoten, sondern an einwandfreier jagdlicher Arbeit interessiert. Lassen Sie sich auch demonstrieren, mit welchen Kommandos und Verfahren

der Ausbilder Ihren Jagdhelfer zu Höchstleistungen anspornt. Wenn Sie sich in den darauffolgenden Tagen intensiv mit „Ben" beschäftigen, wird er bald auch bei Ihnen laufen „wie ein Uhrwerk" – erst dann hat sich die Investition in seine Ausbildung gelohnt!

Erfreulich, wenn der Ausbilder nach der Prüfung einen Suchensieger zurückgibt – aber eine Garantie kann dafür nicht übernommen werden.

Darauf sollten Sie achten:

- Die Entscheidung für „Fremdausbildung" so früh wie möglich treffen.
- Kann der Abrichter durch Fachkompetenz und Ausbildungserfolge überzeugen?
- Ist ein geeignetes Ausbildungsrevier (Feld, Wiesen, Wasser) jederzeit verfügbar?
- Eigene Vorgaben für Ausbildung und Prüfung exakt formulieren.

- Leistung und Gegenleistung – ist der Preis angemessen?
- Nebenabreden nicht vergessen (Übergabezeitpunkt, Futter, Nebenkosten, Tierarzt).
- Nach der Prüfung: Ahnentafel und Zeugnisse sichten.
- Vorführung im Revier und Einarbeitung des Eigentümers organisieren.

VJP – Erste Hürde für Vorstehhunde

Im Frühjahr werden die Hundeführer unter den Jägern unruhig. Das liegt nicht nur an den wärmenden Strahlen der Märzsonne und dem daraus resultierenden verstärkten Aktivitätsdrang. Mindestens ebenso bedeutsam ist der Prüfungskalender der Jagdhundevereine, der spätestens im April in geballter Form die Termine der Frühjahrsprüfungen auflistet. Am Beispiel der Verbandsjugendprüfung (VJP) soll aufgezeigt werden, welche Prüfungshürden zu bewältigen sind und wie eine zielgerichtete Vorbereitung aussehen kann.

Die VJP („Jugendsuche") ist eine gemeinsame Zuchtprüfung der Vorstehhunde unter dem Dach des Jagdgebrauchshundverbandes (JGHV). So trifft man denn auch fast ausschließlich auf Deutsch Langhaar, Deutsch Drahthaar, Weimaraner, Kleine und Große Münsterländer, Gordon Setter und Co. Theoretisch dürften auch andere Jagdhun-

Die VZPO enthält das Regelwerk für die Verbandsjugendprüfung („Jugendsuche").

derassen vorgestellt werden, sofern ihr Zuchtverein dem JGHV angeschlossen ist (auch hier gilt der „Sperlingshund" auf der Ahnentafel als Eintrittskarte) – aber in der Prüfungspraxis spielen sie kaum eine Rolle.

Anlagenprüfung des JGHV

Die VJP wird organisiert von den Prüfungs- und Zuchtvereinen des JGHV, sie sorgen auch für die Ausschreibung in den Jagdzeitschriften. Das gesamte Regelwerk für Vorbereitung und Durchführung der Prüfung findet sich in der „Ordnung für Verbandszuchtprüfungen (VZPO)". Sie wird vom JGHV herausgegeben, er kann auch die Bezugsquellen (verschiedene Verlage) nennen. Zweck der VJP ist die Feststellung der natürlichen Anlagen des Junghundes für seinen späteren Einsatz in der Jagdpraxis und eventuell als Zuchthund. Deshalb werden auch nur Vierbeiner zugelassen, die im Jahr vor der Prüfung oder in den drei letzten Monaten des davorliegenden Jahres gewölft wurden (für die VJP 1999 also Jagdhunde aus den Würfen Oktober 1997 – Dezember 1998). Die Prüfungsergebnisse möglichst zahlreicher Wurfgeschwister lassen auch Aussagen über den Erbwert der Eltern zu. Aus diesem Grund sind Züchter regelmäßig daran interessiert, daß die Käufer ihrer Welpen die Hunde später auch auf Jagdhundeprüfungen vorstellen. Die Prüfungsergebnisse aller Jahrgänge werden im Deutschen Gebrauchshund-Stammbuch (DGStB) dokumentiert.

Erstlingsführer

Wer noch nie einen Jagdhund auf Prüfungen vorgestellt hat (sog. Erstlingsführer), tut gut daran, sich frühzeitig um die Vorbereitung dieses Auftritts zu kümmern. Dabei ist „Arco" möglicherweise durch Beachtung der Hinweise aus früheren Kapiteln schon recht gut präpariert – hier muß noch der „Feinschliff" erfolgen.

Aber auch der Hundeführer hat einige Arbeiten (auch organisatorischer Art) zu erledigen. Das beginnt mit der rechtzeitigen Anmeldung des Gespanns beim Prüfungsveranstalter (die Adresse

findet sich in der Ausschreibung). Dieser wird, falls nötig, sicherlich auch gern das erforderliche Formblatt zur Verfügung stellen, das er gut leserlich ausgefüllt und mit dem festgesetzten Nenngeld zurückerwartet. Auch die VJP ist eine „Serviceleistung" des JGHV, deshalb muß der Eigentümer eines gemeldeten Hundes Mitglied in einem Prüfungs- oder Zuchtverein des Verbandes sein. Wer hier bei der Nennung zur Prüfung ein persönliches Defizit feststellt, kann garantiert noch kurzfristig eine Mitgliedschaft begründen. In der (angenehmen) Folge ist regelmäßig auch nur das reduzierte Nenngeld für Vereinsmitglieder zu zahlen.

Eine gezielte Prüfungsvorbereitung ohne aktuelle Prüfungsordnung ist unmöglich. Diese Feststellung gilt besonders für Erstlingsführer, aber auch für „alte Hasen". Zu groß ist ansonsten die Gefahr, in Unkenntnis der derzeit gültigen Regelungen zu arbeiten und am Prüfungstag unangenehme Überraschungen zu erleben. Die frühzeitige Lektüre der VZPO gibt auch ausreichend Gelegenheit, offene Fragen zu klären und sich ein Bild von den Prüfungsverfahren zu machen.

Sehr empfehlenswert ist darüber hinaus der Besuch einer Frühjahrsprüfung als „Gasthörer ohne Hund", vielleicht als Begleiter eines erfahrenen Hundeführers. So wird man auch mit dem typischen Prüfungsablauf vertraut und kann dem eigenen Start mit Ruhe entgegensehen. Die so gewonnene zusätzliche Sicherheit wirkt sich bestimmt positiv auf das Führerverhalten am Prüfungstag aus und verbessert indirekt vielleicht sogar die Punktzahl für „Astor".

Impfpaß und Jagdschein

Am Tag der Jugendsuche treffen sich Hundeführer, interessierte Zuschauer und die vom Prüfungsveranstalter bestellten Verbandsrichter meist frühmorgens am Suchenlokal. Hier ist zunächst „Papierkram" zu erledigen: Die Ahnentafeln der Hunde werden ebenso kontrolliert wie die Jagdscheine der Führer. Besonderer Aufmerksamkeit erfreuen sich auch die Impfpässe der Hunde, in denen die gültige Tollwutschutzimpfung vom Tierarzt eingetragen sein muß. Bei einer Erstimpfung muß die Immunisierung mindestens 30 Tage und darf nicht länger als 12 Monate zurückliegen. Vierbeiner ohne gültigen Impfschutz dürfen nicht zur Prüfung zugelassen werden.

Den freundlichen Begrüßungsworten des Prüfungsleiters folgt meist die Einteilung in Gruppen mit vier oder fünf Gespannen und die Vorstellung der dazugehörigen Richtergruppe – dann geht es ab in die Reviere! Es ist üblich, daß die Hunde dort zunächst einmal Gelegenheit erhalten, nacheinander eine Runde zu laufen, sich mit der neuen Umgebung vertraut zu machen und sich zu lösen. Der gewünschten konzentrierten Arbeit der Vierbeiner ist das nur förderlich, denn ein Start in das Prüfungsgeschehen direkt aus dem Kofferraum nach längerer Autofahrt wird meist nachteilige Folgen haben. Überhaupt sollte man als Führer seinen Hund außerhalb der Prüfungsarbeiten

nicht nur im Fahrzeug verschwinden lassen, sondern angeleint bei sich haben: So kann das Zusammengehörigkeitsgefühl vertieft und „Hunde-Frust" darüber vermieden werden, daß „Pascha" draußen herumflitzen darf, während „Artus" irgendwo weggesperrt wird.

Hasenspur

Nach diesen Vorübungen beginnt das eigentliche Prüfungsgeschehen meist mit der „Spurarbeit". Hier soll der Junghund Spurwille und Spursicherheit auf der Spur des nicht (oder nicht mehr) sichtigen Hasen zeigen. Dazu streift die Prüfungsgruppe (Richter, Führer und ggf. Zuschauer) durch einen geeigneten Revierteil. Steht ein Hase auf und flieht, verhofft die Gruppe, bis er außer Sicht ist. Anschließend teilt der Richterobmann möglichst einen Hund für die Arbeit auf der Hasenspur ein, der den Hasen zuvor nicht gesehen hat. Auf diese Weise soll der Vierbeiner von Anfang an auf konzentrierte Arbeit mit der Nase eingestellt und von einer Sichthetze abgehalten werden. Nur das Verfolgen der Witterung bietet nämlich später im praktischen Jagdbetrieb die Chance, einen krankgeschossenen Hasen im Versteck zu finden und dem Jäger zuzutragen.

Bei der Prüfung wird der Hund auf oder in der Nähe der von ihm nasenmäßig wahrgenommenen Hasenspur angesetzt. Der Führer darf ihn bis zu 30 m an einer Leine arbeiten lassen, dann läßt er ihn (möglichst ohne Unterbrechung) ablaufen und bleibt selbst stehen. Dabei wird die gleiche Technik angewandt, wie schon für die Schleppenarbeit beschrieben. Auch die übrigen Ausbildungsschritte sind dem Leser der vorhergehenden Kapitel nicht unbekannt: Am Anfang vermittelt die Futterschleppe dem Welpen die Erkenntnis, daß richtiger Naseneinsatz mit Futter belohnt wird. In der Folge lernt der Junghund an Land und im Wasser, daß jagdliche Erfolge sich regelmäßig nur über das geschickte Verfolgen der Wildwitterung herbeiführen lassen. Auch die Arbeit in größerer Entfernung vom Führer bereitet dem so vorbereiteten Vierbeiner keine Schwierigkeiten – 300 m Haarwildschleppe sind in dieser Hinsicht eine gute Einstimmung.

Natürlich sollte auch die Arbeit auf der Hasenspur vor dem Prüfungstag mehrmals geübt werden. Es versteht sich von selbst, daß dazu ggf. die Erlaubnis des Grundeigentümers und des Jagdausübungsberechtigten vorliegen muß – und es zeigt sich erneut, daß die Arbeit mit Jagdhunden zwingend die Möglichkeit zur Reviernutzung erfordert. In einem übersichtlichen Teil des Jagdbezirkes (Feld, Wiese) beginnt dann die Suche nach dem ersten Hasen. Zweckmäßigerweise wird der Junghund dabei bereits an der später zu verwendenden „Ablauf-Leine" geführt, um ein nachträgliches umständliches Wechseln der Führerleine zu vermeiden. Flieht Meister Lampe vor dem näherkommenden Gespann, liegt der vierbeinige Begleiter spätestens nach dem Kommando „Platz" am Boden, so daß ihm die Sicht auf den Flüchtenden verwehrt werden kann.

Sobald der Hase verschwunden ist, begeben sich Führer und Hund in Ruhe zu einer geigneten Stelle im Verlauf der Spur. Dafür wählt man anfangs möglichst gut bewachsenen Boden (z. B. Gras oder auflaufendes Getreide) und vermeidet staubtrockenen „blanken" Acker. Auch der Arbeitsbeginn unmittelbar an der Sasse ist wegen der dort besonders intensiven Hasenwitterung eher unzweckmäßig. Größeren Erfolg verspricht ein Start in einem Bereich, der einige Schritte entfernt in Fluchtrichtung liegt. Jede Hektik vermindert die Konzentration auf die anstehende Arbeit und reduziert die Erfolgsaussichten. Jetzt darf „Ben" Witterung aufnehmen und sich allmählich auf der Spur „festsaugen" – der Führer folgt, die Leine fest in beiden Händen. So ist eventuell auch noch eine Korrektur zum tatsächlichen Verlauf der Spur hin möglich. Es ist äußerst empfehlenswert, den Vierbeiner die gemäß VZPO erlaubte Strecke von 30 m flott zu begleiten; anfangs auch länger, bis dieser eindeutigen „Vorwärtsdrang" erkennen läßt. So kann bei eventuellen Verleitungen zunächst auch noch korrigiert werden. Ist der Hund von der Leine, hilft nur noch Hoffen: Jetzt muß er der Spur auch bei Trockenheit und Staub hartnäckig folgen, Gräben und Hecken überwinden, Haken ausarbeiten und beim kurzfristigen Verlieren der Witterung selbständig den Anschluß wiederfinden.

Da der Junghund einen gesunden Hasen normalerweise nicht greifen kann, wird er nach einigen hundert Metern die Arbeit abbrechen und zum Führer zurückkehren. Dort hat er sich für seinen Einsatz ein dickes Lob und, je nach Witterung, Wasser zur Erfrischung verdient. Normalerweise reicht eine derartige Übung pro Tag aus: Der Hund behält das Interesse an einer Arbeit, die für ihn nicht mit einem direkten Erfolg endet und die Hasen eines bestimmten Revierteils werden nicht übermäßig beunruhigt. Wenn die Umstände dies erfordern, mag nach einer Pause eine zweite Arbeit folgen, mehr sollte nicht sein.

Zeigt der Vierbeiner an Sasse oder Spur überhaupt kein Interesse, hat er sie möglicherweise mit der Nase gar nicht wahrgenommen. Eine Theorie erklärt dies Phänomen mit dem Hinweis, daß säugende Häsinnen quasi als Selbstschutzmaßnahme die Abgabe von Duftstoffen extrem reduzieren können – hier hätte der unerfahrene Junghund keine Chance. Im Zweifel hilft nur, die Suche fortzusetzen und bei der nächsten Hasenspur sein Glück erneut zu versuchen. Möglicherweise klappt es auch am nächsten Tag oder an einem anderen Ort besser. Dies gilt insbesondere, wenn im Bereich der Spur Gülle oder andere Düngemittel ausgebracht worden sind.

Mysterium Hundenase – auf das „Wie" kommt's an

Im gesamten Verlauf der VJP ist die vom Junghund gezeigte „Nasenleistung" zu beurteilen. Dabei geht es weniger um die Qualität der Hundenase (mit welchem Maßstab will ein Mensch hier messen?), sondern vielmehr um den richtigen Gebrauch der Nase.

Während der Suche zeigt sich die gewünschte Leistung durch häufiges Finden und weites Anziehen von Wild. Auch das kurze Markieren von Witterungsstellen (z. B. Sasse oder Lager) oder gelegentliches Markieren von Vogelwitterung (Lerchen) tragen zum positiven Gesamteindruck bei. Während der Spurarbeit gibt die Reaktion des Hundes beim Verlieren, Kreuzen und Wiederfinden der Hasenwitterung wertvolle Aufschlüsse über den zweckmäßigen Nasengebrauch.

An der Nasenqualität kann auch das beste Training nichts ändern. Eine gute Ausbildung vermittelt dem Lehrling aber schnell die Erfahrung, daß Erfolgserlebnisse (z. B. das Finden von Schleppwild) sich nur nach richtigem Einsatz der Hundenase einstellen.

Diese Grundregel des lustbetonten Lernens muß nur oft genug in der Revierpraxis zur Anwendung gekommen sein, dann hat der Prüfungskandidat auch bei der VJP keine Probleme.

Wie man Suche lernen kann

Bei der „Suche" im Feld wird größter Wert auf den Finderwillen des Hundes gelegt. Dies setzt Fleiß und Ausdauer des Vierbeiners voraus, aber auch Konzentration bei der Arbeit. Jedenfalls wird zielloses Herumrennen ohne Beachtung von vorhandenen Deckungsstreifen und Windverhältnissen in der Jagdpraxis kaum Wild passend vor die Schützen bringen. Bei der VJP ist es genauso punktmindernd zu berücksichtigen wie eine überwiegend lustlose Trabsuche oder ein bloßes „Herumstochern" in unmittelbarer Nähe des Führers.

Wer mit seinem Welpen und Junghund frühzeitig im Revier unterwegs war, hat ihm schon bisher zahlreiche Gelegenheiten geboten, Wild zu finden. Dies geschieht anfangs in der Form, daß der Lehrling unter gutem Wind an Hecken und andere Stellen geführt wird, wo mit großer Wahrscheinlichkeit Hase und Fasan liegen. Zeigt er durch intensives Schnüffeln, Wenden des Kopfes in den Wind, flache Kopfhaltung und gegebenenfalls Stehenbleiben (Vorstehen) sein Interesse, wird er durch ruhig-freundliches Lob bestätigt. Natürlich verhindert der Führer Einspringen und Hetze, stattdessen wird der Vierbeiner abgetragen und an anderer Stelle erneut zum vorsichtigen Suchen im Nahbereich angesetzt.

Ist so die Verknüpfung „Naseneinsatz – Wild finden – Vorstehen – Lob" gelungen, kann Feld oder Wiese unter die Läufe genommen werden. Dabei ist es zweckmäßig, die ersten Gänge ohne Wildberührung zu gestalten. Schließlich muß der zukünftige Jagdhelfer noch lernen, einen Schlag so abzusuchen, daß er „in den Wind hinein" arbeitet und dabei seinen Weg schleifenförmig im rechten Winkel zur Windrichtung wählt.

Natürlich darf der Führer dabei unterstützen: Weniger durch laute Kommandos oder Pfeifsignale, sondern zunächst durch Vorgehen (Vorlaufen) in die gewünschte Richtung, später durch Handbewegungen, die „Freya" den Weg weisen. Arbeiten Führer und Hund auf diese Weise als Gespann zusammen,

kann es auf die Flächen mit Deckung gehen, in denen Haar- und Federwild vermutet wird. In dieser Phase lernt der Vierbeiner auch, die Feldränder mit etwas höherem Bewuchs besonders sorgfältig zu inspizieren, wo sich das Wild gern drückt.

Name verpflichtet: Vorstehen

Die Anlage zum „Vorstehen" zeigt sich darin, daß der Hund gefundenes Wild vorsteht oder vorliegt. Bei der VJP wird nicht verlangt, daß der Vierbeiner so lange fest vorsteht, bis der Führer herangekommen ist und das Wild heraustritt – wünschenswert ist es natürlich allemal. Sollte der Junghund z. B. einem aufstehenden Fasan nachprellen, wird ihm dies nicht als Fehler angerechnet. Auch den besonderen Schwierigkeiten bei nicht festliegendem Wild ist bei der Bewertung der gezeigten Vorstehlei-

So geht es auch: Ein erfahrener Jagdhund übernimmt durch gutes Beispiel die „Vorsteh-Ausbildung" des Schülers…

stung Rechnung zu tragen. Die im kniehohen Getreide ablaufenden Rebhühner bringen meist Bewegung in die Arbeit des Vierbeiners: Kurzes Vorstehen – Nachziehen und Verfolgen der sich entfernenden Witterung – erneutes Vorstehen – weiteres Nachziehen etc. Ein eindeutiges Vorstehen ergibt sich dann zuweilen erst am Feldrand, bevor die Hühner vor dem herankommenden Menschen aufstehen und abstreichen.

Während der Prüfung wird versucht, Suche und Vorstehen in einem Arbeitsgang zu erledigen. Wenn der Welpe bereits frühzeitig mit Hilfe der Reizangel gelernt hat, bei neuen Gegenständen und unbekannter Witterung zu verhoffen, muß das unter dem Stichwort „Suche" beschriebene Einarbeitungsverfahren fast zwangsläufig zum Erfolg führen. Dann kann man sich auch schon während der Prüfungsvorbereitung am Bild des Deutsch Kurzhaar-Rüden erfreuen, der im halbhohen Winterroggen aus voller Fahrt plötzlich herumfliegt und erstarrt – ein Musterbeispiel für „Vorstehen vor Federwild".

… bis dieser gelernt hat, seine Vorstehanlage auch allein eindrucksvoll unter Beweis zu stellen.

Führigkeit

Die „Führigkeit" eines Jagdhundes zeigt sich im Grad seiner Bereitschaft, mit dem Führer Verbindung zu halten. Diese Verbindung verhindert auch, daß „Ben" sich, einmal von der Leine gelassen, selbständig auf eine Jagdreise begibt und erst nach geraumer Zeit zurückkehrt.

Wenn die „Chemie" zwischen Hund und Führer von Anfang an stimmt (und die bisherigen Ausbildungsempfehlungen befolgt wurden), wird es mit der Führigkeit des Vierbeiners keine Probleme geben.

Bewertung

In den bisher genannten Prüfungsfächern (Spurarbeit, Nase, Suche, Vorstehen, Führigkeit) werden die Anlagen der Hunde auf Grund der gezeigten Leistungen beurteilt. Die Prädikate reichen von „ungenügend" (0 Punkte) bis „hervorragend" (12 Punkte). Die vergebene Punktzahl ist mit einer von Fach zu Fach unterschiedlichen Fachwertziffer zu mulitiplizieren, so ergibt sich schließlich die Summe der Wertungspunkte. Voraussetzung für das Bestehen der VJP ist u. a., daß der Hund

VJP geschafft: Beim offenen Richten erklärt die Richtergruppe in einer für den Führer nachvollziehbaren Form, wie die Leistungen des Hundes bewertet wurden.

im Fach Vorstehen mindestens „mangelhaft" (2 Punkte) und in allen anderen Fächern mindestens „genügend" (3 Punkte) erreicht hat.

Gehorsam und Schußfestigkeit

Neben der Prüfung und Bewertung in den genannten „Hauptfächern" sind durch die Richtergruppe bei jedem Hund weitere Feststellungen zu treffen, die ebenfalls im Prüfungszeugnis eingetragen werden. Dazu zählt der „Gehorsam" des Hundes sowohl während der Prüfungsdurchgänge als auch in den Pausen. Auch die „Art des Jagens" (z. B. spurlaut) wird vermerkt. Bei der Arbeit am sichtigen Wild kann sichtlautes oder stummes Jagen festgestellt werden. Ergibt sich hierzu keine Gelegenheit, wird „fraglich" eingetragen. Natürlich wird bei Jagdhunden die

„Schußfestigkeit" geprüft. Dazu sind während der Suche des Hundes bei einem Abstand von 30–50 m mindestens zwei (Schrot-)schüsse mit einem Zeitabstand von wenigstens 20 Sekunden abzugeben. Die Beurteilungsstufen reichen von „schußfest" bis „schußscheu". Hunde mit starker Schußempfindlichkeit oder Schußscheue können die Prüfung nicht bestehen. Dies gilt auch für hand- und wildscheue Hunde.

Schließlich müssen weitere Wesensfeststellungen ebenso in die Zensurentafel eingetragen werden wie Erkenntnisse zu besonderen „körperlichen Merkmalen". Natürlich hofft jeder Führer auf den Vermerk „ohne Mängel" bei Gebiß, Augen und Hoden seines Rüden. Die Gewöhnung an körperliche Untersuchungen sollte der Führer schon beim Welpen beginnen, Tierarzt und Verbandsrichter bei der VJP werden das gleichermaßen begrüßen.

Neben der VJP gibt es weitere Frühjahrs-Anlagenprüfungen für Vorstehhunde (z. B. Derby für Deutsch Kurzhaar oder Jugendsuche für Pointer und Setter). Einzelheiten zu Durchführung und Bewertung finden sich in den jeweiligen Prüfungsordnungen, die über die Zuchtvereine erhältlich sind. Für die Prüfung mit Ihrem Hund wünsche ich Ihnen jedenfalls freundliche Richter, jede Menge Niederwild im Revier und viel Suchenglück!

Darauf sollten Sie achten:

- Ahnentafel mit „Sperlingshund" – Eintrittskarte zur VJP.
- Keine Vorbereitung ohne gültige Prüfungsordnung.
- „Gastspiel ohne Hund" vor der eigenen Prüfung.
- Ahnentafel, Impfpaß und Jagdschein nicht vergessen.
- „Ablauf-Leine" als „Starthilfe" auf der Hasenspur.
- (Prüfungs-) Erfolg durch richtigen Nasengebrauch.
- Jagdhunde müssen Finderwillen zeigen.
- Arbeit an der Reizangel – erster Schritt zum Vorstehen.
- Prüfungsergebnisse: Bewertungen und Feststellungen.

Die hoffnungsvollen „Kandidaten" zu Beginn der HZP.

Jagdlich brauchbar mit HZP und BP

Zur Jagd gehen kann man zweifellos auch mit einem Hund, der sich nie einer Prüfung gestellt hat. Traurig, wenn dieser Vierbeiner durch das Verschulden eines Jagdfreundes zu Tode kommt. Fast unmöglich, den Wert des Jagdhundes gegenüber der betroffenen Jagdhaftpflichtversicherung im Regulierungsverfahren realistisch darzustellen. Spätestens jetzt werden nämlich Nachweise über Herkunft und jagdliche Leistungsfähigkeit verlangt.

Möglicherweise ergibt sich in einem solchen Zusammenhang auch noch die Frage, ob denn mit diesem ungeprüften Hund überhaupt gejagt werden durfte. Schließlich schreiben in Deutschland alle Landesjagdgesetze vor, daß bei jeder Such-, Drück- und Treibjagd, bei jeder Jagdart auf Schnepfen und Wasserwild sowie bei jeder Nachsuche auf Schalenwild brauchbare Jagdhunde einzusetzen sind. Die vom Gesetzgeber geforderte jagdliche Brauchbarkeit kann natürlich durch entsprechende Prüfungszeugnisse problemlos nachgewiesen werden. Damit ist auch den Grundsätzen der deutschen Waidgerechtigkeit Genüge getan: Nicht die Jagd ohne Hund, sondern die Jagd ohne brauchbaren Jagdhelfer ist Schund!

Einstieg in die Jagdpraxis

Zwei Jagdhundeprüfungen sind in diesem Zusammenhang von besonderer Bedeutung: Die Brauchbarkeitsprüfung (BP) in den einzelnen Bundesländern und die Herbstzuchtprüfung (HZP) unter der Federführung des Jagdgebrauchshundverbandes (JGHV). Die größte Zahl von Jagdhunden dürfte durch diese „Eingangspforten" in die Jagdpraxis kommen. An ihrem Beispiel soll deshalb aufgezeigt werden, wie Sie mit Ihrem Vierbeiner am besten über die verschiedenen Prüfungshürden kommen.

Prüfungs-Unordnung

Dabei ist ein Blick in die „Abgründe" des Prüfungssystems hilfreich, um Auswirkungen unseres föderalen Systems auf das Jagdgebrauchshundwesen zu verstehen: Alle Landesjagdgesetze fordern einheitlich brauchbare Hunde bei der Jagd – aber einheitliche Kriterien für die Prüfung dieser Brauchbarkeit gibt es nicht! Stattdessen bestimmen 16 verschiedene Richtlinien/Prüfungsordnungen, wie zu verfahren ist.

Dabei hat der Deutsche Jagdschutz-Verband (DJV) bereits 1993 „Bundeseinheitliche Empfehlungen für die Feststellung der Brauchbarkeit von Jagdhunden" verabschiedet. Sie entsprechen den Anforderungen der Jagdpraxis, nur mit der Umsetzung hapert es noch – leider!

Zum Glück sind in den meisten Fällen wenigstens die „Hauptfächer" der Prüfungen vergleichbar. Dennoch – ein in Hessen geprüfter und dort jagdlich brauchbarer Hund erfüllt nicht die in NRW geforderten Voraussetzungen. Bei einer Jagdeinladung von Marburg nach Unna ist also bereits Vorsicht geboten, bei einem dauerhaften Wechsel des Vierbeiners ist eine Zusatzprüfung in einzelnen Fächern unvermeidlich.

So hat denn nur der JGHV mit seiner Verbandszuchtprüfungsordnung (VZPO) für die HZP eine bundesweit einheitliche Regelung vor dem ersten Jagdeinsatz im Herbst. Die besonderen Bestimmungen für die Feststellung der Brauchbarkeit von Jagdhunden in den einzelnen Ländern und die dazugehörigen Prüfungsordnungen (BPO) erhalten Sie über den zuständigen Landesjagdverband.

Beide Prüfungsordnungen sollten Sie frühzeitig studieren, um sich optimal auf BP und/oder HZP vorzubereiten. Die folgenden Erläuterungen sollen eine Hilfe zum besseren Verständnis sein. Dabei gibt es im jagdlich-fachlichen Bereich kaum noch Neues: Wenn Sie Ihren Vierbeiner nach den Hinweisen der vorangegangenen Kapitel ausgebildet haben, sind Ihnen die Prüfungsinhalte weitgehend vertraut. Schließlich orientieren sich diese ebenso an den Erfordernissen der Jagd wie unsere Empfehlungen.

Nur Jagdhunde

An HZP und BP können nur Jagdhunde teilnehmen. Dabei verlangt der JGHV für jeden Hund die von dem entsprechenden Zuchtverein ausgestellte Ahnentafel mit dem „Sperlingshund". Diese JGHV-Papiere eröffnen natürlich auch den Zugang zur BP. Zusätzlich können dort aber meist auch noch andere Jagdhunde zugelassen werden.

Es soll hier nicht näher untersucht werden, ob es die Jagdhunde aus dem Zwinger „o. P." (ohne Papiere) oder mit irgendwelchen Phantasie-Ahnentafeln geschäftstüchtiger Hundehändler überhaupt geben dürfte – sie sind einfach da! Natürlich unterliegt diese Art der Hundevermehrung nicht den strengen Auflagen der JGHV-Zuchtvereine. Dennoch gibt es eine Vielzahl dieser Hunde in unseren Revieren; sie von jagdlicher Betätigung völlig ausschließen zu wollen, wäre reines Wunschdenken. Ohne Brauchbarkeitsprüfung liegt auch der Gedanke an einen Verzicht auf sorgfältige Ausbildung nahe – soll das erstrebenswert sein? Die Zulassung zur BP eröffnet für diese Vierbeiner die Möglichkeit, gesetzeskonform und mit Versicherungsschutz zu jagen. Das scheint wenigstens zum gegenwärtigen Zeitpunkt ein durchaus vernünftiger Kompromiß zu sein.

Prüfungsveranstalter

Die Brauchbarkeitsprüfung wird grundsätzlich von den Kreisjägerschaften durchgeführt. Sie können die Ausrichtung aber auch auf Prüfungs- oder Zuchtvereine des JGHV delegieren (unterschiedliche Regelungen in den Ländern beachten!). Das wird im Sinne einer bewährten nachbarschaftlichen Zusammenarbeit häufig gemacht. Die letzte Verantwortung für die ordnungsgemäße Durchführung bleibt allerdings bei der Jägerschaft, ihr Vertreter muß auch das Prüfungszeugnis (neben Prüfungsleiter und Richtergruppe) unterschreiben.

Die Ausrichtung der HZP liegt dagegen bei den Mitgliedsvereinen des JGHV. Damit sind auch einige Kreisjägerschaften, meist aber Jagdgebrauchshundvereine und die Zuchtvereine der Vorstehhundrassen zuständig.

Beide Prüfungen finden regelmäßig im Herbst statt, einige BP auch schon im Spätsommer. Termine, Prüfungsort, Nenngeld und weitere organisatorische Einzelheiten werden in der Jagdpresse ausgeschrieben. Dort finden sich auch Kontaktadressen für weitere Informationen.

Verbandsrichter

Die Bewertung der Hunde während der Prüfung wird von drei Verbandsrichtern des JGHV vorgenommen, die meist den ganzen Tag mit ihrer Prüfungsgruppe zusammenbleiben. Ausnahmsweise (z. B. bei kurzfristigem Ausfall eines Richters wegen Krankheit) darf auch ein erfahrener Jäger und Hundeführer neben zwei Verbandsrichtern als „Notrichter" tätig sein.

Dies gilt nicht für die Funktion des Obmanns in einer Richtergruppe: Er muß immer bestätigter Verbandsrichter sein und gibt nach Abschluß der Prüfung in den einzelnen Fächern auch die Bewertung der gezeigten Leistungen bekannt. Dabei soll der Führer des geprüften Hundes verstehen können, wie es zu der getroffenen Bewertung gekommen ist (offenes Richten) – er muß nicht zwingend der gleichen Meinung sein wie die Richtergruppe. Daß der Prüfungsleiter anerkannter Verbandsrichter sein muß, ist eine Selbstverständlichkeit und hier nur der Vollständigkeit halber erwähnt.

Prüfungsfächer

Die Reihenfolge der Prüfungsfächer im Revier orientiert sich meist – ohne zwingende Vorgabe – an der Aufzählung in der Prüfungsordnung: In den folgenden Erläuterungen werden davon abweichend zunächst die Fächer zusammengefaßt, die bei HZP und BP meist inhaltsgleich geprüft werden. Anschließend folgen die Kriterien, die bei beiden Prüfungen unterschiedlich sind. So wird Ihnen hoffentlich der Überblick erleichtert, welche Anforderungen an welcher Stelle zu bewältigen sind.

Schußfestigkeit im Feld oder Wald

Natürlich hat Ihr Hund es bereits mehrfach erlebt, wie in seiner Nähe geschossen wurde. Bei BP und HZP wird er sich also schnallen lassen und während des freien Laufens gleichmütig zuhören, wie sein Führer zwei Schrotschüsse im Abstand von ca. 30 Sekunden abgibt. Diese „Schußfestigkeit" ist für das Bestehen der Prüfung gefordert. Maximal zulässig ist noch einfache Schußempfindlichkeit. Jede stärkere Einschüchterung ist für die Jagd nicht hinnehmbar.

Haarwildschleppe – 300 m banges Warten

Die „Haarwildschleppe" muß von einem Richter auf bewachsenem Boden mit Hase oder Kaninchen gelegt werden und mindestens 300 m (400 Schritt) lang sein. Der Schleppenzieher markiert den Anschuß mit etwas Bauchwolle und entfernt sich dann möglichst mit Nackenwind. Auf diese Weise soll der Hund bei seiner anschließenden Suche zur Arbeit mit tiefer Nase gezwungen werden. Schließlich flüchtet ein angeschossener Hase bei der Jagd in die nächstgelegene Deckung – und die liegt nicht immer so, daß der Wind dem Vierbeiner schon auf 50 m die Witterung zuträgt. Unser Jagdhelfer muß also auch mit der einen oder anderen Schwierigkeit fertig werden können. In den Verlauf der Schleppe sind aus diesem Grund auch zwei stumpfwinklige Haken einzulegen.

Am Ende der Schleppe wird (je nach Wunsch des Führers) das geschleppte Stück ohne Schleppenleine oder ein möglichst frisch geschossenes Stück der gleichen Wildart frei abgelegt. Für das Herstellen der Schleppe werden also regelmäßig zwei Hasen oder Kaninchen benötigt. Der Schleppenzieher entfernt sich anschließend in Verlängerung der Schleppe und verbirgt sich so, daß er vom arbeitenden Hund nicht eräugt werden kann. Dort hat er das zweite Stück Wild frei vor sich hinzulegen. Nachdem Sie mit Ihrem Kandidaten zur Schleppenarbeit aufgerufen wurden,

Wunschtraum aller Führer: Auf der Haarwildschleppe gesucht, gefunden und selbständig gebracht.

zeigt Ihnen ein Richter den Anschuß und den ungefähren Verlauf der Schleppe. Ihr Hund darf das Legen der Schleppe nicht eräugen – schließlich ist Nasenleistung, nicht die Arbeit auf Sicht gefordert. Achten Sie darauf, daß er sich am Anschuß auf seine Aufgabe konzentrieren kann und nicht durch interessierte Zuschauer (oder Richter) gestört wird. Die ersten 20 m darf (und sollte!) „Ben" an der Leine arbeiten. Dann ist er zu schnallen, der Führer muß stehenbleiben.

Falls Ihr Hund zurückkehrt, ohne gefunden zu haben, ist noch nichts verloren. Im günstigsten Fall erinnert er sich von alleine an die ihm gestellte Aufgabe, dreht um und versucht es noch einmal. Ansonsten haben Sie die Möglichkeit, ihn noch zweimal anzusetzen. Als „Ansetzen" gilt jede Einwirkung des Führers auf den Vierbeiner, die Schleppe erneut aufzunehmen – also beginnt man am besten direkt am Anschuß.

Der Hund muß bei seiner Arbeit zum geschleppten oder ausgelegten Stück Wild kommen. Bereits beim erstmaligen Finden (eräugt gilt als gefunden) muß er ohne weitere Beeinflussung aufnehmen und selbständig (also ohne Führereinwirkung bei Fehlverhalten des Hundes) bringen.

Kehrt „Ben" mit Kaninchen zurück, dann sorgen Sie dafür, daß er nicht lange nach seinem Führer suchen muß: Tauchen Sie nicht in der Gruppe von Richtern und Zuschauern unter, sondern treten Sie einige Schritte vor und geben Sie sich zu erkennen! Natürlich geschieht das ohne Apportierbefehle, schließlich dürfen Sie die selbständige

Bringleistung Ihres Hundes nicht durch unüberlegte Kommandos gefährden. Der Rest ist Übungsroutine – höchstens ein leiser Befehl ist nötig, damit Ihr Hund vor Ihnen sitzt und das gefundene Wild ruhig im Fang hält. Mit „Aus" liefert er seine Beute bereitwillig bei Ihnen ab, Lob und Leckerbissen sind sein verdienter Lohn.

Federwildschleppe – halbe Strecke, gleiches Riskiko

Die „Federwildschleppe" (z. B. Fasan, Ente oder Taube) wird nach den gleichen Grundsätzen hergestellt und gearbeitet. Ihre Länge beträgt 150 m (200 Schritte), auch hier sind zwei stumpfwinklige Haken einzulegen. Alle weiteren Regelungen für die Haarwildschleppe gelten sinngemäß.

An dieser Stelle abschließend noch zwei Tips für die Prüfungsvorbereitung:
- Bei HZP und BP ist es unvermeidbar, daß Ihr Vierbeiner einen Tag in Gesellschaft anderer Hunde und Menschen verbringt. Gewöhnen Sie ihn frühzeitig an eine derartige Umgebung, z. B. durch Besuch eines Führerlehrgangs in Ihrem Hegering oder durch gemeinsames Üben mit Jagdfreunden und deren Hunden. Auf keinen Fall sollte Ihr Hund Ihnen erstmalig am Prüfungstag ein Kaninchen bei der Schleppenarbeit vor anderen Jägern mit ihren Vierbeinern zutragen müssen – zu groß ist die Gefahr, daß aus völlig ungewohnten Rahmenbedingungen hundliches Fehlverhalten resultiert und der Prü-

fungserfolg im Gebüsch verschwindet!

- Sorgen Sie auch beim Schleppenwild rechtzeitig vor: Je zwei Stücke Haar- und Federwild werden benötigt. Natürlich ist es fein, wenn man diese am Vorabend der Prüfung frisch erlegen kann – aber oftmals sitzen die Kaninchen gerade dann nicht draußen … Sicherheitshalber (und um unnötigen Streß zu vermeiden) schießen Sie also Ihr Schleppenwild frühzeitig und frieren es ein. Dann bitte nur noch zeitgerecht auftauen, schließlich soll Ihr Hund keine Eisklumpen, sondern Wild finden und apportieren!

Schußfestigkeit am Wasser

Erste Prüfsituation am Wasser ist die Feststellung der „Schußfestigkeit". Dazu wird eine tote Ente möglichst weit durch Führer oder Richter in das offene Wasser geworfen, anschließend fordern Sie Ihren Hund zum Bringen auf. Während er auf die Ente zuschwimmt, gibt der Führer auf Anweisung des Richterobmanns einen Schrotschuß in Richtung Ente auf das Wasser ab. Natürlich haben Sie das mit Ihrem Vierbeiner vorher einige Male geübt und erfahren, daß Knall und Spritzwasser ihn nicht beeindrucken. Gleichermaßen vermeiden Sie, daß auch Randschrote nur in die Nähe Ihres Hundes kommen oder die Schrotgarbe weit entfernt von der Ente einschlägt – zu groß ist das Risiko, daß der Prüfling Ihren Schuß als Richtungsangabe (falsch) versteht und nun (erfolglos) sucht, wo keine Beute zu finden ist. Vom Führer gewünscht, von der Prüfungsordnung gefordert wird ein Hund, der auf den Schuß die Ente selbständig (ohne irgendein weiteres Kommando oder Zeichen) bringt.

Verlorensuchen im deckungsreichen Gewässer

Für das „Verlorensuchen im deckungsreichen Gewässer" wird eine tote Ente so in eine Deckung geworfen, daß der Hund weder das Werfen noch das Wild vom Ufer aus eräugen kann. Dabei liegt die Ente regelmäßig so, daß der Prüfling über eine freie Wasserfläche in die Deckung geschickt werden muß.
Etwa in Schrotschußentfernung (ca. 30 m) von der Ente wird Ihnen dann die ungefähre Richtung angegeben, in der die Beute liegt. Ihr Hund soll von dort aus die Ente möglichst selbständig suchen, er muß sie finden und apportieren. Bei der Suche darf der Vierbeiner z. B. durch Zuruf, Wink oder Steinwurf unterstützt und gelenkt werden. Desungeachtet bleibt die Forderung bestehen, daß der Prüfling bei seiner Arbeit Finderwillen zu zeigen hat. Eine reine Schwimmübung von Stein zu Stein (vom Führer liebevoll in Richtung Ente geworfen) entspricht nicht den Anforderungen der Prüfung. Hat der Vierbeiner die Ente gefunden, muß er sie sofort selbständig bringen.
Natürlich erwarten Sie Ihren Hund an einer Stelle des Ufers, wo er problemlos aussteigen kann (kein Steilufer oder andere Hindernisse). Oft genug haben Sie mit ihm geübt, daß er mit Ente im Fang zu Ihnen kommt, sich möglichst selb-

Nach erfolgreicher Arbeit in schwerem Gewässer: Jetzt muß die Ente noch an Land gebracht und sauber apportiert werden.

ständig – ohne viele laute Worte – setzt und ruhig wartet, bis Sie ihm die Beute abgenommen haben. Dann darf er sich das Wasser aus dem Fell schütteln und Ihre Belohnung für gute Arbeit in Empfang nehmen.

Erkundigen Sie sich frühzeitig, ob die „Prüfungsenten" (tot oder lebendig) vom Veranstalter bereitgestellt oder vom Führer mitgebracht werden müssen. Sind Sie zuständig, sollten Ihre Vorbereitungen spätestens am Vortag der Prüfung abgeschlossen sein. Ist keine Ente aus dem Jagdbetrieb verfügbar, kann auf das Angebot von Zuchtbetrieben zurückgegriffen werden, die regelmäßig in den Jagdzeitschriften inserieren.

Gehorsam

Mit dieser Aufzählung sind die gemeinsamen Prüfungsinhalte von BP und HZP

(fast) schon erschöpft. Lediglich die Prüfung im Fach „Allgemeiner Gehorsam" erfolgt noch nach gleichen Kriterien. Dazu muß der Hund geschnallt werden und einige Minuten frei laufen. Er darf sich ohne Erlaubnis nicht vom Führer entfernen und muß auf Ruf, Pfiff oder Zeichen gehorchen. Auch eine kurze Demonstration der „Folge frei bei Fuß" ist hier möglich.

Nur nach den BPO der Länder werden anschließend noch „Verhalten auf dem Stand" und „Leinenführigkeit" geprüft. Zu diesem Zweck wird zunächst ein Treiben improvisiert. Während eine Dickung mit dem üblichen Lärm durchgetrieben wird, muß der am Stand neben seinem Führer sitzende oder abgelegte angeleinte Hund sich ruhig verhalten. Bei der Abgabe von Schüssen (auch der Führer muß schießen) darf er nicht an der Leine reißen.

Für die nächste Teilprüfung bleibt Ihr Vierbeiner an der lose durchhängenden Leine und folgt Ihnen ohne laute Kommandos bei einem Gang durch Stangenholz. Er soll dabei nicht an der Leine ziehen und muß Ihnen beim Umgehen von Hindernissen unmittelbar folgen. So ist auch ein Verfangen mit der Leine an Bäumen und Büschen ausgeschlossen – und bei der Jagd wäre ein störungsfreies Pirschen möglich.

Auch die Vorbereitung für diesen Prüfungsabschnitt zeigt, daß die gerechte Führung von Jagdhunden ohne Zugang zu Revieren nicht möglich ist. Zusätzlich werden für die Simulation bestimmter Prüfungsbedingungen andere Führer mit ihren Hunden und weitere Helfer (z. B. Treiber) benötigt.

Sonderprüfungen der Länder

Weitere Sonderprüfungen der Länder für die Feststellung der jagdlichen Brauchbarkeit umfassen z. B.
- Stöbern mit Ente im deckungsreichen Gewässer (z. B. Niedersachsen, NRW, Sachsen, Sachsen-Anhalt) oder
- Freiverlorensuche und Bringen von Federwild (z. B. Niedersachsen, NRW).

Sie sehen, die Vielfalt der Bestimmungen macht das Studium der für Ihr Land verbindlichen Prüfungsordnung erforderlich (die aktuelle Prüfungsordnung für NRW finden Sie im Anhang). Nur so erfahren Sie die entscheidende Fächerkombination und die Kriterien zur Bewertung der vom Hund gezeigten Leistungen.
Die allgemeine Erfahrung zeigt, daß nicht jeder Jagdgebrauchshund ständig alle jagdlichen Arbeiten zu verrichten hat, zu unterschiedlich sind die Revierverhältnisse. Mancher Führer möchte insbesondere bei den Nachsuchen auf eigene Aktivitäten verzichten und auf die Spezialisten der Schweißhundstationen zurückgreifen – dafür gibt es gute Gründe! Allerdings kennen einige Bundesländer (z. B. Niedersachsen) nur „Brauchbarkeit komplett" (Schweißarbeit inklusive), während woanders differenziert geprüft wird (z. B. NRW mit Nachsuche als Sonderprüfung). Die Prüfungsordnung gibt Aufschluß über die Regelung für Ihr Bundesland.

„Brauchbarkeit Schalenwild"

Wer seinen Hund auch für einfache Totsuchen auf Schalenwild einsetzen will, kann die Befähigung dafür auf einer „BP Schalenwild" nachweisen. Als Grundlage ordentlicher jagdlicher Arbeit wird auch hier zunächst „Gehorsam" und „Schußfestigkeit im Feld oder Wald" festgestellt (wenn nicht bereits vorher anderweitig geprüft). Die eigentliche Schweißarbeit auf der künstlichen Rotfährte ist je nach BPO als Riemenarbeit auf der 300–400 m langen Kunstfährte zu leisten. Die Fährte muß z. B. in Niedersachsen und NRW über Nacht stehen, in Hessen genügen zwei bis fünf Stunden – das jagdliche Handwerk scheint von Land zu Land ganz verschieden ausgeübt zu werden. Empfehlungen für die Vorbereitung auf diese Prüfung enthält das Kapitel „Schweißarbeit ist Fleißarbeit!", Einzelheiten zur Prüfungsdurchführung und Bewertung entnehmen Sie bitte der für Ihren Bereich gültigen BPO.
Den erfolgreichen Riemenarbeiter schmückt ein Bruch und der Zeugnisvermerk „Brauchbar für die Nachsuche auf Schalenwild". Sein Führer weiß auch, daß eine bestandene Schweißprüfung mit Richterbegleitung noch kein qualifiziertes Nachsuchengespann ausmacht. Dies gilt vor allem für erkennbar schwierige Einsätze (z. B. bei Laufschüssen). In diesen Fällen sind immer besonders ausgebildete und erfahrene Gespanne, z. B. von anerkannten Schweißhundstationen, anzufordern. Wenn Sie Interesse an einer Vertiefung Ihrer Kenntnisse der Schweißarbeit haben, nehmen Sie doch Verbindung mit einer Station in Ihrer Nähe auf. Einige Landesjagdverbände

veröffentlichen die Adressen und Telefonnummern regelmäßig in ihren Mitgliederzeitschriften.

Zusatzprüfung nach HZP

Leider enthält die VZPO nicht alle Fächer der Brauchbarkeitsprüfungen. Die Defizite sind durch eine zusätzliche Leistungsfeststellung auszugleichen. Das kann in einem separaten Prüfungsabschnitt unmittelbar nach einer HZP geschehen, so daß Führer und Hund sich am Ende eines Prüfungstages über die bestandene Anlagenprüfung und die erworbene jagdliche Brauchbarkeit freuen können. Ansonsten gibt es auch bei fast jeder BP eine Gruppe, in der lediglich die erwähnten Zusatzfächer geprüft werden. Die zweite Anreise zur Prüfung müssen Jäger und Hund halt auf sich nehmen…

Sonderfächer HZP

Damit bleiben noch die Fächer vorzustellen, die der HZP als Anlagenprüfung ihre besondere Bedeutung geben (und die bei der BP nicht geprüft werden): „Nase", „Suche", „Vorstehen", „Führigkeit", „Arbeitsfreude" und ggf. „Hasenspur". Während die Arbeit auf der Spur des nicht mehr sichtigen Hasen vom Prüfungsveranstalter angeboten werden kann (aber nicht muß), sind in jedem Fall die Leistungen des Hundes im Fach „Bringen" zu bewerten. Die Bewertung erfaßt alle Teilleistungen zum Abschluß der Schleppen und sämtliche Bringleistungen während der Wasserarbeit.

Die weiteren besonderen Anlagefächer sind im vorangegangenen Kapitel „VJP – erste Hürde für Vorstehhunde" ausführlich vorgestellt, die Einarbeitung der Junghunde beschrieben worden. Geprüft wird auf der HZP ähnlich den Verfahren bei der VJP, aber natürlich sind fortgeschrittenes Alter und vertiefte Ausbildung der Hunde angemessen zu berücksichtigen – die Meßlatte hängt im Herbst einfach höher als im Frühjahr.

Stöbern mit Ente

Eine Sonderstellung nimmt das „Stöbern mit Ente im deckungsreichen Gewässer" ein. Es ist Pflichtfach bei jeder HZP (sofern nicht durch behördliche Verbote in einigen Ländern untersagt), wird aber lediglich in Niedersachsen, NRW, Sachsen und Sachsen-Anhalt auch verbindlich im Rahmen der BP geprüft. Diese Länder haben unter Berücksichtigung der aktuellen Rechtsprechung bei der Wasserarbeit klare Verhältnisse geschaffen und eine Vorreiterrolle in Deutschland übernommen. Hier wird auch deutlich gemacht, daß es keine unterschiedliche „Wassertauglichkeit" geben darf:

Für die jagdliche Brauchbarkeit bei der Wasserjagd wird die Einarbeitung und Prüfung unserer Hunde an der lebenden Ente mindestens ebenso benötigt wie für die Feststellung von züchterisch bedeutsamen Merkmalen wie Härte, Durchhaltewillen und fehlende Wildscheue. Auf dieser Grundlage ist auch die dauerhafte Bereitstellung wirklich geeigneter Jagdhunde sichergestellt.

Geprüft wird nach der Verbandsprüfungsordnng „Wasser" des JGHV, die Bestandteil der VZPO ist. Wo zutreffend, sind ergänzend weitere Bestimmungen der Länder zu beachten. In jedem Fall gilt:

- Arbeit an der lebenden Ente erst nach Beweis der Schußfestigkeit und der Zuverlässigkeit im Verlorensuchen und -bringen.
- Nach Ausbildung an höchstens drei Enten wird für die Prüfung grundsätzlich nur eine weitere Ente für den Hund ausgesetzt.
- Selbständiges Bringen der Ente (ohne Führereinwirkung) ist in jedem Fall Voraussetzung für das Bestehen der Wasserprüfung.
- Hunde, die einmal eine Prüfung im Fach „Stöbern mit Ente" bestanden haben (mindestens „genügend"), dürfen in diesem Fach nicht mehr geprüft werden. Das zuerst erreichte Prädikat ist in die Zeugnisse späterer Prüfungen zu übernehmen. Ausnahmen können für Zuchtauslese – oder Internationale Prüfungen gemacht werden.
- Bei Nichtbestehen ist eine einmalige Nachprüfung möglich.

Wie Sie Ihren Hund auf dieses Fach der HZP vorbereiten, ist ausführlich im Kapitel „Lebende Ente – jagdnahe Ausbildung" beschrieben worden.

Bewertungsverfahren

Über Bestehen oder Nichtbestehen von BP oder HZP entscheidet die Bewertung der von den Hunden gezeigten Leistungen in den einzelnen Prüfungsfächern. Relativ einfach sind die Regeln für die BP: Der Hund muß in jedem Fach mindestens ausreichende Leistungen erbringen, es gibt nur die Richterentscheidung „bestanden" oder „nicht bestanden".

Bei der HZP dagegen wird erheblich stärker differenziert: Von „ungenügend" (0) bis „hervorragend" (12) können Arbeitspunkte vergeben werden, die entsprechend ihrer Bedeutung noch mit Fachwertziffern multipliziert werden. Zum Bestehen der Prüfung

Der Richterobmann gibt die Bewertung der vom Hund gezeigten Leistungen bekannt und erläutert diese („offenes Richten").

sind mindestens 3 Punkte („genügend") in allen Fächern erforderlich. Die Summe der ermittelten Wertungspunkte schmückt schließlich das HZP-Zeugnis. Dieses Prüfungsergebnis wird in der Ahnentafel des Hundes eingetragen und im Deutschen Gebrauchshunde-Stammbuch dokumentiert. Allerdings ist die Dokumentation unerbittlich: Auch nicht bestandene oder abgebrochene Prüfungen werden eingetragen, um die Prüfungslaufbahn lückenlos darzustellen.

Während der Prüfungsvorbereitung in den Sommermonaten wünsche ich Ihnen eine glückliche Hand und einen gelehrigen Junghund. Für HZP und BP hoffe ich mit Ihnen auf Reviere mit reichlich Niederwild, damit Ihr Vierbeiner sein Können überzeugend präsentieren kann. Viel Suchenglück wird Ihnen auch der Prüfungsleiter wünschen, und dem schließe ich mich an. Damit würde auch mehr als ein Jahr der Arbeit mit Ihrem Hund einen angemessenen Abschluß finden. Gleichzeitig wäre der Anfang für erfolgreiches gemeinsames Jagen gemacht – dazu wünsche ich Ihnen Waidmannsheil!

Darauf sollten Sie achten:

- „Jagdlich brauchbar" nur nach den Bestimmungen der Bundesländer.
- HZP allein reicht regelmäßig nicht für jagdliche Brauchbarkeit.
- Gleiche Prüfungsinhalte bei BP und HZP: Schußfestigkeit im Feld und im Wasser, Schleppen, Verlorensuchen (tote Ente), Allgemeiner Gehorsam.
- Zusatzfächer für BP: Unterschiede in den Ländern beachten.
- Bewertung bei HZP: Nase, Suche, Vorstehen, Führigkeit, Arbeitsfreude, Stöbern mit Ente (ggf. Hasenspur), Bringen.
- BP „Schalenwild" nur für einfache Totsuchen.

Gehorsam im Revier – selbstverständlich erfüllt ein brauchbarer Jagdhund diese Forderung.

Ich kauf mir einen Hund mit Prüfung

Jagdhunde werden das ganze Jahr über zum Verkauf angeboten – ein Blick in den Anzeigenteil der Jagdzeitschriften zeigt die Vielfalt der „Kandidaten". Nach abgeschlossener Ausbildung und Prüfung im Herbst ist das Angebot allerdings besonders groß. Wer erst im August oder September eines Jahres die Entscheidung „pro Hund" treffen kann, hat also durchaus noch Chancen, im Oktober mit einem vierbeinigen Jagdhelfer durch das Revier zu streifen.

Ein deutliches Wort vorneweg: Es gibt kein Verfahren mit mehr Arbeit, mehr Chancen und mehr Freude, als den eigenen Jagdhund im Welpenalter zu übernehmen und für die Revierpraxis einzuarbeiten. Andererseits wäre es weltfremd zu verkennen, daß zahlreiche Vierbeiner erst nach mehr oder weniger erfolgreicher Ausbildung im Alter zwischen eineinhalb und zwei Jahren den Besitzer wechseln. Auch für diese Entscheidung mag es bei den Käufern gute Gründe geben. Auf jeden Fall sollte dann aber sichergestellt sein, daß der Hund seine jagdliche Brauchbarkeit nachgewiesen hat.

Grundsatzentscheidung

Einerlei, ob Welpe oder erwachsener Hund – einige grundsätzliche Fragen müssen geklärt sein, bevor der „Familienzuwachs" ins Haus kommt:

- Ist auch Ihre Familie von der Idee begeistert, „Nachwuchs" zu bekommen?
- Wie kann die Neuerwerbung in das Familienleben integriert werden?
- Ist regelmäßiger jagdlicher Einsatz für Ihren Vierbeiner sichergestellt?
- Paßt der vorgesehene Jagdhund zu Ihren jagdlichen Möglichkeiten?

Weitere wichtige Gesichtspunkte finden Sie im ersten Kapitel „Grundsatzfrage: Jagdhund oder nicht?". Alle Problembereiche, die man sich ausdenken kann, sollten jetzt sorgfältig auf Lösungsansätze untersucht werden – denn weitere (auch freudige) Überraschungen wird es ohnehin noch geben, wenn „Merlin" erst einmal da ist.

„Sperlingshund" als Qualitätsmerkmal

Haben Sie sich für die Anschaffung eines vierbeinigen Hausgenossen entschieden und festgelegt, welche Rasse für Ihr Revier geeignet ist, kann die gezielte Suche losgehen. Wichtig für den Jagdbetrieb sind im wesentlichen zwei Punkte: Zum einen das jagdliche Leistungsvermögen des Hundes und zum anderen seine Bereitschaft, es Ihnen bei Bedarf zur Verfügung zu stellen. Beides werden Sie am ehesten bei Jagdhunden finden, die aus eingetragenen Zwingern des Jagdgebrauchshundverbandes (JGHV) stammen und Ahnentafeln mit dem Symbol „Sperlingshund" besitzen. Natürlich können auch Vierbeiner „o. P." (ohne Papiere) artgerecht gehalten und aufgezogen werden. Allerdings kümmert sich in diesen Fällen kein Zuchtverein darum, daß die „liebevolle Hobbyzucht" nicht einfach Hundevermehrung in einem ehemaligen Schweinestall ist. Auch diese Tiere sind unter Umständen von einem geschickten Abrichter über die Hürden einer Brauchbarkeitsprüfung zu bringen und besitzen anschließend ein entsprechendes Zeugnis. Mit den möglicherweise versteckten Defiziten müssen Sie sich später als neuer Besitzer herumschlagen. Die kurze Freude über den günstigen Kaufpreis kann dann schnell einem langanhaltenden Ärger weichen.

Kontakte

Der Kontakt zu verkaufswilligen Hundehaltern ist problemlos herzustellen:

Am einfachsten geht das natürlich, wenn Sie wissen, daß ein Jäger aus Ihrem Bekanntenkreis seine „Anka" nach bestandenen Herbstprüfungen (HZP/BP) in gute Hände abgeben will. Auch ein Blick in den Anzeigenteil von Jagd- und Jagdhundezeitschriften zeigt schnell, wieviele Vierbeiner „in Jägerhände" abzugeben sind. Für das bessere Zurechtfinden in den dabei verwendeten Abkürzungen und Symbolen haben wir ein Verzeichnis der häufigsten Begriffe für Sie zusammengestellt (siehe Kasten S. 157).

Sollten Sie keinen Anbieter finden, der Ihre Wünsche trifft, können natürlich auch Sie eine Suchanzeige schalten. Hilfreich ist auch die Kontaktaufnahme mit dem Zuchtverein, der die von Ihnen favorisierte Jagdhundrasse betreut. Dort wird man Ihnen neben Informationen über das Einsatzspektrum der betreffenden Vierbeiner regelmäßig auch Auskunft über zum Verkauf stehende Hunde bieten können.

Persönliches Kennenlernen

Wenn ein potentieller Verkäufer gefunden ist, sollten Sie kurzfristig ein persönliches Treffen arrangieren – bei ihm zu Hause! Schließlich haben Sie ein ganz verständliches Interesse daran, „Ihren" zukünftigen Jagdhund, seinen bisherigen Ausbilder und das dazugehörige Umfeld möglichst schnell kennenzulernen. In seinem Revier kann der Abrichter zeigen, wie er mit „Falco" zurechtkommt – und dieser mit ihm! Etwa im August muß ein Vorstehhund in der Vorbereitung auf HZP und BP schon

Abkürzungen auf dem Hundemarkt

A-Sgr.:	Ausstellungssieger	**SW II:**	Verbands-Schweißprüfung
AT:	Ahnentafel		(20 Std.) bestanden, 2. Preis
AZP:	Alterszuchtprüfung	**Sw/III:**	über 40 Std.-Fährte
BP:	Brauchbarkeitsprüfung		bestanden, III. Preis
Btr.:	Bringtreue-Prüfung/Fuchs	**sg/v:**	Formwertnote: „sehr gut"
D:	Derby		Haarwertnote: „vorzüglich"
FS:	Feldsuche	**S:**	Solms (Herbstzuchtprüfung
g:	gut		des DK-Verbandes)
sg:	sehr gut	**SchwhN:**	Schweißprüfung auf natür-
gen:	genügend		licher Wundfährte
gew.:	geworfen, gewölft	**Tvb:**	Totverbeller
Gs:	Gebrauchssieger	**VJP:**	Verbands-Jugendprüfung
GP:	Gebrauchsprüfung	**VJP 67 P:**	Verbands-Jugendprfg. mit
G. Sg:	Gebrauchssieger		67 P. bestanden
HZP:	Verbands-Herbstzucht-	**VGP:**	Verbands-Gebrauchsprüfung
	prüfung	**VGP I:**	VGP bestanden, I. Preis
HN:	Härtenachweis	**VPS:**	Verbandsprüfungen nach
IKP:	Intern. Kurzhaar-Prüfung		dem Schuß
JEP:	Jagdeignungsprüfung	**VSwP:**	Verbands-Schweißprüfung
JZ:	Jugendzuchtprüfung	**Vbr.:**	Verlorenbringer auf natürl.
JGP/R:	Jagdgebrauchsprüfung		Wundspur (Hase oder Fuchs)
j:	aus jagdlicher Zucht	**VZPO:**	Verbands-Zuchtprüfungs-
JP:	Jugendprüfung		ordnung
JGHV:	Jagdgebrauchshundverb.	**VGPO:**	Verbands-Gebrauchs-
KS:	Kurzhaarsieger		prüfungsordnung
LL:	Leistungsliste	**VHZP:**	Vereins-Herbstzucht-
LZ:	Leistungszucht		prüfung
m:	mangelhaft	**WT:**	Wurftag
PO:	Prüfungsordnung	**wdl:**	Waidlaut
SW I:	Verbands-Schweißprüfung	**WP:**	Wasserprüfung
	(20 Std.) bestanden, 1. Preis	**ZPO:**	Zuchtprüfungsordnung

relativ weit sein – also können Sie zu Recht ansprechende Leistungen bei Suche, Vorstehen, Schleppenarbeit und im Wasser erwarten. Vereinzelte Defizite sind bis zur Prüfung (meist im September) sicherlich noch zu beheben. Sollten sich dagegen ganz erhebliche Ausbildungsmängel offenbaren, müßten auch ganz besondere Gründe geltend gemacht werden, um diese zu erklären.

Wenn der Hund Ihnen nach einiger Zeit Einblick in seinen Charakter gewährt hat, prüfen Sie sich auch selber:

- Paßt dieser Typ zu Ihnen? Können Sie es genießen, wenn ein Deutsch Langhaar der 30 kg-Klasse Ihnen voller Begeisterung an den Hals fliegt oder haben Sie lieber ein eher schüchternes Stupsen in der Kniekehle?
- Trauen Sie es sich zu, einen substanzvollen Gordon Setter mit unbändigem „Drang nach vorne" im Griff zu haben und verfügen Sie über das passende Revier für soviel „Power"?
- Oder bevorzugen Sie von vornherein eine ruhigere Gangart und einen ebensolchen Vierbeiner?

Erst brauchbar, dann schön!

Im Jagdbetrieb kommt es auf Leistungsfähigkeit und -bereitschaft des Hundes an, nicht auf sein Aussehen! Ihre Kaufentscheidung sollte deshalb vorrangig die oben aufgeführten Faktoren berücksichtigen. Getreu dem Motto „Durch Leistung zum Typ" entspricht der Vierbeiner dann regelmäßig auch dem Standard des Zuchtvereins. Dazu gehört allerdings auch ein dichtes glänzendes Fell, unter dem der Rippenbogen gerade erkennbar ist. Natürlich achten Sie auf ein vollständiges (Scheren-)Gebiß, klare Augen ohne irgendwelche Beeinträchtigungen, ein einwandfreies Gangwerk und bei Rüden auf zwei Hoden im Hodensack.

Sind Sie bis hierher von Führer und Hund positiv beeindruckt, sollte ein Blick in die Papiere das gute Bild abrunden. Die Ahnentafel gibt mindestens

Freudig, interessiert und selbstbewußt sollte ein Jagdhund seinen Führer im Revier begleiten – wichtige Gesichtspunkte für eine Kaufentscheidung.

Widmen Sie aber nicht nur den speziellen jagdlichen Leistungen des Vierbeiners Ihre Aufmerksamkeit, sondern auch seinem Verhalten im allgemeinen:

- Wie steht es um die Bereitschaft zur freudigen Zusammenarbeit mit dem Führer?
- Wie oft (und wie laut) werden Kommandos gegeben, bevor der Hund sie befolgt?
- Welchen Eindruck vermittelt er durch sein ganzes Auftreten – lustlos, eingeschüchtert und scheu gegenüber Fremden oder freudig, selbstbewußt und leistungswillig?

Aufschluß über Eltern, Groß- und Urgroßeltern des Vierbeiners. Sie enthält Hinweise auf Leistungen der Vorfahren, die diese auf Prüfungen oder im Jagdbetrieb erbracht haben. So werden alle Jagdhunde nach bestandener Verbandsgebrauchsprüfung (VGP), der „Meisterprüfung" der Vorstehhunde, im Deutschen Gebrauchshundestammbuch des JGHV registriert und erhalten ihre persönliche DGStB-Nummer. Diese taucht natürlich auch in der Ahnentafel wieder auf. Viele Vorfahren mit VGP erlauben zumindest die Aussage, daß die Führer sich mit talentierten Vierbeinern beschäftigt und diese hochwertige Prüfungsleistungen erbracht haben.

Leistungszeichen

Eine weitere Auswahl von wichtigen Leistungszeichen des JGHV, die sich ggf. in Ahnentafeln wiederfinden können:
– A.H. = Armbruster-Haltabzeichen: Wird vergeben, wenn der Hund während einer Verbandsprüfung an jedem Hasen gehorsam war und für die Arbeit auf der Spur des nicht mehr sichtigen Hasen die Mindestnote „gut" erhielt.
– Vbr = Verlorenbringer: Bezeichnung für einen Hund, der bei der Jagd die Spur eines nicht mehr sichtigen krankgeschossenen Hasen oder Fuchses über mindestens 300 m verfolgt und das Wild gebracht hat.
– Btr = Bringtreueprüfung bestanden: Für Hunde, die kaltes Wild (Fuchs) mindestens 100 m vom Führer entfernt selbständig aufgenommen und apportiert haben.

– Sw = Verbandsschweißprüfung bestanden: Auszeichnung für erfolgreiche Arbeiter auf der mindestens 1000 m langen künstlichen Schweißfährte (Stehzeit 20 oder 40 Stunden).

Gesundheit geht vor

Mindestens ebenso wichtig wie die Leistungsbilanz der Vorfahren sind Aussagen zu ihrer körperlichen Integrität: Gerade die Hüftgelenks-Dysplasie (HD), eine krankhafte Deformation der Hundehüfte, schränkt nämlich das Wohlbefinden und die physische Leistungsfähigkeit der Jagdhunde ganz erheblich ein. Deshalb sollte der zum Verkauf stehende Vierbeiner möglichst schon diesbezüglich untersucht worden sein und den Nachweis der HD-Freiheit besitzen. Vom Alter her ist das unproblematisch, denn diese Röntgenuntersuchung bei Vollnarkose kann erfolgen, wenn der Hund das erste Lebensjahr vollendet hat. Der entsprechende Eintrag ist regelmäßig in der Ahnentafel (auch für die vorhergehenden Generationen) oder in einem separaten Untersuchungszeugnis zu finden.

Zuchtschau und VJP

Mit dem Körperbau des Hundes, seinem Haarkleid und seiner Tauglichkeit für die Zucht befassen sich auch die Formwertrichter bei einer Zuchtschau. Sie vergleichen das äußere Bild und eventuelle Untersuchungsergebnisse (z. B. HD) mit den für die jeweilige Rasse festgelegten Vorgaben, dem sogenannten Rasse-Standard. Je mehr der vorgestellte Jagdhund dem Standard entspricht, um so besser die Bewertung. Alle Eigentümer streben verständlicherweise nach „v" (vorzüglich) oder doch „sg" (sehr gut) – schließlich steigert diese Benotung auch den Marktwert des Vierbeiners. Aber auch „g" (gut) oder „gen." (genügend), sogar „ungen." (ungenügend) kann das Urteil lauten.

Wird ein Jagdhund mit eineinhalb bis zwei Jahren zum Verkauf angeboten, so gab es bis dahin auch schon Gelegenheit, ihn auf einer Zuchtschau vorzustellen. Hat der Eigentümer darauf verzichtet, wird er das erklären können (und diese Erklärung vielleicht mit dem zutreffenden Hinweis auf spätere Präsentationsmöglichkeiten verbinden). Ansonsten gibt das Zuchtschau-Ergebnis in der Ahnentafel Ihnen einen ersten Eindruck von der offiziellen Einschätzung der Qualitäten des betreffenden Vierbeiners.

Abgerundet wird die „Papierform" z. B. durch das VJP-Zeugnis des gleichen Jahres. Es ist normal, Vorstehhunde im Jahr nach ihrer Geburt auf dieser Anlagenprüfung einer Richtergruppe im Feld zu präsentieren. Alternativ kommen natürlich auch die entsprechenden Spezialprüfungen der Zuchtvereine in Frage (z. B. Derby bei Deutsch Kurzhaar oder Jugendsuche bei Pointern und Settern). Natürlich werden die dabei vergebenen Noten auch durch Suchenglück und Suchenpech, die Tagesform von Führer und Hund sowie andere Unwägbarkeiten beeinflußt. Die Zeugnisaussage sollte deshalb nicht das einzige Kriterium für Ihre Kaufentscheidung sein, gibt aber in Verbindung mit dem im Revier gezeigten Verhalten des betreffenden Hundes wichtige Aufschlüsse über seine Talente und Entwicklungsmöglichkeiten.

Ist der Vierbeiner nicht auf einer VJP vorgestellt worden, wird der Eigentümer Ihnen seine Gründe nennen können. Damit muß noch nichts verloren sein, denn der Start bei HZP, BP oder auch VGP ist ohne vorherige Frühjahrsprüfung zulässig. Aber Vorsicht: Manche Zuchtvereine fordern als Voraussetzung für die Zuchttauglichkeit oder für die Zulassung zu weiteren Zuchtprüfungen das Absolvieren der VJP und Mindestnoten in bestimmten Fächern. Erfüllt der zu verkaufende Hund diese Bedingungen nicht, ist auch eine Verwendung als Zuchthündin oder Deckrüde ausgeschlossen. Dieser Umstand sollte mindestens bei der Festsetzung des Kaufpreises angemessen berücksichtigt werden.

„Günstig abzugeben"

Wird ein Jagdhund per Anzeige zum Verkauf angeboten, findet sich nur in wenigen Fällen ein direkter Hinweis auf den erwarteten Kaufpreis – meist sind diese Tiere „günstig abzugeben". Dennoch wollen die bisherigen Eigentümer bei der Übergabe des Vierbeiners natürlich entlohnt werden, üblicherweise mit „Bargeld auf die Hand". Für die Preisgestaltung gibt es keine festen Regeln, sie wird ausschließlich durch Angebot und Nachfrage sowie die Umstände des Einzelfalles bestimmt. Üblicherweise werden Sie für einen Vorstehhund mit bestandener HZP, dem

Angemessener Preis für sehr gute Vorstehleistung und mehr: Jagdhunde mit Prüfung gibt es nicht umsonst.

Bei Ihrer Suche nach einem vierbeinigen Jagdhelfer sollten Sie sich begleiten lassen: Ein fachkundiger Jagdfreund wird Ihnen sicherlich gern Gesellschaft leisten, mit Ihnen beobachten, Fragen stellen und seine Eindrücke mit Ihnen teilen. Vier Augen sehen mehr als zwei, in der Erörterung von Meinung und Gegenmeinung findet sich das Wesentliche meist besser als in einer Einzelbetrachtung. Gleichermaßen empfehlenswert ist es, sich vor der Kaufentscheidung mehrere Hunde vorführen zu lassen – Stärken und Schwächen des einen werden zuweilen erst offenkundig, wenn man den zweiten im Revier erlebt hat.

Nachweis der jagdlichen Brauchbarkeit und einem ansprechenden Zuchtschau-Ergebnis in der Jugendklasse zwischen 3.500 und 5.000 DM kalkulieren müssen. Wenn man die bisher für den Hund notwendigen Aufwendungen betrachtet (Welpenpreis, Tierarzt- und Futterkosten, Ausbildungsstunden, ggf. gesonderte Versicherungsbeiträge), scheint diese Summe durchaus angemessen – ob der betreffende Vierbeiner Ihnen diesen Preis wert ist, müssen Sie ganz persönlich entscheiden...

Vorführung im Revier und Übergabe

Auf jeden Fall sollten Sie nur dann kaufen, wenn der angebotene Jagdhund Ihnen ohne Einschränkungen zusagt – nach Aktenlage (Zeugnisse etc.), allgemeinem Verhalten und gezeigten Leistungen. Dazu gehört auch, daß der Vierbeiner Ihnen nach bestandener Prüfung in Ihrem Revier vorgeführt wird. Bei dieser Gelegenheit sollte der bishe-

„Schwarze Schafe"

Falls Sie bei Ihrer Suche im ungünstigsten Fall an einen Halter geraten sind, der seinen Hund wirklich nur „fertigmacht", um ihn anschließend zu verscherbeln: Kaufen Sie nicht aus Mitleid! Sie würden mit Ihrem Geld einen derartigen Mißstand nur noch weiter fördern. Stattdessen ist ein Gespräch mit dem zuständigen Zuchtverein, gegebenenfalls auch mit dem Tierschutzverein, angezeigt, um für Abhilfe zu sorgen.

161

rige Ausbilder Sie auch mit dem neuen Jagdhelfer einarbeiten. Damit lernen Sie die bisher verwendeten Kommandos und Verfahren kennen und für „Ben" wird deutlich, daß Sie ab sofort auch „etwas zu sagen haben". Wie Sie den Kaufvertrag endgültig gestalten (mündlich und per Handschlag oder schriftlich), bleibt Ihnen überlassen – verbindlich ist er im einen wie im anderen Fall.

Natürlich erhalten Sie bei Übernahme des Hundes auch die dazugehörigen Papiere:

- Ahnentafel (alle Prüfungs- und Zuchtschauergebnisse – eventuell ohne BP – eingetragen?),
- Zusatzbescheinigungen über erworbene Leistungszeichen des JGHV,
- Zensurentafeln der absolvierten Verbandsprüfungen und
- den vollständig ausgefüllten Impfpaß.
- Achten Sie auch darauf, daß Sie in der Ahnentafel bereits als neuer Eigentümer eingetragen sind, das erspart Ihnen lästigen Zusatz-Schriftverkehr für nachträgliche Änderungen.

Vermeiden Sie unter allen Umständen einen „Kuhhandel", bei dem Sie Ihren Hund übernehmen, Ihr Geld übergeben und alle Dokumente „nachgereicht" werden sollen! Zuviele Käufer angeblich „fertiger Hunde mit Papieren" haben schon die bittere Erfahrung machen müssen, daß gerissene Verkäufer anschließend nicht mehr erreichbar waren (oder Ahnentafel, Zeugnisse etc. „nicht mehr auffindbar…").

Natürlich stellt ein geprüfter Jagdhund seine Leistungsfähigkeit auch am Wasser unter Beweis.

Einarbeitung

Bitte gewähren Sie Ihrem Hund eine gewisse Zeit zur Eingewöhnung in seiner neuen Umgebung und nutzen Sie diese, um ihn auch jagdlich einzuarbeiten. Erst wenn Ihr Vierbeiner sich richtig auf Sie eingestellt hat, wird er im Revier Höchstleistungen für Sie vollbringen.

Das geht am Anfang mit Sicherheit besser auf der Einzeljagd als bei großen Treiben mit vielen Jägern und Hunden. Nach sorgfältiger Auswahl Ihres Jagd- helfers und einfühlsamer Vorbereitung auf seine Aufgaben dürfen Sie sich auf Höhepunkte im Jägerleben freuen.

Darauf sollten Sie achten:

- „Fertige Hunde" nur mit Nachweis der jagdlichen Brauchbarkeit.
- „Grundsatzfragen" auch mit der Familie klären.
- JGHV-Papiere („Sperlingshund") als Qualitätsmerkmal.
- Erster Eindruck von Führer und Hund bei einem persönlichen Treffen.
- Passen Charakter und Leistung des Hundes zu den eigenen Ansprüchen?
- Stimmen die Papiere (Ahnentafel, Prüfungszeugnisse, Zuchtschau-Bewertung)?
- Keine körperlichen Einschränkungen (HD-Freiheit)!
- „Schwarze Schafe" nicht durch Mitleidskauf unterstützen!
- Vorführung im Revier vor Übernahme und Zahlung.
- Hund und Papiere gehören zusammen!
- Erst Einarbeitung, dann jagdliche Höchstleistung!

Flinte hoch, Hund runter – so kann Schußhitzigkeit wirksam unterbunden werden.

Der erste Jagdtag

Ausbildung abgeschlossen, Prüfung bestanden, jagdliche Brauchbarkeit nachgewiesen – und jetzt? Jetzt kommen erst die wahren Herausforderungen im Leben von Jäger und Jagdhund! Schließlich wollen Sie nach monatelangem Training keinen besonders sportlichen Vierbeiner haben, sondern einen guten Jagdhelfer!

Möglicherweise ergibt sich an dieser Stelle schon das erste Problem: Die fehlende Jagdgelegenheit, mindestens aber die Chance zum regelmäßigen Reviergang. Ohne diese „Inübunghaltung" lassen nämlich die Qualitäten des talentiertesten Jagdhundes bald schon zu wünschen übrig! Dagegen kann „Arco" sich glücklich schätzen, wenn Sie ihm frühzeitig ein entsprechendes Betätigungsfeld gesichert haben. Er wird es Ihnen nach fachkundiger Einarbeitung mit dauerhaft guten Leistungen danken.

Reizvolles Jagen

Jagen mit Hund kann äußerst reizvoll sein – in vielerlei Hinsicht: Zahlreiche Jäger, viele Jagdhunde, (hoffentlich) viele Hasen, unübersichtliches Gelände, große Maisäcker, viele Schüsse, getroffenes Wild, Beuteneid der Hunde, Rufen, Pfeifen und, und, und… Wenn Ihr Jagdhelfer hier noch „mit Verstand" arbeiten und den Überblick behalten soll, müssen Sie ihn gezielt vorbereiten. Dies gilt natürlich besonders für den Anfänger, der nach Ausbildung und erfolgreicher Herbstprüfung in seine erste Jagdsaison starten soll. Es trifft aber im Prinzip gleichermaßen für den Vorstehhund im fünften Feld zu, der auf Grund unglücklicher Umstände im Frühjahr und Sommer nur befestigte Wege betreten durfte – auch frühere VGP-Erfolge sind keine Garantie auf Lebenszeit! Eine Garantie für den Mißerfolg kann dagegen übernommen werden, wenn ein armseliger Vertreter einer Jagdhundrasse nach monatelangem Zwingeraufenthalt endlich die grenzenlose (?) „Freiheit der Felder" erleben darf und dort auf Anhieb Höchstleistungen zeigen soll. Oder gibt es dieses Zerrbild nur in der Phantasie einiger übertrieben besorgter Jäger?

Erst simulieren, dann jagen

Je mehr (jagdliche) Reizsituationen Ihr Hund kennengelernt und gemeinsam mit Ihnen bewältigt hat, desto geringer ist seine Anfälligkeit für derartige Verleitungen. Das haben Sie schon bei der Prüfungsvorbereitung berücksichtigt und so oft wie möglich „Jagdsimulation" betrieben: Ihr Vierbeiner kennt

Krönender Abschluß eines Pirschgangs zu zweit.

Reize im Griff mit Einzeljagd

Wer seinen Hund sorgfältig vorbereitet und auf den Herbstprüfungen geführt hat, will den so erreichten Ausbildungserfolg nicht leichtfertig aufs Spiel setzen. Wer viel mit Hund jagt, weiß um die unzähligen Reize, denen der Vierbeiner nur in der jagdlichen Praxis ausgesetzt werden kann. Um die nötige Sicherheit bei diesen Verleitungen zu erreichen, gibt es nur eines: Die Einarbeitung bei der Einzeljagd. Sie ist ein absolutes „Muß" für den Jährling, kann aber auch für den älteren Vierbeiner nach längerer Jagdpause zweckmäßig sein.

das Gruppenerlebnis mit „Arco", „Ben" und „Elsa" (z. B. vom Führerlehrgang), für ihn sind Schüsse bei der Schleppenarbeit nichts Ungewöhnliches und natürlich hat er tote Enten auch in der Dämmerung aus schwierigem Schilfwasser apportiert.
Übrigens: Falls seine HZP schon einige Jahre zurückliegt, „simulieren" Sie doch noch einmal vor Beginn der Niederwildjagden. Wenn alles wie am Schnürchen klappt, freuen Sie sich mit Ihrem Hund. Sollte es noch Defizite geben, können Sie gezielt „Nachhilfe" erteilen. Dabei geht es natürlich nicht um Strafaktionen (weshalb hat Ihr Begleiter denn nicht die gewünschte Leistung gezeigt?), sondern um das zügige Erreichen des für die Praxis erforderlichen Leistungsniveaus. Es gehört sich, diese Arbeiten vor dem Jagdtag zu erledigen – nicht unter den mißmutigen Blicken einer größeren Jagdgesellschaft!

Erfolgsfaktoren

Worum geht es? Ganz einfach: Um die Bereitschaft des Hundes, für seinen Führer zu jagen! Wo soll das Problem liegen? Ebenso einfach: In der verständlichen Neigung des Vierbeiners, zunächst seine „eigene Jagd" zu machen, nur als Hund auf vielerlei Reize zu reagieren und erst anschließend (vielleicht) auch noch seinen Menschen und dessen Wünsche zu beachten. Allerdings liegt auch die Problemlösung in erreichbarer Nähe. Dabei spielen drei Faktoren eine besondere Rolle:

● Die „Chemie" zwischen Jäger und Jagdhund muß stimmen. Nur bei gegenseitiger Zuneigung und Beschäftigung miteinander kann ein Vertrauensverhältnis entstehen, das Grundlage für erfolgreiche Zusammenarbeit ist. Dazu braucht man Zeit und jagdliche Arbeitsgelegenheit.

Einzeljagd statt Treibjagdgetümmel – so werden Jagdhunde nach HZP und Brauchbarkeitsprüfung richtig auf den Jagdbetrieb vorbereitet.

- Vor den Erfolg haben die Götter den Schweiß gesetzt: Ohne sorgfältige Ausbildung des Hundes (mit Prüfungsbestätigung) läuft auch bei der Jagd gar nichts!
- Schließlich gilt es, mit Einfühlungsvermögen den Übergang vom „Trockentraining" zum „Vollgebrauch" zu gestalten – Einzeljagd ist das Gebot der Stunde!

Aus alter Zeit

Am Beispiel unserer Vorstehhunde soll aufgezeigt werden, wie das gestaltet werden kann. Dabei gibt es ein Vorbild aus „alten Zeiten", das bedenkenlos übernommen werden könnte: Die Hühnerjagd vor dem Hund im September/Oktober. Dies war die klassische Gelegenheit für den Einzeljäger, um mit seinem vierbeinigen Jagdhelfer für einige Stunden durch Kartoffel- oder Rübenschläge zu streifen und zufrieden mit schmackhafter Beute heimzukehren. Natürlich konnte das auch in Gesellschaft von zwei oder drei Jagdfreunden geschehen, auch ein weiterer (erfahrener) Hund durfte gern dabeisein. Diese Jagd war ruhig und übersichtlich, große Strecken spielten keine Rolle. Dafür bot sie hervorragende Gelegenheit, das Leistungsvermögen der Vierbeiner noch einmal „aufzupolieren": Gehorsam, Führigkeit, kurze und weite Suche, Vorstehen, Schußfestigkeit, Schußruhe und Apportieren – all das konnte im Laufe eines Nachmittags in der Jagdpraxis überprüft und verbessert werden.

Grundlagenarbeit

Und heute? Der Kartoffelacker mußte dem Maisfeld weichen, in NRW gibt es noch zwei Kreise bzw. kreisfreie Städte mit einer bejagbaren Anzahl von Rebhühnern – die Zeiten und jagdlichen Verhältnisse haben sich offenkundig geändert. Auf diese Veränderungen muß (und kann) der Hundeführer reagieren. Tauben und Kaninchen gibt es in den meisten Niederwildrevieren in ausreichender Zahl, mit ihnen kann der Jährling heute seine ersten jagdlichen Erfahrungen sammeln. Das ist ohne großen Aufwand zu organisieren: Reservieren Sie einfach einige Nachmittage im Herbst für „kynologische Grundlagenarbeit". Drei Stunden Pirschgang bei passendem Wetter am späten Nachmittag bieten zunächst gute Gelegenheit, „Birke" an geeigneter Stelle im Revier einfach rennen zu lassen. Dieses „Dampfablassen" erleichtert die Konzentration auf die folgenden Arbeiten ganz erheblich.

Wenige Minuten mit Gehorsamsübungen (z. B. Leinenführigkeit im Stangenholz, Ablegen und Abholen, Folge frei bei Fuß und Kommen auf Pfiff) erinnern Ihren Vierbeiner an die Grundlagen des erhofften jagdlichen Erfolges – Gehorsam, Gehorsam, Gehorsam!

Wenige Minuten benötigen auch Sie nur, um einige (vielleicht überlebenswichtige) Dinge zusammenzustellen, die Sie bzw. Ihr Hund bei jedem Reviergang dabeihaben sollten:

- Hundepfeife (einschließlich Trillerpfiff): Bei starker Ablenkung, lauten Umweltgeräuschen oder großer Entfernung ist sie einfach wirkungsvoller als jede menschliche Stimme.
- Signalhalsung: Breit sollte sie sein, in Neonfarben strahlend (vielleicht noch mit Reflektorstreifen) und mit einer Telefonnummer versehen. Diese Nummer kann der freundliche Mensch anrufen, der Ihren Hund jenseits der Bundesstraße aufgegriffen hat – und Ihnen eine schlaflose Nacht ersparen. Falls ein Jagdnachbar über diesen „Papageien-Schmuck" lästert: Schenken Sie ihm doch eine Signalhalsung, nachdem sein „tarnfarbener" Jagdhund (statt des Kaninchens) im Farnkraut eine Schrotladung einstecken mußte.
- Verbandspäckchen: Über die zweckmäßige Zusammenstellung der Materialien für Mensch und Hund sollten Sie mit Ihrem Arzt und Tierarzt sprechen. Hoffentlich werden Sie es nie brauchen, aber immer das beruhigende Gefühl genießen – auch in der entlegensten Ecke des Reviers.
- Adresse und Telefonnummer eines Tierarztes: Für Menschen in Not gibt es Notrufnummern (110/112). Nach einem Unfall kann es auch für Ihren Hund um Minuten gehen – wenn Sie jetzt erst suchen und überlegen müssen, sprechen Sie möglicherweise unbewußt sein Todesurteil…

Start in ruhigen Ecken

Nach dieser Vorbereitung könnte eine erste Suche „unter der Flinte" in einer noch übersichtlichen „Karnickelecke" des Reviers folgen. Natürlich pirschen

Sie nicht am Rande eines riesengroßen Maisfeldes und auch nicht neben einer vielbefahrenen Straße. Falls plötzlich Wild flüchtet und „Birke" auch nur 30 Sprünge gehetzt hat, könnten Sie die Blickverbindung verloren haben. Noch schlimmer wäre es, wenn kreischende Autobremsen Ihnen signalisieren, daß alle Hoffnungen auf erfolgreiches Jagen mit Hund in Kürze begraben werden müßten. Derartige Negativerlebnisse können zwar nicht mit letzter Sicherheit ausgeschlossen, aber mit etwas Nachdenken vor einem Suchengang deutlich reduziert werden. Es gilt also, den Vierbeiner im Blick zu behalten und ggf. schnell mit Kommando oder Trillerpfiff einzuwirken.

Sorgen Sie auch dafür, daß Ihr Jagdhelfer mit angemessener Geschwindigkeit arbeitet – nicht er bestimmt das Tempo, sondern Sie! Das wird in unübersichtlichen und schwer begehbaren Bereichen immer niedriger sein als auf einem ebenen Wildacker mit einigen Sonnenblumen und Klee-Untersaat. Spannend wird es, wenn „Birke" nach einigen Suchengängen langsamer wird und schließlich fest vorsteht. Jetzt sollen Sie als guter Jäger die Vorarbeit Ihres Hundes mit sicherem Schuß vollenden!

Flinte hoch – Hund runter

In dieser Situation muß Ihre Aufmerksamkeit auf zwei Bereiche verteilt sein:

- Wenn Sie ruhig zu Ihrem Jagdhelfer vorrücken und an ihm vorbeigehen, erwarten Sie vor sich Wild, das – wenn passend – auch erlegt werden soll.

- Gleichzeitig muß verhindert werden, daß Ihr Hund beim Aufstehen der potentiellen Beute, spätestens aber bei Ihrem Schuß, losprescht – und schlimmstenfalls in Ihre Schrotgarbe hineinläuft.

Hier kann Training helfen: Bringen Sie Ihrem Vierbeiner doch bei, daß er sich jedesmal hinlegt, wenn Sie in Anschlag gehen. Das ist problemlos bei allen Reviergängen zu üben und kann das Überleben Ihres Helfers bedeuten. Haben Sie geschossen und getroffen, heben Sie Ihre Beute am besten selber auf – während „Birke" liegenbleibt. So wird zum einen verhindert, daß Ihr Jagdbegleiter nach jedem Schuß sofort losstürmt. Diese unerwünschte Schußhitzigkeit ist schon manchem Jägersmann zum Verhängnis geworden, der von seinem kapitalen DD-Rüden beim Heben der Flinte an der umgehängten Hundeleine einfach umgerissen wurde.

Zum anderen sollten gerade Jagdhunde im ersten Herbst ihre Apportierarbeiten möglichst am nicht sichtigen Wild leisten – Nasenarbeit ist gefragt! Nur so wird der sichere Verlorenbringer herangebildet, der später die Spur des krankgeschossenen Hasen auch über 300 m hält und zuverlässig mit Beute zurückkehrt.

Standruhe

Gönnen Sie sich und Ihrem Jagdhund zum Abschluß Ihres Reviergangs noch etwas Besinnliches: Richten Sie sich in guter Deckung ein und warten Sie auf die Tauben, die ihren Schlafbäumen zustrebe. Ihr Vierbeiner wird nach der vorhergehenden Bewegung auch geneigt sein, seinen Platz einzunehmen und zu halten. Jetzt ist der Hund mit Standruhe gefordert, schließlich können Sie für erfolgreiches Jagen keinen unruhig winselnden Begleiter gebrauchen.

Auch in dieser Situation empfiehlt sich „Flinte hoch – Hund runter". Getroffene Tauben sollten ohnehin als Lockmittel für weitere Artgenossen vor Ihrem Stand verbleiben, das Einsammeln oder auch gezielte Apportierübungen erfolgen zum Ende der Jagd.

Fortsetzung im Wasser

Was an Land gut geklappt hat, sollte im Wasser fortgesetzt werden: Ein Einzelansitz beim Entenstrich ist für einen jungen Hund mit Sicherheit besser als das „Dauerfeuer" einer 20köpfigen Jagdgesellschaft. Im Prinzip gelten dabei die oben genannten Grundsätze, die aber um einige besondere Hinweise zu ergänzen sind. Bei Fließgewässern muß Vorsorge getroffen werden, daß erlegte Enten nicht abgetrieben werden und verlorengehen. Das kann den Hunde-Einsatz unmittelbar nach dem Schuß nötig machen.

Deshalb sollten Sie versuchen, den Jährling am stehenden Gewässer einzuarbeiten. Auch hier kann er zunächst wieder Standruhe und Gehorsam unter Beweis stellen. Um das zu erleichtern, haben Sie natürlich für genügend (!) Auslauf vor der eigentlichen Jagd gesorgt. Jeden Treffer registrieren Sie (gegebenenfalls nach Gehör, wenn die Ente auf das Wasser klatscht), um zu wissen, wieviel Beute am Ende einzusammeln ist.

Bewährungsprobe

Nach „Hahn in Ruh" folgt die Bewährungsprobe für Ihren Vierbeiner. Relativ leicht sind die erlegten Enten auf dem offenen Wasser zu finden und zu bringen. Wahrscheinlich wird aber auch die eine oder andere in Schilf-

Auch am Wasser jagt man Junghunde am besten bei der Einzeljagd ein – mit einem „Altmeister" in Reserve.

gürtel oder Buschwerk gefallen sein. Sie kennen ja das gewünschte Ergebnis und werden Ihren Hund so lange zum Suchen auffordern, bis die gesamte Beute in Ihrem Besitz ist.

Bei dieser Arbeit ist weitgehende Selbständigkeit und Zuverlässigkeit Ihres Jagdhelfers gefragt – jetzt zahlt sich sorgfältiges Training aus! Unterstützung von Ihrer Seite ist nur im Ausnahmefall möglich, wenn Sie eine Ente definitiv sehen können (z. B. bei Tageslicht nach dem Morgenstrich oder im Schein einer starken Taschenlampe). Reagiert Ihr Hund auf Handzeichen, können Sie ihn auf diese Weise unter Wind und in die Witterung der Ente dirigieren. Zur Not kann auch ein gezielter Steinwurf oder ein Richtungsschuß deutlich machen, wo noch Beute zu holen ist.

Gerade bei den ersten Wasserjagden eines Jährlings ist es wichtig, einen erfahrenen Jagdhund in Reserve bereitzuhalten. Er kann möglicherweise die letzte geflügelte Ente bringen, die dem Nachwuchs zunächst noch zu entkommen vermochte.

Fürsorge

Denken Sie auch daran, daß Ihr Vierbeiner nach der Wasserarbeit wieder trocken werden muß, wenn er lange gesund bleiben und Ihnen Freude bereiten soll. Je nach Temperatur und Felldichte kann es genügen, wenn er das Wasser abschütteln und sich trockenlaufen kann. Möglicherweise ist es auch nötig, ihn abzutrocknen (Handtuch im Rucksack). Keinesfalls akzeptabel ist es jedenfalls, einen Jagdhund nach kräfte-

zehrender Wasserarbeit rasch in den kalten Kofferraum oder Zwinger zu sperren, damit die Menschen es sich allein vor dem Kamin gemütlich machen können…

„Notlage Treibjagd"

Abschließend ein Wort zu den „Notlagen" des Jägerlebens. Möglicherweise haben Sie kein eigenes Revier und sind auf Jagdeinladungen angewiesen. Wenn diese nur zur großen Treibjagd kommen, geraten Sie eventuell in einen Gewissenskonflikt: Jagd absagen, ohne „Arco" kommen oder Hund verderben? Eine Kompromißlösung könnte darin bestehen, daß Sie in diesem Herbst zwar mit Begleiter zur Jagd erscheinen, diesen aber weitgehend an der Leine halten. So können Sie auf jeden Fall Gehorsam bei der Jagd und Standruhe einüben, denn auch jetzt ist nicht viel Beute von Bedeutung, sondern ein brauchbarer Jagdhelfer.

Die eine oder andere Nachsuche zwischen den Treiben bringt möglicherweise die Gelegenheit, ihn zu schnallen und erfolgreich arbeiten zu lassen. Vielleicht entwickelt sich daraus sogar ein Angebot des Jagdherrn: „Wenn Du mit Deinem Hund mal bei mir im Revier üben willst…". Auf keinen Fall sollten Sie einen unerfahrenen HZP-Hund sofort im großen Treiben von der Leine und mit der Meute in den Mais- oder Senfschlag lassen. Dort entwickelt sich nämlich blitzschnell eine wirklich „wilde Jagd" – weit entfernt von „Vorstehen vor Wild" und „Zusammenarbeit mit dem Führer". Mit hoher Sicherheit wird Ihr bisheriger Ausbildungs- und Prüfungserfolg zunichte gemacht – auch wenn Sie das erst bei einer zweiten Jagd an Ihrem Vierbeiner feststellen.

Einen Herbst lang Geduld, Verzicht auf wenige Stücke Wild – dafür Spaß bei der Einzeljagd und anschließendes erfolgreiches Zusammenarbeiten: Tolle Aussichten für Jäger und Jagdhund!

Darauf sollten Sie achten:

- Guter Jagdhund – nur bei regelmäßigem Reviergang.
- Jagen mit Hund ist reizvoll – die Reize zu bewältigen, bringt Waidmannsheil.
- Vorbereitung auf die Jagdsaison – der Hundeführer ist gefordert.
- „Überlebensausrüstung" – nützlich für Jäger und Hund.
- Einarbeitung bei der Einzeljagd – ein „Muß" für den Jährling.
- Kanin und Taube statt Rebhuhn – auch so kann gejagt werden.
- Erst Auslauf und Gehorsam – dann Jagd unter Aufsicht.
- „Flinte hoch – Hund runter!"
- Standruhe – statt Winseln und Schußhitzigkeit.
- Erste Entenjagd – nur mit „Reserve-Hund".
- HZP-Hund im Treiben – Ausbildungserfolg in Gefahr.

Richtlinien zur Feststellung der Brauchbarkeit von Jagdhunden im Land Nordrhein-Westfalen

A: Allgemeine Regelungen

1. Gesetzliche Bestimmungen

Nach dem Landesjagdgesetz Nordrhein-Westfalen (LJG NW) sind bei der Such-, Drück- und Treibjagd, bei jeder Jagdart auf Schnepfen und Wasserwild sowie bei jeder Nachsuche auf Schalenwild brauchbare Jagdhunde zu verwenden.

Bei der Ausbildung und Prüfung für die Wasserjagd sind
- das Urteil des Oberverwaltungsgerichts für das Land NRW (Münster) vom 30.07.1998
- die Vereinbarung zwischen dem Ministerium für Umwelt, Raumordnung und Landwirtschaft (MURL), dem Jagdgebrauchshundverband (JGHV), der Jagdkynologischen Arbeitsgemeinschaft NRW und dem Landesjagdverband NW (LJV NW) – siehe Anhang –
- die Empfehlung des Bundesministeriums für Ernährung, Landwirtschaft und Forsten und des Deutschen Jagdschutz-Verbandes zur Verwendung von Nicht-Blei-Schroten bei der Wasserwildjagd – siehe Anhang –
zu beachten.

Die Brauchbarkeit von Jagdhunden wird nach folgenden Richtlinien festgestellt:

2. Arbeitsgebiete

Die Brauchbarkeit von Jagdhunden kann durch den Nachweis von Zeugnissen über anerkannte Prüfungen bestätigt werden, und zwar

2.1 für das Arbeitsgebiet „Nachsuche auf Niederwild (außer Rehwild)" und/oder

2.2 für das Arbeitsgebiet „Nachsuche auf Schalenwild"

3. „Nachsuche auf Niederwild (außer Rehwild)"

Ein Jagdhund gilt als brauchbar für das Arbeitsgebiet „Nachsuche auf Niederwild (außer Rehwild)", wenn er auf einer anerkannten Prüfung genügende Leistungen in folgenden Fächern erbracht hat:

3.1 Gehorsam (allgemeiner Gehorsam, Verhalten auf dem Stand, Leinenführigkeit)

3.2 Schußfestigkeit im Feld oder Wald

3.3 Bringen von Haarwild auf der Schleppe

3.4 Bringen von Federwild auf der Schleppe

3.5 Freiverlorensuche und Bringen von Federwild

3.6 Schußfestigkeit bei der Wasserarbeit

3.7 Verlorensuchen im deckungsreichen Gewässer

3.8 Stöbern mit Ente im deckungsreichen Gewässer

4. „Nachsuche auf Schalenwild"

Die Brauchbarkeit für die Nachsuche auf Schalenwild betrifft vorwiegend den Aufgabenbereich, ein beschossenes Stück Schalenwild zu finden, das in der Nähe des Anschusses verendet ist (Totsuche). Für schwierigere Nachsuchen – insbesondere, wenn eine Hetze zu erwarten ist – sollen grundsätzlich besonders ausgebildete und geprüfte Hunde (Schweißhunde) eingesetzt werden.

Unter dieser Voraussetzung gilt ein Jagdhund als brauchbar für das Arbeitsgebiet „Nachsuche auf Schalenwild", wenn er auf einer anerkannten Prüfung genügende Leistungen in folgenden Fächern erbracht hat:

4.1 Gehorsam

4.2 Schußfestigkeit im Feld oder Wald

4.3 Schweißarbeit auf der künstlichen Rotfährte (Übernachtfährte) oder Nachsuche auf natürlicher kalter Gesund- oder Wundfährte

5. Definitionen

5.1 Eine Leistung gilt als genügend, sofern sie die Anforderungen der „Prüfungsordnung zur Durchführung von Brauchbarkeitsprüfungen für Jagdhunde im Land NW (BPO NW)" gem. Abschnitt B erfüllt.

5.2 „Anerkannte Prüfungen" im Sinne von Ziffer 2. sind die Brauchbarkeitsprüfungen gem. Abschnitt B sowie Prüfungen nach Prüfungsordnungen des JGHV, der JGHV-Mitgliedsvereine und der übrigen Landesjagdverbände.

Sofern einzelne Prüfungen nicht alle Anforderungen gem. Ziffern 3. und 4. erfüllen, sind Zusatzprüfungen in den entsprechenden Fächern, z. B. im Rahmen einer Brauchbarkeitsprüfung, erforderlich.

Die Festlegung der „anerkannten Prüfungen" und der ggf. erforderlichen Zusatzprüfungen erfolgt durch den LJV NW auf der Grundlage der aktuellen Prüfungsordnungen.

5.3 Die Brauchbarkeit kann auch für solche Jagdhunde bestätigt werden, die auf einer anderen Prüfung als den Brauchbarkeitsprüfungen gem. Abschnitt B in allen Fächern gem. Ziffern 3. und 4. genügende Leistungen erbracht haben, ohne die jeweils angestrebte Prüfung bestanden zu haben.

6. Übergangsregelung

Bisher erteilte Bestätigungen über die Brauchbarkeit von Jagdhunden (Prüfungsordnung vom 01.04.1984 und Richtlinien vom 01.11.1992) behalten ihre Gültigkeit.

7. Inkrafttreten

Die Richtlinien zur Feststellung der Brauchbarkeit von Jagdhunden einschließlich der Prüfungsordnung zur Durchführung von Brauchbarkeitsprüfungen für Jagdhunde im Land Nordrhein-Westfalen treten am 01. Januar 2000 in Kraft.

B: Prüfungsordnung zur Durchführung von Brauchbarkeitsprüfungen für Jagdhunde im Land Nordrhein-Westfalen (BPO NW)

§ 1
Durchführung

(1) Brauchbarkeitsprüfungen werden grundsätzlich nur von den Kreisjägerschaften des Landesjagdverbandes Nordrhein-Westfalen (LJV NW) durchgeführt. Diese können auch einen Verein mit der Durchführung beauftragen, der dem Jagdgebrauchshundverband (JGHV) angehört (Veranstalter). Der Veranstalter ist für die ordnungsgemäße Vorbereitung und Durchführung der Prüfung verantwortlich.

Die Prüfungsordnung und alle für die Prüfung erforderlichen Formblätter sind auf Anforderung beim LJV NW erhältlich.

(2) Alle Hunde sind in den einzelnen Fächern unter möglichst gleichen Bedingungen (Revierverhältnissen) zu prüfen.

§ 2
Richtereinsatz

(1) Der Veranstalter bestellt für jede Brauchbarkeitsprüfung einen vom JGHV anerkannten Verbandsrichter als Prüfungsleiter.

(2) Jede Richtergruppe besteht aus drei Verbandsrichtern. Ist ein Richter an der Wahrnehmung der Aufgabe gehindert, kann ein erfahrener Jäger, der selbst Hundeführer ist, als Notrichter neben zwei Verbandsrichtern eingesetzt werden (aber nicht als Richterobmann).

(3) Alle Verbandsrichter müssen die Qualifikation für die Fächer der jeweiligen Brauchbarkeitsprüfung besitzen. Sie müssen im Besitz der BPO NW und mit deren Inhalt vertraut sein. Dazu bieten LJV NW und Veranstalter regelmäßig Fortbildungsveranstaltungen (Richterschulungen) mit dieser Thematik an.

(4) Die Richter werden vom Veranstalter bestellt; er kann die Entscheidung über die Zusammensetzung der Richtergruppe und die Bestellung des Richterobmannes dem Prüfungsleiter übertragen. Er hat für Richter und Helfer eine Unfall- und Haftpflichtversicherung abzuschließen.

(5) Es ist nicht zulässig, daß ein Richter einen eigenen, von ihm ausgebildeten oder gezüchteten Hund richtet. Das gleiche gilt für die Nachkommen der ersten Generation dieser Hunde. Er darf außerdem keine Hunde von Züchtern, Führern oder Eigentümern richten, die mit ihm verwandt (ersten bis dritten Grades) oder verschwägert sind oder in einer eheähnlichen Gemeinschaft leben.

(6) Eine Richtergruppe, welche die ihr zugeteilten Hunde in allen Fächern prüft, soll am Prüfungstag nicht mehr als sechs Hunde prüfen. Wird in Fachgruppen geprüft, so soll jede Richtergruppe alle Hunde im gleichen Fach prüfen.

(7) Die nötigen Anordnungen für den Ablauf der Prüfung gibt der Richterobmann für seine Gruppe. Den Anweisungen der Richter ist Folge zu leisten.

§ 3
Zulassung

(1) Zugelassen werden Jagdhunde, die auch an Prüfungen im Bereich des JGHV teilnehmen dürfen. Andere Jagdhunde dieser Rassen und deren Kreuzungen können zugelassen werden.

(2) An der Prüfung teilnehmende Hunde dürfen nicht im gleichen Jahr gewölft worden sein. Ihre Identität ist nachzuweisen (z. B. Tätowierung). Die Ahnentafel, sonstige Identitätsnachweise und Nachweise über notwendige Schutzimpfungen sind dem Prüfungsleiter vor Beginn der Prüfung zu übergeben.

(3) Der Führer hat einen gültigen Jagdschein nachzuweisen.

(4) Bei einer Brauchbarkeitsprüfung darf ein Hundeführer nicht mehr als zwei Hunde führen. Prüfungsleiter und Richter dürfen keinen Hund führen.

(5) Mit Dressurhilfsmitteln (z. B. Stachelhalsband, Elektroreizgerät bzw. Attrappe) geführte Hunde werden von der Prüfung ausgeschlossen.

§ 4
Ausschreibung, Meldung

(1) Die Brauchbarkeitsprüfungen müssen dem LJV NW vor dem Prüfungstermin angezeigt werden. Sie sind zusätzlich im Mitteilungsblatt „Rheinisch-Westfälischer Jäger" auszuschreiben. Die Ausschreibung soll mindestens sechs Wochen vor dem Prüfungstermin erfolgen.

(2) Die Ausschreibung muß enthalten:
a) Veranstalter (Name, Anschrift, Telefonnr.)
b) Termin und Ort der Prüfung
c) Meldeschluß-Termin
d) Art der Herstellung der Schweißfährten
e) Höhe des Nenngeldes

(3) Die Hunde müssen bis zu dem in der Ausschreibung genannten Termin schriftlich unter Verwendung des als Anlage abgedruckten Vordrucks bei der in der Ausschreibung genannten Stelle gemeldet werden. Die hierfür erforderlichen Vordrucke werden auf Anforderung vom Veranstalter übersandt. Bei verspätet eingehenden Meldungen besteht kein Anspruch auf Teilnahme.

(4) Mit der Abgabe der Meldung unterwirft sich der Hundeführer den Bestimmungen der Richtlinien zur Feststellung der Brauchbarkeit von Jagdhunden im Land Nordrhein-Westfalen.

§ 5
Nenngeld

(1) Zur Deckung der Kosten der Brauchbarkeitsprüfung wird ein Nenngeld erhoben. Für Hunde, deren Eigentümer nicht Mitglieder des LJV NW sind, ist das doppelte Nenngeld zu zahlen.

(2) Das Nenngeld ist mit der Abgabe der Meldung einzuzahlen. Falls eine Zahlung bis zum Meldeschluß nicht erfolgt ist, besteht kein Anspruch auf Teilnahme an der Prüfung.

(3) Das Nenngeld verfällt zugunsten des Veranstalters, wenn ein Hund für eine Brauchbarkeitsprüfung gemeldet ist und an dieser nicht teilnimmt, sofern er nicht vor dem Meldeschluß durch schriftliche Mitteilung zurückgezogen wurde.

(4) Über die Kosten der Prüfung hat der Veranstalter eine prüfungsfähige Abrechnung zu erstellen und fünf Jahre lang aufzubewahren. Eine Vorlage bei anderen Stellen (Landesamt für Ernährungswirtschaft und Jagd des

Landes NRW oder LJV NW) erfolgt nur nach Anforderung.

§ 6
Prüfungsfächer für das Arbeitsgebiet „Nachsuche auf Niederwild (außer Rehwild)"

Folgende Fächer werden geprüft:

(1) Gehorsam
Die Teilfächer „Allgemeiner Gehorsam", „Verhalten auf dem Stand" und „Leinenführigkeit" sind bei der Bewertung als ein Fach (Gehorsam) anzusehen; dabei muß der Hund in allen Teilfächern genügende Leistungen erbringen.

1. Allgemeiner Gehorsam
Der Hundeführer hat den Hund nach Weisung zu schnallen und ihn einige Minuten laufen zu lassen. Auf Pfiff, Zuruf oder Zeichen hat der Hund dem Hundeführer Folge zu leisten und darf sich ohne Befehl nicht von ihm entfernen.

2. Verhalten auf dem Stand
Bei einem improvisierten Treiben hat sich der am Stand neben seinem Führer sitzende oder abgelegte, angeleinte Hund ruhig zu verhalten. Bei der Abgabe von Schrotschüssen (auch der Führer muß schießen) darf er nicht an der Leine reißen.

3. Leinenführigkeit
Bei einem Gang durch Stangenholz muß der Hund bei lose durchhängender Leine ohne lautes Kommando dicht hinter oder neben dem Fuß seines Führers bleiben. Er darf nicht an der Leine ziehen und muß beim Umgehen von Bäumen unmittelbar seinem Führer folgen.

(2) Schußfestigkeit im Feld oder Wald
Während der Hund bei der Prüfung des allgemeinen Gehorsams ca. 30–40 m vom Führer entfernt ist, gibt der Hundeführer zwei Schrotschüsse im Abstand von ca. 30 Sekunden ab. Stark schußempfindliche (länger als eine Minute dauernde Einschüchterung) oder schußscheue (Flucht oder Arbeitsverweigerung) Hunde können die Prüfung nicht bestehen.

(3) Bringen von Haarwild auf der Schleppe
Die Haarwildschleppe ist von einem Richter mit einem Kaninchen oder einem Hasen auf bewachsenem Boden zu legen und muß mindestens 300 m (400 Schritt) lang sein. Das Wild wird von dem mit etwas Bauchwolle bezeichneten Anschuß unter Einlegung von zwei stumpfwinkligen Haken möglichst mit Nackenwind geschleppt. Die Entfernung zwischen den einzelnen Schleppen muß mindestens 80 m betragen. Sie dürfen an einem Tag nicht wiederholt auf demselben Gelände gelegt werden. Am Ende der Schleppe ist das geschleppte Stück ohne Schleppenleine bzw. ein möglichst frisch geschossenes Stück der gleichen Wildart (je nach Wunsch des Führers) frei abzulegen. Das Stück darf nicht in eine Bodenvertiefung gelegt oder versteckt werden. Nach dem Legen der Schleppe hat sich der Richter in Verlängerung der Schleppe zu entfernen und so zu verbergen, daß er vom Hund nicht eräugt werden kann. Dort hat er ein zweites Stück Wild der gleichen Art frei vor sich hinzulegen. Er darf dem Hund nicht verwehren, dieses Stück aufzunehmen.

Auf Wunsch des Führers kann die Schleppe auch mit einem Stück Wild hergestellt werden. Dieses ist am Ende der Schleppe abzulegen. Die übrigen Bestimmungen gelten sinngemäß.

Der Hund darf das Legen der Schleppe nicht eräugen. Er darf die ersten 20 m der Schleppe an der Leine arbeiten, dann ist er zu schnallen; der Führer hat stehen zu bleiben.

Falls der Hund, ohne gefunden zu haben, zurückkehrt und nicht selbständig die Schleppe wieder annimmt, darf der Hundeführer ihn noch zweimal ansetzen. Als „Ansetzen" gilt dabei jede Einwirkung des Führers auf den Hund, erneut die Schleppe aufzunehmen.

Der Hund muß das geschleppte oder ausgelegte Stück Wild finden und seinem Führer zutragen. Ein Hund, der das Wild beim ersten Finden nicht selbständig (ohne Einwirkung des Führers bei Fehlverhalten des Hundes) bringt, kann die Prüfung nicht bestehen. Totengräber, Anschneider und hochgradige Knautscher sind von der weiteren Prüfung gem. § 6 BPO NW auszuschließen.

(4) Bringen von Federwild auf der Schleppe

Die Schleppe ist von einem Richter auf bewachsenem Boden möglichst mit Nackenwind unter Einlegung von zwei stumpfwinkligen Haken mindestens 150 m (200 Schritt) weit zu legen. Im übrigen gelten die Bestimmungen für die Haarwildschleppe sinngemäß.

(5) Freiverlorensuche und Bringen von Federwild

Ein Stück Federwild wird so im Gelände mit hoher Deckung (mindestens 50 m breit) ohne Schleppe ausgelegt, daß der Hund weder das Auslegen noch das Wild eräugen kann.

In Schrotschußentfernung (ca. 30 m) von dieser Stelle wird dem Führer die ungefähre Richtung angegeben, in der das Stück liegt. Der Hund soll von dort aus in Freiverlorensuche möglichst gegen den Wind finden, er muß das Stück bringen. Der Führer darf seinen Hund nach Aufnahme der freien Suche unterstützen.

Im übrigen gelten die Bestimmungen für die Haarwildschleppe sinngemäß.

(6) Wasserarbeit

Die Vereinbarung zwischen MURL, JGHV, Jagdkynologischer Arbeitsgemeinschaft NRW und LJV NW (siehe S. 187) ist zu beachten. Beim Schießen am Wasser sind Nicht-Blei-Schrote zu verwenden.

Es werden folgende Fächer in dieser Reihenfolge geprüft:

1. Schußfestigkeit
2. Verlorensuchen im deckungreichen Gewässer
3. Stöbern mit Ente im deckungsreichen Gewässer

1. Schußfestigkeit

Eine tote Ente wird, für den Hund sichtig, möglichst weit in das offene Wasser geworfen und der Hund zum Bringen aufgefordert. Der Hund muß innerhalb ca. einer Minute nach dem ersten Ansetzen das Wasser annehmen. Während er auf die Ente zuschwimmt, gibt der Führer einen Schrotschuß auf das Wasser in Richtung der Ente ab. Der Hund muß die Ente selbständig (ohne Einwirkung des Führers bei Fehlverhalten des Hundes) bringen.

Ein Hund, der hierbei versagt, darf nicht weiter geprüft werden.

2. Verlorensuchen im deckungsreichen Gewässer

Das Verlorensuchen im deckungsreichen Gewässer erfolgt unmittelbar nach der Prüfung der Schußfestigkeit. Dazu wird eine tote Ente so in eine Deckung geworfen, daß der Hund weder das Werfen noch die Ente vom Ufer aus eräugen kann. Die Ente ist möglichst so zu plazieren (Insel, gegenüberliegendes Ufer), daß der Hund über eine freie Wasserfläche in die Deckung geschickt werden muß.

Dem Führer wird an einem Ort, der ca. 30 m von der Ente entfernt ist, die ungefähre Richtung angegeben, in der die Ente liegt. Der Hund soll von dort aus die Ente selbständig suchen, er muß sie finden und seinem Führer zutragen. Der Führer darf seinen Hund unterstützen und lenken, nachdem dieser die Arbeit aufgenommen hat.

Ein Hund, der die Ente beim erstmaligen Finden nicht selbständig (ohne Einwirkung des Führers bei Fehlverhalten des Hundes) bringt, darf nicht weiter geprüft werden. Eine vom Hund eräugte Ente gilt als gefunden.

3. Stöbern mit Ente im deckungreichen Gewässer

Eine Ente wird in der Deckung ausgesetzt, ohne daß ein Anschuß markiert wird. Diese Vorbereitung darf der Hund nicht eräugen. Nach dem Aussetzen führen die Richter den Führer zu einem Punkt in Schrotschußentfernung (ca. 30 m) vom Aussetzort bzw. von der Ente und geben ihm die Richtung an. Hier fordert der Führer seinen Hund zur Nachsuche auf.

Der Hund soll die Ente selbständig suchen und finden. Der Führer darf ihn nach Aufnahme der Arbeit lenken und unterstützen. Sobald der Hund die Ente aus der Deckung drückt und sichtig verfolgt, ist sie vom Führer zu erlegen, wenn das ohne Gefährdung der Sicherheit möglich ist.

Stößt der Hund bei seiner Arbeit zufällig auf eine andere Ente, so ist auch diese Arbeit zu bewerten.

Die erlegte Ente muß vom Hund selbständig (ohne Einwirkung des Führers bei Fehlverhalten des Hundes) gebracht werden. Ein Hund, der eine Ente beim erstmaligen Finden nicht selbständig bringt, darf nicht weiter geprüft werden. Eine vom Hund eräugte Ente gilt als gefunden.

§ 7
Prüfungsfächer für das Arbeitsgebiet „Nachsuche auf Schalenwild"

Die Hunde werden in folgenden Fächern geprüft (bei einer kombinierten Brauchbarkeitsprüfung gem. §§ 6 und 7 jedoch nur einmal in den Fächern „Gehorsam" und „"Schußfestigkeit im Feld oder Wald"):

(1) Gehorsam
s. § 6

(2) Schußfestigkeit im Feld oder Wald
s. § 6

(3) Schweißarbeit auf der künstlichen Rotfährte (Übernachtfährte)
Auf der künstlichen Rotfährte haben die Hunde Riemenarbeit in einer Länge von 300 m mit zwei Haken zu leisten. Dies entspricht in der Jagdpraxis einer

Totsuche. Für schwierigere Nachsuchen – insbesondere, wenn eine Hetze zu erwarten ist – sollen grundsätzlich besonders ausgebildete und geprüfte Hunde (Schweißhunde) eingesetzt werden. Auf diese Besonderheit muß der Prüfungsleiter alle Hundeführer im Verlauf der Prüfung hinweisen.

1. Vorbereitung der Schweißfährten

Die Fährten sind im Wald zu legen. Bei Geländeschwierigkeiten ist es gestattet, sie bis zu einer Länge von 50 m auf freiem Gelände beginnen zu lassen.

Die Entfernung zwischen den einzelnen Fährten muß überall mindestens 100 m betragen. Sie dürfen an aufeinander folgenden Tagen nicht im selben Gelände gelegt werden.

Der Beginn der Schweißfährte ist durch eine Markierung mit der Aufschrift: „Fährte Nr. ......, gelegt .... Uhr" kenntlich zu machen. Die Fährte soll auf den ersten 50 m in annähernd gleicher Richtung verlaufen, sie muß im weiteren Verlauf zwei stumpfwinklige Haken aufweisen.

Die Schweißfährten können (für jede Prüfung einheitlich) im Tupf- oder Tropfverfahren – auch unter Verwendung von Fährtenschuhen – hergestellt werden. Chemische Zusätze zum Frischhalten von Schweiß sind unzulässig. Zulässig ist die Verwendung von Schweiß, der in frischem Zustand tiefgekühlt wurde. Falls kein Wildschweiß zur Verfügung steht, kann frisches Haustierblut (Rind, Schaf) verwendet werden. Der Schweiß oder das Blut müssen auf allen Fährten der Prüfung gleich sein. Ein Richter der betreffenden Gruppe muß am Legen der Fährte teilnehmen

und den Fährtenverlauf dokumentieren. Beim Legen der Fährten darf vom Richter und seinem Gehilfen jeweils nur eine Spur ausgegangen werden, und zwar vom Anschuß zum Stück. Der Fährtenleger muß stets als Letzter gehen.

Für die 300 m lange Fährte darf nicht mehr als 1/4 Liter Schweiß bzw. Blut verwendet werden.

Die Schweißfährten müssen über Nacht, sollen aber nicht über 20 Stunden stehen.

An das Ende der künstlichen Fährte soll ein frisches Stück Schalenwild gelegt werden. Ist dies nicht verfügbar, kann an seiner Stelle eine Decke oder Schwarte von einem Stück Schalenwild verwendet werden. Danach muß sich der Wildträger vom ausgelegten Stück entfernen und so verbergen, daß er bei der nachfolgenden Arbeit weder vom Führer noch vom Hund wahrgenommen werden kann. Die im Zusammenhang mit der Prüfung eingesetzten Fahrzeuge sind so abzustellen, daß sie vom Führer während der Fährtenarbeit nicht gesehen werden können.

2. Durchführung der Schweißarbeit

Die Schweißarbeit ist am mindestens 6 m langen, voll abgedockten Schweißriemen mit gerechter Schweißhalsung oder -geschirr durchzuführen. Für die Riemenarbeit, bei der alle drei Richter dem Hund folgen müssen, ist von besonderer Bedeutung, wie der Hund die Schweißfährte hält. Er soll sie ruhig, konzentriert und zügig, jedoch nicht in stürmischem Tempo arbeiten. Der Hundeführer darf den Hund vorübergehend anhalten oder ablegen, um selbst nach Schweiß zu suchen. Er darf den Hund auch durch Vor- oder Zurückgreifen oder sonstige gerechte Hilfen unterstützen.

Nur in diesen Fällen sollen die Richter stehenbleiben; niemals aber dürfen sie warten, wenn sie feststellen, daß der Hund abgekommen ist, ohne daß der Führer es merkt. Vielmehr müssen die Richter auch in einem solchen Fall dem arbeitenden Hund folgen.

Bei der Riemenarbeit darf der Hund zweimal zurückgenommen und neu angelegt werden. Zum erneuten Anlegen haben die Richter den Führer zum letzten von ihm gemeldeten Pirschzeichen (Schweiß) zurückzuführen.

Als erneutes Anlegen gilt nur das Zurücknehmen des weit (etwa 60 m) abgekommenen Hundes durch die Richter. Korrigiert der Hundeführer seinen abgekommenen Hund, so gilt dies nicht als erneutes Anlegen.

Ein Hund, der bei der Riemenarbeit öfter als zweimal weit (etwa 60 m) abgekommen ist oder seinen Führer nicht zum Stück gebracht hat, kann die Prüfung nicht bestehen.

§ 8
Bewertung

(1) Die BPO NW enthält „Muß"- und „Soll"-Bestimmungen.

„Mußbestimmungen" sind in allen Einzelheiten (auch in der negativen Form – z. B. „darf nicht"-) genau zu befolgen. Ein Hund, der gegen eine solche Bestimmung verstößt, kann die Prüfung nicht bestehen.

„Sollbestimmungen" sind grundsätzlich einzuhalten.

(2) Der Hund muß bei den von einander unabhängigen Prüfungen gem. § 6 oder § 7 in jedem Fach mindestens genügende Leistungen erbringen. Für die Arbeiten nach dem Schuß ist entscheidend, daß der Hund den Führer in den Besitz des Stückes Wild bringt. Stil der Arbeit und Art der Ausführung spielen dabei eine untergeordnete Rolle.

(3) Die Richter können die Arbeit beenden, wenn sie den Eindruck gewonnen haben, daß der Hund den Anforderungen nicht genügt. Handscheue oder wildscheue Hunde können die Prüfung nicht bestehen.

Wird ein Hund bei seiner Arbeit durch außergewöhnliche Umstände gestört, so ist es in das Ermessen der Richter gestellt, ihm eine neue Arbeit zu gewähren.

(4) Die Entscheidung der Richter wird mit Stimmenmehrheit getroffen und kann nur lauten „bestanden" oder „nicht bestanden".

§ 9
Dokumentation

(1) Über die Ergebnisse der Prüfung wird ein Zeugnis und über die jagdliche Brauchbarkeit eine Bestätigung ausgestellt (Anlage).

Dabei ist, abhängig von den Prüfungsinhalten, zu unterscheiden zwischen der Brauchbarkeit für die Arbeitsgebiete

– Nachsuche auf Niederwild (außer Rehwild) oder

– Nachsuche auf Schalenwild.

181

Das Prüfungszeugnis ist vom Prüfungsleiter und den zuständigen Richtern, die Bestätigung der jagdlichen Brauchbarkeit vom Vertreter der zuständigen Kreisjägerschaft zu unterschreiben.

(2) Die für den LJV NW bestimmten Formblätter

– „Zeugnis und Bestätigung über die Brauchbarkeit eines Jagdhundes" und

– „Richtereinsatz bei Brauchbarkeitsprüfungen"

sind innerhalb von vier Wochen nach Abschluß der Prüfung vorzulegen. Diesen Formblättern ist ggf. der Antrag auf Gewährung eines Zuschusses aus Mitteln der Jagdabgabe beizufügen.

(3) Jede Prüfung im Fach „Stöbern mit Ente" ist mit dem festgestellten Ergebnis zusätzlich in die Ahnentafel, ersatzweise in sonstige Identitätsnachweise, einzutragen („Stöbern mit Ente" bei BP am ...... Ergebnis: ......). Der Eintrag ist vom Prüfungsleiter zu unterschreiben.

§ 10
Wiederholung der Prüfung

(1) Die Brauchbarkeitsprüfung kann nur bei Nichtbestehen wiederholt werden; die erneute Vorstellung eines Hundes aus anderen Gründen ist unzulässig. Dabei ist nur die Wiederholung aller Fächer gemäß § 6 (Ausnahme: Stöbern mit Ente im deckungsreichen Gewässer) bzw. § 7 möglich.

(2) Hunde, die lediglich eine Zusatzprüfung ablegen sollen, sind in allen erforderlichen Zusatzfächern erneut zu prüfen.

§ 11
Einspruchsordnung

(1) Das Einspruchsrecht steht nur dem Führer eines auf der betreffenden Prüfung vorgestellten Hundes zu.

Der Inhalt des Einspruchs beschränkt sich auf Fehler und Irrtümer des Veranstalters, des Prüfungsleiters, der Richter und Helfer in Vorbereitung und Durchführung der Prüfung, soweit Führer oder Hund hierdurch benachteiligt bzw. in ihrer Arbeit gestört worden sind.

Soweit ein Richter im Rahmen seines Ermessens entscheidet, sind Einsprüche unzulässig, es sei denn, es handelte sich um einen offensichtlichen Ermessensfehler.

(2) Die Einspruchsfrist beginnt mit dem Aufruf der Hunde zur Prüfung und endet eine halbe Stunde, nachdem der Hundeführer von dem durch den Einspruch anzufechtenden Tatbestand Kenntnis erhalten hat; spätestens mit dem Ende der Veranstaltung.

(3) Der Einspruch ist schriftlich in einfachster Form unter Benennung des Einspruchsgrundes beim Prüfungsleiter, dem anwesenden Beauftragten der verantwortlichen Kreisjägerschaft oder dem betreffenden Richterobmann unter gleichzeitiger Entrichtung von DM 50,– Einspruchsgebühr einzulegen. Diese Gebühr wird nur erstattet, wenn dem Einspruch stattgegeben wird.

(4) Über den Einspruch entscheidet eine Einspruchskammer, soweit nicht die betroffene Richtergruppe von der Möglichkeit, Abhilfe zu schaffen, Gebrauch gemacht hat.

Die Einspruchskammer setzt sich aus einem Vorsitzenden und zwei Beisitzern zusammen. Diese müssen anerkannte Verbandsrichter sein.

Der Einsprucherhebende und der Prüfungsveranstalter benennen je einen Beisitzer. Die Beisitzer bestimmen den Vorsitzenden. Kommt es zwischen ihnen zu keiner Einigung, wird der Vorsitzende vom Prüfungsveranstalter benannt.

(5) Mitglieder der Einspruchskammer sind nicht Anwälte einer Partei. Sie haben nach Anhörung der Betroffenen und Prüfung des Sachverhaltes in strenger Beachtung der Prüfungsordnung nach bestem Wissen und Gewissen in völliger Objektivität zu entscheiden.

(6) Die Entscheidung kann im Falle nichtgütlicher Beilegung lauten auf

1. Zurückweisung des Einspruchs.

2. Berichtigung der Bewertung bei fehlerhafter Anwendung der Prüfungsordnung oder bei Ermessensfehlern.

3. Wiederholung der Prüfung in dem betreffenden Fach bei Verstößen gegen den sachlichen Inhalt der Prüfungsordnung. Die Durchführung der Wiederholungsprüfung hat der Prüfungsleiter zu veranlassen und zu überwachen. Er bestimmt eine Richtergruppe, die die Wiederholungsprüfung abnimmt. Diese Prüfung soll nicht durch die Richter erfolgen, deren Entscheidung angegriffen wurde.

Die anfallenden Kosten hat der Einsprucherhebende und/oder der veranstaltende Verein entsprechend der Entscheidung der Einspruchskammer zu tragen. Bei einer Entscheidung gegen den Einsprucherhebenden wird die Einspruchsgebühr auf dessen Kostenanteile angerechnet.

(7) Die Entscheidung der Einspruchskammer ist endgültig. Über die Verhandlung hat der Vorsitzende eine Niederschrift zu fertigen, die neben der Entscheidung auch eine kurze Begründung enthalten muß. Diese Niederschrift ist durch den Veranstalter mit den übrigen Prüfungsunterlagen beim LJV NW vorzulegen.

Köln/Münster, 01. Juli 1999

Landesjagdverband
Nordrhein-Westfalen
Das Präsidium

Meldung zur Brauchbarkeitsprüfung

(Zutreffendes ankreuzen/ausfüllen)

Veranstalter   Datum

Name des Hundes   Rasse
☐ Rüde   ☐ Hündin

                                                Wurftag

Zuchtbuch-Nummer   Farbe u. Kennzeichen

Eigentümer/in

in   Straße Nr.

Mitglied folgender Kreisjägerschaft des Landesjagdverbandes NW

Führer/in   Jagdschein Nr.

in   Straße Nr.   Telefon-Nr.

1. Der Hund soll die Brauchbarkeitsprüfung für das Arbeitsgebiet
   „Nachsuche auf Niederwild (außer Rehwild)" ablegen   ☐

2. Der Hund soll die Brauchbarkeitsprüfung für das Arbeitsgebiet
   „Nachsuche auf Schalenwild" ablegen   ☐

3. Der Hund hat folgende anerkannte Prüfung bestanden
   (Zeugniskopie ist beigefügt bzw. wird am Prüfungstag vorgelegt):

_____

Er soll die Zusatzprüfung nach Ziffer 5.2 der Richtlinien zur Feststellung
der Brauchbarkeit von Jagdhunden im Land NRW ablegen   ☐

Das Nenngeld in Höhe von DM _____ liegt bei (Verrechnungsscheck
– Nichtmitglieder des LJV NW zahlen das doppelte Nenngeld!)

Ort, Datum: Unterschrift

Landesjagdverband
Nordrhein-Westfalen e.V.
im Deutschen Jagdschutz-Verband
Landesvereinigung der Jäger

Zeugnis und Bestätigung
über die Brauchbarkeit eines Jagdhundes

Rüde/Hündin *)

Name des Hundes   Rasse

Wurftag   Zuchtbuch-Nr.   Farbe u. Kennzeichen

Eigentümer/in

in   Straße Nr.

Führer/in

in   Straße Nr.

Zeugnis
Der vorstehend bezeichnete Jagdhund
(1) hat die Brauchbarkeitsprüfung gem. § 6 BPO NW – nicht – bestanden *)
(2) hat die Brauchbarkeitsprüfung gem. § 7 BPO NW – nicht – bestanden *)
(3) hat an der anerkannten Prüfung _____ (Art)
    des/der _____ (Veranstalter) am _____
    teilgenommen (Zeugnis hat vorgelegen) *)
– hat die Zusatzprüfung in folgenden Fächern gem. § 6/§ 7 BPO NW – nicht – bestanden *):

Nicht bestanden – Grund: _____

Ort, Datum

(Prüfungsleiter/in)   (Richter-Obmann/frau)

(Richter/in)   (Richter/in)

Bestätigung
Der vorstehend bezeichnete Jagdhund ist im Sinne des LJG NW jagdlich brauchbar
(1) für die Nachsuche auf Niederwild (außer Rehwild) *)
(2) für die Nachsuche auf Schalenwild *)

Stempel der Kreisjägerschaft   Landesjagdverband NW
                                                    i. A.

                                             (Unterschrift)
                                    Vertreter/in der Kreisjägerschaft

*) Nichtzutreffendes streichen!
Durchschreibesatz
1. Ausfertigung: Hundeführer/in
2. Ausfertigung: verantwortl. Kreisjägerschaft
3. Ausfertigung: LJV NW

185

Richtereinsatz bei Brauchbarkeitsprüfungen

☐ BP Niederwild ☐ BP Schalenwild

(Zutreffendes ankreuzen/ausfüllen, eine Meldung für jede Prüfungsart an LJV NW)

Prüfung am: _____ Prüfungsort: _____

Veranstaltender Verein: _____

_____

Prüfungsleiter/in (mit Anschrift): _____

_____

Richter/in (alphabetisch mit Wohnort): _____

_____

_____

_____

Gemeldet _____ , erschienen _____ , durchgeprüft _____ Hunde.

Name und Grund der während der Prüfung ausgeschiedenen Hunde (Rasse und Zb.-Nr.):

_____

_____

_____

Richtereinsatz:

1. Die gemeldeten Richter/innen sind vom Jagdgebrauchshundverband anerkannt und in der Richterliste des Verbandes eingetragen.
2. Der Einsatz von nicht anerkannten Richtern/innen wird als Notfall (siehe auch BPO NW § 2 Abs. 2 wie folgt begründet (Namen angeben):

_____

_____

_____

_____   _____
(Datum)   (Unterschrift Prüfungsleiter/in)

Vereinsstempel

Vereinbarung

zwischen

dem Ministerium für Umwelt, Raumordnung und Landwirtschaft des Landes Nordrhein-Westfalen (MURL)

und

dem Jagdgebrauchshundverband e. V. (JGHV), der Jagdkynologischen Arbeitsgemeinschaft Nordrhein-Westfalen und dem Landesjagdverband Nordrhein-Westfalen e. V.

– Landesvereinigung der Jäger –

Präambel

Die weidgerechte und tierschutzkonforme Durchführung der Jagd auf Wasserwild gemäß § 1 Abs. 3 und 4 Bundesjagdgesetz (BJG), § 3 Nr. 8 Tierschutzgesetz und § 30 Landesjagdgesetz Nordrhein-Westfalen (LJG-NW) setzt den Einsatz brauchbarer Jagdhunde voraus. Ziel dieser Vereinbarung ist es, die Rahmenbedingungen für die tierschutzgerechte Ausbildung und Prüfung von Jagdhunden zur Wasserjagd festzulegen.

§ 1

Den Kreisen und kreisfreien Städten (Veterinärbehörden) obliegt die Aufsicht über die Einhaltung dieser Vereinbarung. Es soll enger Kontakt zwischen den die Übungen und Prüfungen durchführenden Vereinen und den Veterinärbehörden gehalten werden.

§ 2

(1) Die Vereine zeigen ihre Prüfungen der zuständigen Behörde (Veterinärbehörde) mindestens acht Wochen vor Beginn an.

(2) Eine verantwortliche Person ist für jede organisierte Übung oder Prüfung im voraus vom Verein zu bestimmen.

Sie hat auf die Einhaltung der nachfolgenden Bestimmungen (§§ 3 bis 8) zu achten.

(3) Neben der nach Absatz 2 bestimmten Person ist auch der veranstaltende Verein für die Einhaltung dieser Bestimmungen verantwortlich.

§ 3

Bei jeder Ausbildung und Prüfung ist sicherzustellen, dass

1. regelmäßig nur solche Führerinnen und Führer ihre Hunde vorbereiten oder prüfen lassen, die im Besitz eines Jagdscheines sind; Ausnahmen sind nur zulässig aus besonderen jagdlichen oder züchterischen Gründen,

2. kein Hund an insgesamt mehr als 3 Enten ausgebildet wird,

3. grundsätzlich nur eine Ente zur Prüfung eines Hundes eingesetzt wird; die Verwendung einer weiteren ist nur dann zulässig, wenn der Hund an der zunächst ausgesetzten Ente nicht geprüft werden konnte (z. B. weil die Ente abgestrichen ist),

4. Hunde, die hinter ausgesetzten Enten arbeiten, zuvor auf ihre Schussfestigkeit im Wasser und sicheren Apport aus tiefem Wasser überprüft worden sind.

§ 4

(1) Zur Wasserarbeit dürfen ausschließlich voll ausgewachsene Stockenten verwendet werden, deren Flugfähigkeit nach der Methode Prof. Müller (Papiermanschette über Schwungfedern) für kurze Zeit beschränkt wird.

(2) Die Enten müssen schon während ihrer Aufzucht und/oder Haltung mit Wasser und Deckung vertraut sein (d. h., während ihrer Aufzucht und/oder Haltung Gelegenheit haben, schwimmen, tauchen und sich in einer Deckung drücken zu können) und bis kurz vor der Prüfung oder der Übung Gelegenheit haben, ihr Gefieder zu fetten.

(3) Die Gewässer, die für die Übung oder Prüfung genutzt werden, müssen hinsichtlich der Größe (mindestens 0,25 ha Wasserfläche), ihrer Tiefe (Breite) von stellenweise 6 m, ihrer Wassertiefe (die vom Hund nur schwimmend überwunden werden kann) und ihrer Deckung (ca. 500 m²) so beschaffen sein, dass die Ente ihre Fluchtmöglichkeit jederzeit voll ausnutzen kann.

(4) Sofern die Enten nicht am Übungs- oder Prüfungsort zumindest vorübergehend zur Eingewöhnung gehalten werden können, dürfen sie erst unmittelbar vor der Übung oder Prüfung an das Übungs- oder Prüfungsgewässer verbracht werden und müssen vom Übungs- oder Prüfungsgeschehen ferngehalten werden.

§ 5

(1) Die Übungs- oder Prüfungszeit an einer Ente darf 15 Minuten nicht übersteigen. Sichthetzen sind unverzüglich abzubrechen. Die Arbeit des Hundes ist zu beenden, sobald sie abschließend beurteilt werden kann. Das gilt auch dann, wenn die Ente nicht vor dem Hund erlegt wurde.

(2) Eine eventuell vom Hund lebend gebrachte Ente ist sofort tierschutzgerecht zu töten.

(3) Getötete Enten sind getrennt von lebenden aufzubewahren.

§ 6

Bei jeder Übung oder Prüfung muss ein geprüfter, jagderfahrener Hund zur Verfügung stehen, der ggfs. zur Nachsuche heranzuziehen ist.

§ 7

Hunde, die einmal eine mindestens genügende Prüfungsleistung hinter der Ente erbracht haben, dürfen grundsätzlich kein weiteres Mal in diesem Fach geprüft werden.

§ 8

(1) Vorsätzliche oder grob fahrlässige Verstöße gegen diese Vereinbarung ziehen den sofortigen Ausschluss vom weiteren Übungs- oder Prüfungsbetrieb durch die nach § 2 bestimmte verantwortliche Person nach sich.

(2) Die Verbände verpflichten sich im Falle von wiederholten Verstößen verantwortlicher Personen, diesen die Verantwortung unverzüglich zu entziehen.

(3) Unberührt bleibt sowohl die Möglichkeit straf- oder ordnungsrechtlicher Verfolgung als auch verbandsinterner Disziplinarverfahren.

§ 9

(1) Der Jagdgebrauchshundverband e. V., die Jagdkynologische Arbeitsgemeinschaft Nordrhein-Westfalen und der Landesjagdverband Nordrhein-Westfalen e. V. verpflichten sich, ihre Mitglieder in geeigneter Form auf die Bestimmungen dieser Vereinbarung hinzuweisen, zur Einhaltung dieser Bestimmungen aufzurufen und bei bekanntgewordenen Verstößen in geeigneter Form nach den jeweiligen Satzungsregelungen zu reagieren.

(2) Der Landesjagdverband Nordrhein-Westfalen e. V. – Landesvereinigung der Jäger – ruft alle Jägerinnen und Jäger auf, die Bestimmungen dieser Vereinbarung, insbesondere die §§ 3 bis 7, einzuhalten, um die Ausbildung und Prüfung brauchbarer Jagdhunde sicherzustellen.

§ 10

(1) Die Vereinbarung beginnt am 01.11.1998 und endet am 31.10.2003. Sie verlängert sich jeweils um weitere 5 Jahre, sofern sie nicht von einem der Beteiligten mit einer Frist von einem Jahr gekündigt wird. Die Kündigung durch einen der Vereinbarungspartner des MURL gilt nur für diesen Partner und führt nicht zur Ungültigkeit der Vereinbarung insgesamt.

(2) Die Vereinbarung endet vorzeitig, wenn zwischenzeitlich eine erprobte, gleichwertige Alternative zur Ausbildung und Prüfung an lebenden, flugunfähig gemachten Enten zur Verfügung steht, durch höchstrichterliche Entscheidung diese Ausbildungsmethode als tierschutzwidrig verworfen wird

oder eine auf § 2 a Abs. 1 a Tierschutzgesetz (TierSchG) gestützte Verordnung erlassen wird, die den dieser Vereinbarung zugrundeliegenden Sachverhalt abschließend regelt.

Ministerium für Umwelt,
Raumordnung und Landwirtschaft
des Landes Nordrhein-Westfalen

Jagdgebrauchshundverband e. V.

Jagdkynologische
Arbeitsgemeinschaft
Nordrhein-Westfalen

Landesjagdverband
Nordrhein-Westfalen e. V.
– Landesvereinigung der Jäger –

Bundesministerium für Ernährung,   Deutscher Jagdschutz Verband e.V.
Landwirtschaft und Forsten   Johannes-Henry-Str. 26
Rochusstr. 1   53113 Bonn
53123 Bonn

EMPFEHLUNG

zur Verwendung von Nicht-Blei-Schroten bei der Wasserwildjagd

Wasservögel können, insbesondere in Flachwasserzonen, beim Gründeln zusammen mit anderen für die Verdauung notwendigen Festkörpern (Magensteinchen, Weidkorn) auch Reste von Bleischroten aufnehmen. Dieser Sachverhalt ist auch in der Bundesrepublik Deutschland nachgewiesen. Nach wissenschaftlichen Erkenntnissen sind hierdurch, je nach aufgenommener Bleimenge, Erkrankungen und auch ein Verenden durch Bleivergiftung möglich.

In Erfüllung der mit der Jagd übernommenen ethischen Verpflichtung zum Natur-, Arten- und Tierschutz sowie der Erhaltung der Umwelt soll bei der Jagd auf Wasserwild ein Eintrag von Blei in Gewässer vermieden werden.

Es wird daher dringend empfohlen, zur Jagd auf Wasserwild an Gewässern ausschließlich Nicht-Blei-Schrote zu verwenden.

Die Verwendung von Nicht-Blei-Schroten erfordert jedoch die exakte Beachtung zusätzlicher Sicherheitsmaßnahmen, um Gefährdungen bei der Jagdausübung zu vermeiden; dies gilt vor allem für die Eignung der Waffe und das zu Bleischrot unterschiedliche Ablenkverhalten von Nicht-Blei-Schroten sowie deren geringere wirksame Schußentfernung.

Bonn, im Dezember 1993

Bundesministerium für Ernährung,   Deutscher Jagdschutz-Verband e.V.
Landwirtschaft und Forsten   Der Präsident
Der Bundesminister

Jochen Borchert   Dr. Gerhard Frank

Das Bundesministerium für Ernährung, Landwirtschaft und Forsten macht darauf aufmerksam, daß es von dem Ergebnis künftig durchzuführender Erfolgskontrollen abhängen wird, ob seitens des Gesetzgebers einschneidendere Maßnahmen ergriffen werden müssen.